人類事評論

約翰・葛林

|漫談這顆以人類為主的星球|

THE ANTHROPOCENE REVIEWED

Essays on a Human-Centered Planet

John Green

獻給我的諸多友人、同行和旅人夥伴

蘿西安娜・荷斯・羅哈斯，以及斯坦・穆勒

目次

序章

我寫的小說《尋找無限的盡頭》是在二〇一七年十月出版，我那個月都耗在巡迴簽書會上，之後回到我在印第安納波利斯市的住處，為我孩子的樹屋和我和我太太的小工作室之間開闢了一條小徑，那個小工作室有時候是辦公室，有時候是棚屋，就看我們在那一刻抱持著什麼樣的世界觀。

這條小徑不是寓意上的那種，而是實際存在於林中的一條小路。為了開闢這條路，我剷除了幾十株蔓生於印第安納州中部、隨處可見的忍冬藤，再挖掉周圍的常春藤，然後用木屑和磚塊鋪設小路。我在這條小徑上每天工作十到十二小時，每星期工作五、六天，就這樣忙了一整個月。大功告成後，我計算自己沿這條小徑從辦公室走去樹屋所需的時間，答案是五十八秒。我忙了一個月，就為了在林中鋪設一條五十八秒長的小徑。

鋪路完工的一星期後，我在某個抽屜裡尋找護脣膏，突然失去平衡，眼前天旋地轉。驟然間，我成了怒濤中的一條小船。我感覺眼球顫抖，而且我開始嘔吐。我被緊急送醫，在那之後的幾星期間，我始終感到頭暈目眩。我被診斷出得了「迷路炎」，這是一種名稱令人難忘的內耳疾病，我絕對只給這種體驗一顆星。

想從迷路炎恢復過來，意思就是必須在床上躺好幾星期，沒辦法閱讀，沒辦法看電視，沒辦法跟我孩子們一起玩。我當時唯一擁有的就是我的思緒，它們有時候飄過昏沉的日子，有時候因為徘徊不去又無所不在而令我驚慌失措。在那些漫長又停滯的日子，我的心思飄向各處，漫步於過去。

※ ※ ※

有人問過作家阿萊格拉・古德曼：「妳會希望誰來寫下妳的人生故事？」她答覆：「我似乎正在親自寫下這個故事，但因為我是小說家，所以我寫的一切都是密碼。」對我來說，我覺得似乎有些人覺得自己知道這種密碼，他們認定我的世界觀跟某本書的主角是一樣的，不然就是會問我一些問題，彷彿我就是主角。一位著名的訪談者問過我，我是不是跟《尋找無限的盡頭》的旁白一樣，在接吻時會感到恐慌發作。

之所以會引來這些提問，是因為我有讓社會大眾知道我患有精神病，但儘管如此，在虛構作品的脈絡下暢談我自己的事，不僅令我感到疲憊，也讓我有點不知所措。我告訴那位訪談者：不，我在接吻時不會感到焦慮，但有時候確實會恐慌發作，而且這種感受非常嚇人。我在談話時覺得跟自己拉開了距離，彷彿我的「自我」並不屬於我，而是我正在推銷的某個東西，或是我為了獲得媒體關注而拿出來出租的東西。

我從迷路炎恢復過來的那段期間，意識到我已經不再想用密碼寫作。

※ ※ ※

二〇〇〇年，我在一家兒童醫院當了幾個月的學生牧師。我當時申請了神學院，打算成為聖公會牧師，但我因為在那家醫院工作而放棄了那些計畫，我沒辦法承受我在那裡看到的悲劇，至今也是。我沒去神學院，而是搬去芝加哥，為幾家人力派遣公司擔任打字員，直到在《書目雜誌》這個書評雙周刊找到「資料輸入員」的工作。

幾個月後，某個編輯問我喜不喜歡愛情小說，我也因此第一次有機會寫書評。我跟她說我很喜愛這類作品，所以她給了我一本以十七世紀倫敦為背景的小說。接下來的五年，我為《書目雜誌》評論了數百本書，從佛陀圖鑑到詩集應有盡有，我也在這個過程中對評論的形式充滿好奇。《書目雜誌》的評論僅限一百七十五字，意思就是每一句話都必須具備多功能。每一篇評論不僅必須概述一本書，也必須分析該作。你提出的恭維之詞，也必須傳達你對該作感到的關切。

《書目雜誌》的評論並不包括從一顆星到五顆星的評分系統，不過這也很合理吧？一百七十五字的篇幅能向潛在讀者傳達的訊息，遠高過任何單一數據。過去幾十年間，五星評分系統只有用於關鍵分析。雖然五星評分系統早在一九五〇年代就偶爾用來給電影打分數，卻是直到一九七九年才用來為酒店旅館評分，而且是在亞馬遜購物網加入了

「使用者評論」系統後才廣泛地用來給書籍評分。五星評分系統原本其實不是為人類而設，而是為了資料聚合系統，這就是為什麼它到了網路時代才成為標準評分制度。人工智慧很難用一百七十五字對一本書的品質做總結，但五星評分系統在這方面就很適合人工智慧。

※　※　※

我確實很想用迷路炎來做比喻：我的人生欠缺平衡，所以遭到一種平衡障礙的重創。我花了一個月的時間開闢出一條直路小徑，後來卻被告知人生道路向來並非直截了當，而是彼此交錯的複雜迷宮。就算在動筆的這一刻，我也把這段序章架構成迷宮，回到我原以為自己已經放下的一些地點。

但我在撰寫《尋找無限的盡頭》和《生命中的美好缺憾》時，就是刻意避免把疾病寫成某種「象徵」，我希望強迫症和癌症不是被描述成等著被打贏的戰爭，或象徵地傳達角色有什麼缺陷，而是當事人如何盡可能地與疾病共存。我得了迷路炎，不是因為這個宇宙想教導我一個關於「平衡」的教訓。所以我試著盡可能與它共存。我雖然在六週內恢復大半，但還是會突然感到頭暈目眩，而且那種體驗真的很嚇人。我透過親身經歷悟出一個道理：「意識」不僅短暫，也很不穩定。這個比喻並不是說「人生就是尋求平衡」。

隨著病況逐漸恢復，我開始思索該如何運用剩下的人生。我有繼續每週二製作一部影片，每星期跟我弟一起錄播客，但我沒開始動筆寫作。那年的秋冬，是我從十四歲以來最長一段時間沒試著為任何人寫作。我應該有想念寫作的日子，但那種感覺就像想念曾經愛過的人。

※ ※ ※

因為我太太莎菈進了紐約的研究所，所以我在二〇〇五年離開了《書目雜誌》，也搬離了芝加哥。莎菈拿到學位後，我們一起搬來印第安納波利斯市，她「印第安納波利斯藝術博物館」擔任當代藝術的館長。我們從此在這座城市定居。

我在為《書目雜誌》工作時看過一大堆書，因此不記得究竟是在什麼時候第一次看到「人類史」（Anthropocene）這個詞彙，但應該是在二〇〇二年左右。某些學者提議用「人類史」一詞來為現在這個地質年代命名，因為人類已經深遠地改變了這顆星球及其生物多樣性。人類最喜歡做的事就是自我吹捧，但我們在二十一世紀的地球確實是一股極其強大的勢力。

我弟弟漢克原本是生物化學家，他曾這樣向我解釋：我們身為人類，碰到的最大問題就是其他人類。你可能會被其他人傷害，卻也需要依賴其他人的幫助。但想像一下，你是二十一世紀的一條河、一片沙漠，或一頭北極熊，你最大的問題依然是人類。你還是可能會被人類傷害，但你也需要依賴人類的幫助。

二〇一七年那年秋季，漢克一起參加了我的新書發表會，為了在駕車穿梭於各大城市的漫長旅途中打發時間，我們輪流找出 Google 用戶為我們經過的地點寫下的誇張評論。例如，有個叫盧卡斯的老兄給了「惡地國家公園」一顆星，還評論說：「這裡的山不夠看。」

在我成為書籍評論員之後的這些年來，每個人都成了評論家，而且每個東西都成了評論對象。五星評分系統不再只適用於書籍和電影，如今也適用於公共廁所和婚禮攝影師。我為了治療強迫症而服用的藥物，在 Drugs.com 上有一千一百多篇評論，平均分數是三點八顆星。電影版的《生命中的美好缺憾》有個場景是阿姆斯特丹的某張長椅，而那張椅子如今擁有數百個 Google 評論。（我最喜歡的一篇三星評論只有短短幾個字：「這是一張椅子。」）

我和漢克對「五星評分系統突然變得無所不在」大感驚奇時，我告訴他，我其實在幾年前就想過寫一篇關於加拿大雁的評論。

漢克的回應是：「評論……人類史。」

※ ※ ※

我其實在二〇一四年寫過幾篇評論，一篇關於加拿大雁，另一篇關於健怡胡椒博士汽水（Diet Dr Pepper）。我在二〇一八年初把這些評論文寄給我太太莎菈，詢問她的感想。

我寫書評時從不使用「我」這個字。我想像自己是個對事情不感興趣、從外界寫下評論的觀察者。我為健怡胡椒博士和加拿大雁寫下的早期評論，也是以類似的「非虛構的第三人稱、無所不知的旁白」風格寫下。莎菈看了這兩篇評論，指出一件事：在人類史中沒有所謂的不感興趣的「觀察者」，而是只有參與者。她解釋：人們在寫下評論的時候，其實是寫下某種回憶錄，表達「這是我在這家餐廳用餐的體驗」，或「這是我在這家理髮店剪頭髮的體驗」。我為健怡胡椒博士寫下一千五百字的時候，未曾提到我個人多麼強烈地喜愛健怡胡椒博士。

在那個時間點，我開始慢慢恢復平衡感後，重新讀了我的良師益友艾米・克勞斯・羅森塔爾的著作，她在那幾個月前辭世。她曾寫道：「你如果試著判斷該如何運用自己的人生，那我告訴你：**注意一下你都在注意些什麼**。這是你唯一需要知道的小祕訣。」我當時的注意力變得支離破碎，我的世界變得無比吵雜，所以我沒注意到我都在注意些什麼。但我按照莎菈所建議的，把自己放進評論當中，因此感覺到我終於至少試著「開始注意自己都在注意些什麼」。

※ ※ ※

我這本書一開始是播客節目，我試著寫出我體驗到的一些人生矛盾之處，像是我們為什麼既富同情心卻又殘酷，為何能鍥而不捨卻又容易絕望。最重要的是，我想瞭解人類力量當中的矛盾之處：我們既過度強大，卻也軟弱無能。我們強大得能激烈地改變地球的氣候和生物多樣性，卻無力得無法選擇如何改變它們。我們強大得能飛出這顆星球的大氣層，卻也無能得沒辦法讓親友免於生老病死之苦。

我也想透過文字來談談我的小小人生和人類史的龐大力量交會之處。在二〇二〇年初，我為播客寫稿的兩年後，地球上出現了一個無比龐大的力量，其形態為「新型冠狀病毒」。我就是在那時候開始寫些我唯一有能力寫的東西。在這場災難中（我寫這段文字的時間點是二〇二一年四月，我依然置身於這場災難），我發現有很多事物讓我為之恐懼和哀悼。然而，我也看到人類合力分享並分配我們一同學到的教訓，我也看到人們合力照顧病患和弱勢族群。我們雖然分隔，卻也彼此連結。正如莎菈跟我說的，沒有所謂的觀察者，只有參與者。

※　※　※

偉大的圖畫書作家及插畫家莫里斯・桑達克，在死前曾於ＮＰＲ節目《新鮮空氣》上說過：「我常常哭，是因為我很想念一些人。我常常哭，是因為他們死了，而我無法阻止他們死去。他們離開了我，我也因此更愛他們。」

他說：「我變老的同時，發現自己愛上了這個世界。」

我花了畢生時間才愛上這個世界，但我是在最近這兩年開始感覺到這點。「愛上這個世界」並不是指忽視或無視這世上的痛苦，包括人類和其他生物。至少對我而言，「愛上這個世界」是仰望夜空，感覺自己的心靈因為星辰之絕美浩瀚而深受震撼。「愛上這個世界」，是在你的孩子哭泣時抱著他們，是欣賞美桐樹在六月時枝葉茂密。我覺得胸口疼痛、喉嚨緊縮、雙眼泛淚的時候，會想把視線從感受上移開。我想拿諷刺——什麼都好——來撥擋這種情緒，總之我不想直接感受它。我們都知道「關愛」將如何結束，但我還是想愛上這個世界，讓它觸動我的內心。我想趁還活著的時候，去感受我所能感受的。

桑達克在那場訪談所做的結尾，是他每次在公開場合都會說的話：「把握人生。把握人生。把握人生。」

我現在就是試著這麼做。

《你永遠不會獨行》

當時是二〇二〇年五月，我的腦子並不適合這個處境。我發現自己越來越常把它稱作「它」或「這件事」，我沒給它命名，也不需要給它命名，因為我們正在分享一個罕見的人類體驗，它無所不在，代名詞因此不需要先行詞。它伴隨著大量的驚恐和痛苦，我希望寫作能讓我暫時擺脫它。話雖如此，它還是照樣擅闖而入，就像光芒穿過百葉窗，洪水滲進緊閉的門扉。

我猜你是在我未來的某個時間點讀到這句話。也許你閱讀這段文字的時間點是離我現在這一刻很遙遠的未來，所以「這件事」已經結束了。我知道它永遠不會真正地結束，下一個「正常」會不同於上一個「正常」。然而，下一個「正常」遲早會到來，我希望你正活在其中，我也希望我正在跟你一起活在其中。

與此同時，我必須活在這一刻，並盡量找到慰藉。最近對我來說，「慰藉」的意思是某個音樂劇的歌曲。

※　※　※

一九〇九年，匈牙利劇作家費倫茨・莫納爾在布達佩斯推出了生平第一部舞臺劇：《利力姆》。劇中的利力姆是個年輕的旋轉木馬攬客員，性情暴躁，偶爾會做出暴力行為，他愛上了名叫茱莉的女子。茱莉懷孕後，利力姆為了家計而搶劫，卻因出了差錯而身亡。他的靈魂在煉獄待了十六年，後來獲准有一天的時間去探望他已經長成少女的女兒露易絲。

《利力姆》在布達佩斯的票房很慘淡，但是莫納爾這位劇作家對自己充滿信心。他繼續在歐洲各地（後來也來到美國）上演該劇；這部作品在一九二一年的翻譯版獲得好評，也得到還算不錯的票房成績。

作曲家賈科莫・普契尼原本想把《利力姆》改編成歌劇，但莫納爾拒絕賣出版權，因為他希望「世人記得《利力姆》是莫納爾的舞臺劇，而非普契尼的歌劇。」莫納爾後來把版權賣給理查・羅傑斯和奧斯卡・漢默斯坦，這兩位音樂劇夥伴當時才因為《奧克拉荷馬！》而聲名大噪。莫納爾此舉確保了世人幾乎都以為《利力姆》是羅傑和漢默斯坦所創的音樂劇，該劇於一九四五年首次上演時改名為《旋轉木馬》。

在該音樂劇中，羅傑和漢默斯坦合寫的歌《你永遠不會獨行》一共唱了兩次，第一次是為了激勵因丈夫喪命而成了寡婦的茱莉，第二次是露易絲的同學們在畢業典禮上所唱。露易絲因為太難過而不想加入這首歌的合唱；然而，她雖然看不見父親，卻能感覺到他的存在和鼓勵，所以終於也開始高歌。

※　※　※

《你永遠不會獨行》的歌詞所表達的畫面非常淺顯，例如歌詞要我們「在風雨下勇往直前」，「風雨」這種形容詞不算是對「暴風雨」的絕妙描述。歌詞還要我們「在心中抱著希望走下去」，這感覺實在很陳腔濫調。歌詞還說「暴風雨過後，是金色天空和雲雀的美妙歌聲」。但事實是，暴風雨過後，放眼望去盡是斷枝落葉、斷裂的電線和暴漲的河川。

但也不知道為什麼，這首歌對我有效，也許是因為歌詞重複說著「勇往直前」。我認為身為人類的兩個根本事實就是：一、我們必須繼續前進。二、我們沒有任何一個人是獨自前行。我們也許會覺得孤單（事實上，我們一定會覺得孤單），但就算置身於孤獨處境，我們也不孤單。就和畢業典禮上的露易絲一樣，那些遠去或已經消失的人依然與我們同在，還在鼓勵我們勇往直前。

許多人都唱過這首歌，包括法蘭克・辛納屈、強尼・凱許，以及艾瑞莎・弗蘭克林。但最有名的封面來自一九六三年的「加里和領跑者」，這支樂團和披頭四一樣來自利物浦，經紀人是布萊恩・愛普斯坦，該唱片由喬治・馬丁錄製。為了讓唱片內容能跟貼近樂團名稱，領跑者樂團加快了這首歌的節奏，讓原本莊重的曲風聽來更為刺激，而這個版本成了當年英國最暢銷金曲。

利物浦足球俱樂部的球迷們立刻開始在比賽中唱起這首歌。那年夏天，利物浦的傳奇教練比爾・辛奇利對領跑者樂團的主唱加里・馬斯登說：「加里，孩子，我給了你一支足球隊，而你給了我們一首歌。」

今日，「你永遠不會獨行」（You'll Never Walk Alone）這幾個字刻在利物浦球隊的安菲爾德球場的鍛鐵大門上方，該隊的丹麥籍名將丹尼爾・阿格在右手指關節上刺了YNWA這四個字母。我這幾十年來都是利物浦的球迷[1]，而對我來說，這首曲子跟這支隊伍密不可分，所以我每次聽到開頭的歌詞，就會想到我和其他球迷齊聲高唱的時候，有時候是因為慶祝球隊得分，但通常是為了哀悼球隊慘遭痛宰。

比爾・辛奇利於一九八一年過世時，加里・馬斯登在告別式上唱了《你永遠不會獨行》，正如有些人在為利物浦球迷舉辦喪禮時也常常會唱這首歌。對我來說，《你永遠不會獨行》這首歌的奇妙之處在於，它真的很適合當作喪葬歌曲，也適合當作高中畢業歌曲，也適合用來慶祝「我們剛剛在冠軍賽中擊敗了巴塞隆納足球隊」。前利物浦球員暨教練肯尼・達格利許說過：「這首歌適合逆境、哀傷和成功。」這首歌是關於齊心協力，就算你

---

1 為什麼？我在十二歲那年參加了初中足球隊。我的球技當然很糟，我也很少上場。我們的隊上只有一個優秀球員，他名叫詹姆斯，來自英國，他說英國有職業足球隊，而且數以萬計的球迷會並肩站立，在整場比賽中高歌。他告訴我們，全英國最強的球隊就是利物浦隊。我居然信以為真。

的夢想遭受了沉重打擊。這首歌也關於暴風雨和金色天空。

全世界最受歡迎的足球歌曲居然來自音樂劇舞臺，這大概令人納悶，但足球就是舞臺，球迷讓它成了音樂劇場。西漢姆足球隊的隊歌叫做《我永遠在吹泡泡》，每次比賽開始，你會看到數以千計的成年人在看臺上邊吹泡泡邊唱：「我永遠在吹泡泡，美麗泡泡飄過空中，高飛得幾乎能觸及天空，然後它們像我的夢想那樣破滅消亡。」朱莉亞・沃德・豪在美國內戰時期寫了《共和國戰歌》，這首歌被曼聯足球隊的球迷們改編成《榮耀、榮耀曼聯》。曼徹斯特城球迷們也會高唱《藍月》，這是由羅傑斯與哈特於一九三四年創作的曲子。

這些歌曲都因為高唱它們的那些社群而變得偉大。這些歌曲表達了人們在哀傷和凱旋時的團結；不管泡泡是高飛還是破裂，我們依然齊聲高歌。

《你永遠不會獨行》雖然歌詞肉麻，但內容很好。這首歌並沒有宣稱這個世界既公正又幸福，而是只要我們抱著希望走下去。就像在《旋轉木馬》結尾的露易絲，就算你在開始唱歌時並不相信金色天空或雲雀啼鳴這回事，但你在唱完時會稍微更相信。

二〇二〇年三月，一群英國救護人員隔著玻璃牆對加護病房裡的同事們高唱《你永遠不會獨行》，這支影片在網路上造成轟動。這些救護人員這麼做是為了激勵同事。「激勵」這個字在字面上的意思，就是「賦予勇氣」（en-courage）。雖然我們的夢想會遭受沉重打擊，但我們還是繼續對自己和旁人唱歌，給彼此賦予勇氣。

我給《你永遠不會獨行》四點五顆星。

人類的時間範圍

我在九或十歲那年，去奧蘭多科學中心看了一場天文館秀。主持人以不帶情緒的嗓音說明：大約十億年後，太陽的亮度會比現在提高百分之十，很可能因此蒸發地球的海洋。大約四十億年後，地球的表層將被高溫融化。大約七、八十億年後，太陽將成為紅巨星，持續擴張，最終吞噬我們這顆星球，我們留下的任何遺跡都將被一團燃燒電漿吸收。

謝謝大家造訪奧蘭多科學中心，出口在您的左手邊。

我花了將近三十五年才勉強從那場演講中恢復過來。我後來才知道，我們能在夜空中看見的許多星球都是紅巨星，包括大角星（Arcturus）。紅巨星很常見。恆星常常會變大，吞噬原本宜居的星系。也難怪我們很擔心「世界末日」這回事，因為世界末日天天都在上演。

※　※　※

於二〇一二年在二十個國家進行的一項調查指出，不同國家的人民對「人類會不會在這個世代終結」有不同想法。相信「會」的受訪者在法國有百分之六，在美國則是百分之二十二。這種反應算是合理，畢竟法國內部有許多宣揚世界末日觀的牧師，例如「都爾的聖瑪爾定」曾寫道：「敵基督想必已經出生。」但那是在第四世紀。盛行於美國的末日論（apocalypticism）則有著較為近期的歷史，一開始源自夏克教派（Shaker）預言世界將於一七九四年終結，後來則是著名的電臺傳教士哈羅德・康平提出計算：世界末日將於一九九四年到來；這件事沒成真，康平因此改口說會在一九九五年到來。康平後來宣稱，末日將於二〇一一年五月二十一日開始進行，之後地球將迎來「五個月的烈火、硫磺和瘟疫，每年將有數百萬人死亡，而整個世界將於二〇一一年十月二十一日終結」。但這一切都沒發生，康平因此表示：「我們謙卑地承認弄錯了時間點。」但說真的，自稱「我們」的那種人從不會謙卑地承認任何事。我想起我的宗教教授唐納・雷根對我說過：「永遠別預測世界末日何時到來。你幾乎一定會猜錯，而就算你猜對，到時候你身邊也不會有人恭喜你。」

康平的個人末日在二〇一三年到來，他在那年以九十二歲高齡離世。我們之所以害怕這個世界結束，這想必是源自一個古怪的現實：對我們每個人來說，我們的世界遲早會結束，而且那天很快會到來。從這方面來看，也許末日焦慮症是源自人類驚人的自戀心態。這個世界上最重要的居民——也就是我——死了之後，這個世界怎麼可能還活得下去？但我認為另一個因素也有影響：我們之所以知道自己會終結，部分原因是我們知道有些物種已經滅絕。

被古生物學家稱作「現代人」的我們，已經存在了大約二十五萬年。這就是我們所謂的「時間範圍」，也就是我們這個物種存在了多久。現代大象的歷史至少比我們長十倍，其時間範圍可追溯至「上新世」（Pliocene Epoch），該世代是在兩百五十萬年前結束。羊駝已經存在了大約一千萬年，比我們的歷史長四十倍。生長於紐西蘭的鱷蜥，最早是在兩億四千萬年前出現，其歷史比我們長一千倍，在地球的盤古大陸分裂前就已經出現。

我們比北極熊、土狼、藍鯨和駱駝都年輕。我們也遠比被我們滅絕的許多動物年輕，例如渡渡鳥（dodo）和地懶（giant sloth）。

※　※　※

二〇二〇年春季，美國因為新型冠狀病毒出現而學校停課、賣場被搶購一空的幾星期後，有人寄了信給我，列出我有多少次公開說過我害怕傳染病演變成大流行病。我曾在稱作《我最害怕的十大事物》的播客節目上，把「一個破壞人類生活常態的全球大流行病」列入前幾名。幾年前，在一部關於世界史的影片中，我曾揣測「如果明天出現某種超級病毒，並沿著所有國際貿易路線移動」，這樣會發生什麼事。我曾在二〇一九年的一集播客上說過：「我們每個人都必須為全球大流行病做好準備，因為我們都知道它必定會來。」但我根本沒做準備。我總是覺得「未來」——就算有些事情一定會發生——朦朧不清又曖昧不明，直到這種狀態終於改變。

就算我孩子的學校關閉，就算我找到了一個口罩（我在幾年前為孩子建造樹屋時為了避免吸進木屑而購買），但我當時還不明白這場大流行病的規模。我打了電話給我弟漢克，跟他說我覺得很害怕。跟我相比，漢克冷靜理智又鎮定許多，他就是這種人。我雖然比他年長，但我們都知道漢克更像一個睿智的大哥。我從小控管焦慮情緒的一個辦法，就是向他看齊。我的大腦沒辦法可靠地讓我知道一個被感知的威脅是否真實，所以我會看著漢克，看他沒在驚慌，我就會告訴自己「我很平安」。如果真的出了問題，漢克就不會繼續表現得冷靜自信。

所以我對漢克說我很害怕。

「我們這個物種會熬過這一關。」他的嗓音有點顫抖。

「我們這個物種會熬過這一關？你只說得出這種話？？？」

他沉默不語。我聽得見他呼吸顫抖，正如他從小到大常常聽見我呼吸顫抖。「我只說得出這種話。」他過了一會兒說道。

我告訴漢克我買了六十罐健怡胡椒博士，能在封城期間的每一天喝兩罐。

我這時候才聽見那熟悉的笑意，表達「我哥真的是個怪咖」那種。「你這四十年來都在擔心大流行病，」他說：「你卻根本不知道大流行病是怎麼一回事。」

※ ※ ※

零售業有個鐵律：想將銷量最大化，就需要營造一種急切感。跳樓大拍賣即將結束！門票即將銷售一空！這類商業威脅，尤其在電子商務這個時代，幾乎絕對是假的。但是這種手段很有效，是我們的末日預言的回音：我們如果對人類這場實驗感到焦急，也許就會真的採取行動，無論是在耶穌再來前拯救靈魂，或是對氣候變遷做些處置。

我試著提醒自己：早在第四世紀，都爾的聖瑪爾定想必把心中的末日焦慮視為真實問題，正如我也同樣看待我目前的焦慮。一千年前，洪水和瘟疫被視為末日前兆，因為當時的人類無法理解它們的強大力量。我小時候，世界上出現電腦和氫彈，Y2K和核武寒冬因此成了更貼切的末日擔憂。今日，有些人擔心人工智慧失控，或是會發生一場重創人類的大流行病（我們也證明了自己完全沒做好準備），但我現在最常出現的是氣候焦慮，或是生態焦慮——這些名詞在幾十年前並不存在，如今卻成了常見現象。

人類已經是一場生態災難。我們的行為在二十五萬年內就造成許多物種滅絕，並正在導致更多物種數量持續減少。這令人惋惜，也越來越不必要。幾萬年前的人類把一些大型哺乳類動物趕盡殺絕的時候，大概並不知道自己在做什麼。但我們現在知道自己在做什麼。我們知道在地球上該更如何小心行事。我們可以選擇少用一點能源，少吃一點肉，少砍伐一些樹林，我們卻沒選擇這麼做。也因此，對許多生命體來說，「人類」就是世界末日。

※　※　※

有些世界觀是接受所謂的「迴圈宇宙學」，例如印度的末日論指出，這個世界會在長達數十億年的「卡爾帕」迴圈中不斷經歷「組成」，「維持」，然後是「衰亡」。但在直線型末日論中，人類的末日通常被稱作「世界的末日」，就算「我們離開地球」並不表示世界結束，世上的生命也不會因此終結。

人類對人類本身和許多物種都造成了威脅，但這顆星球不會被我們消滅。事實上，地球上的生命大概只需要花費幾百萬年的時間，就能擺脫我們造成的影響。生命曾經從更嚴重的衝擊中恢復過來。兩億五千萬年前，在「二疊紀—三疊紀滅絕事件」（Permian extinction）期間，海洋表面的溫度可能高達華氏一百零四度，也就是攝氏四十度。地球有百分之九十五的物種滅絕，在之後的五百萬年間，地球成了「死亡地帶」，沒有多少生命的擴張。

六千六百萬年前，一顆小行星撞上地球，激起的巨大塵埃可能遮天蔽日長達兩年，幾乎阻斷了所有光合作用，並造成百分之七十五的陸地動物滅絕。跟這些大災難相比，我們人類真的算不上什麼。等地球擺脫了我們，大概會心想：「好吧，名叫『人類』的病毒確實讓我不太舒服，但我至少沒再得『挨小行星衝撞』症候群。」

從進化角度來看，困難的部分是從「原核細胞」演變成「真核細胞」，然後從單細胞生物演變成多細胞生物。地球目前的年齡大約是四十五億年，這是我根本無法理解的時間規模。我們可以換一種方式來理解地球的年齡：如果用年曆來做比喻，想像一下地球出生那天是一月一日，而今天是十二月三十一日晚上十一點五十九分。如此一來，地球是在二月二十五日出現生命。光合作用生物是在三月下旬第一次出現。多細胞生命要等到八月或九月才會出現。始盜龍之類的第一批恐龍是在兩億三千萬年前出現，也就是我們這份年曆上的十二月十三日。造成恐龍滅絕的隕石撞擊，是在十二月二十六日左右發生。「智人」要等到十二月三十一日晚上十一點四十八分才會登場[2]。

換個方式來看，地球是花了三十億年，才從單細胞生物發展成多細胞生物。不到七千萬年前，地球上的生物才從霸王龍換成人類，人類這種生物能讀書寫字，能挖掘化石，能判斷生命發展的時間軸，而且擔心世界末日的到來。除非我們有辦法消滅地球上所有

2　農業、大型人類社群，以及石質結構的建造，都是在這個年曆上的最後一分鐘出現。工業革命、兩次世界大戰、籃球的發明、音樂錄製、電動洗碗機，以及跑得比馬還快的車輛，都是在最後兩秒內才出現。

多細胞生命，否則地球不會需要從頭來過，而且地球會很平安，除非海洋蒸發，整顆星球被太陽吞噬。

但在那個時候，人類早就消失了，連同我們的集體回憶以及收集而來的回憶。我認為人類滅絕讓我感到害怕的一個原因，是因為這些回憶將一併消失。我相信就算沒人聽見一棵樹在林中倒下，它還是有發出聲音，但如果沒人播放比莉・哈樂黛的唱片，那些歌曲就真的不會再發出聲音。我們確實造成了很多痛苦，但我們也造就出其他東西。

我知道這個世界遲早將不受我們所影響，而且從某些方面來說，這個世界到時候會更生機盎然。更多飛鳥啼鳴，更多走獸漫步，更多植物鑽出柏油路，讓這顆被我們改變的星球重返原始面貌。我想像土狼在我們的住家廢墟裡睡覺。我想像我們製造出來的塑膠在人類滅絕後的數百年間繼續被沖上岸。我想像飛蛾因為不再被人造光源吸引而重新面向月光。

我知道就算人類消失，生命還是會繼續前進，而這給了我一絲安慰。但我認為，人類的滅亡將是地球最大的悲劇，因為我雖然知道人類自視甚高，但我也認為人類是地球上目前為止最有趣的角色。

我們很容易忘了人類多麼神奇、怪異又可愛。透過相片和藝術，我們每個人都看過我們永遠無法親眼目睹的事物，像是火星的地表、深海的發光魚，以及一名戴著珍珠耳環的十七世紀少女。透過移情神入，我們感受到了無法透過其他方式感受到的情感。透過充沛的想像力，我們見過大大小小的世界末日。

在這個已知的宇宙一角中，只有我們知道這個角落是屬於一個宇宙。我們知道自己正在圍繞一顆遲早會吞噬我們的恆星。只有我們這個物種知道這個物種擁有時間範圍。

※ ※ ※

複雜生物的時間範圍通常比簡單生物更短，而人類面對著許多挑戰。我們需要想辦法來挺過自己造成的威脅，想辦法在這個世界上繼續生存下去。我們強大得暖化了整顆星球，卻也無能得沒辦法阻止這場暖化。我們甚至也得學習如何熬過自己的「過時」，因為現在的科技有辦法把工作做得比我們更好。但跟一百年前或一千年前的人類相比，今日的我們更有辦法解決我們最大的問題。跟我們的祖先相比，今天的人類擁有更多的集體腦力、資源和知識。

而且我們「堅持不懈」的程度高得令人感到既震驚又愚蠢。古代人大概使用過許多狩獵和捕魚的策略，但一個很常見的策略是所謂的「耐力狩獵」（persistence hunting）。在耐力狩獵中，獵人是倚賴追蹤能力和強大耐力。我們會跟蹤獵物幾小時，獵物每次逃跑，我們就繼續追趕，這樣你追我跑，直到獵物累得再也跑不動。這幾萬年來，我們就是透過這種方式來把比我們更快、更強壯的動物吃下肚。

我。們。就。是。繼。續。前。進。我們走遍了七大陸地，其中一塊目前對我們來說太寒冷。我們出海航向我們看不見也不知道能否找到的陸地。我最喜歡的一個詞彙，叫做「頑強」（dogged）。我喜歡頑強的追尋、頑強的努力、頑強的決心。別誤會，狗確實很頑強，但這個字應該寫成「humaned」才對。人類的頑強決心。

我這大半輩子都相信我們已經來到人類歷史的最後一段路，甚至可能是最後幾天。但我最近開始相信，這種絕望只會讓我們原本已經很薄弱的「長期生存」的成功率變得更低。我們必須奮戰下去，彷彿依然有東西值得我們為之奮戰，彷彿我們自己就值得我們為之奮戰，因為我們確實值得。因此，我選擇相信我們尚未接近世界末日那一天，世界末日還沒到來，而且我們會找到辦法來熬過日後的變化。

奧克塔維婭・巴特勒曾寫道：「『變化』是這個宇宙唯一一個無法避免、無法抗拒、持續存在的現實。」而且我哪有資格說我們的改變已經結束了？我哪有資格說巴特勒寫的「地球的種籽注定要在繁星間扎根」這句話是錯的？這些日子，我選擇相信我們的「堅持不懈」和「適應力」，能讓我們在很長一段時間裡繼續跟上宇宙的變化。

目前為止，在短短的二十五萬年後，我很難給人類的時間範圍高過一顆星的分數。然而，我雖然一開始覺得我弟那番話令我不安，但我最近發現我常常重覆並相信那番話。他說得對，他向來是對的。我們這個物種會熬過這一關，連同後面的更多關卡。

也因此，出於希望和期望，我給我們人類的時間範圍四顆星。

哈雷彗星

一個長期伴隨哈雷彗星的謎團，是沒人知道究竟該怎麼拼寫這個名字，因為這顆彗星是按某位天文學家的姓氏命名，但那人會把自己的姓氏寫成哈利、哈雷或霍雷。我們都認為現代語言常常改變，尤其因為「顏文字」的出現，加上有些字的意義已經徹底改變，但我們至少都知道怎樣拼寫自己的名字。我就繼續叫它哈雷彗星吧，也在此向讀者們當中的霍雷和哈利致歉。

它是唯一一顆能從地球上用肉眼看見的週期彗星。哈雷彗星沿著一條高度橢圓形軌道繞行太陽，每次需時七十四到七十九年，意思就是，每個人大概畢生能有一次機會看到它在夜空上發光幾星期。如果你的時程安排得夠好，也許能看到兩次。例如，美國作家馬克・吐溫出生的那天，該彗星正劃過密蘇里州的天空。七十四年後，他寫道：「我在一八三五年跟哈雷彗星一起來到這個世界。它明年又會來，我猜我應該會跟它一起走。」他確實在哈雷於一九一〇年重現時離世。吐溫在「敘事結構」方面堪稱鬼才，尤其是回憶錄的題材。

七十六年後，該彗星在一九八六年的冬末回歸，我當時八歲。維基百科說該彗星在那年的身影「是歷史上最不精彩的一次」，因為那次比以往更遠離地球。哈雷彗星當時離地球太遠，加上地球上的光害日益嚴重，因此許多地方的人們沒辦法用肉眼看見它。

我當時住在佛羅里達州的奧蘭多市，這座城市的夜空被投放大量光芒，但在哈雷最明亮的那個週末，我爸開車載我去奧卡拉國家森林，我們家在那裡有一棟小木屋。我用我爸的賞鳥望遠鏡看到了那顆彗星，我至今依然認為那天是我這輩子最美好的日子之一。

※　※　※

好幾千年前的人類很可能已經知道哈雷是持續歸來的彗星。《塔木德》中曾提到：「有顆星星每七十年會出現一次，使得船長們犯錯。」但在當時，人類常常因為歲月流逝而忘了以前學過什麼。仔細想想，這個問題好像也不是只有古代人才有。

總之，愛德蒙・哈雷[3]注意到，他在一六八二年觀察過的彗星，其運行軌道似乎很像文獻中的一六〇七年和一五三一年的彗星。十四年後，還在想著這顆彗星的哈雷寫信給艾薩克・牛頓：「我越來越肯定，人類從一五三一年以來已經見過這顆彗星三次。」哈雷因此預測，該彗星將於一七五八年再次出現。它也確實如期歸來，因此被取名為「哈雷」。

3　愛德蒙「Edmond」，或者也能拼成「Edmund」。（註：在哈雷生活的時代，沒有嚴格的「正確」拼寫，並且這位特定的天文學家似乎更喜歡「u」而不是「o」在他發表的作品中。）

我們常常把歷史聚焦於個人的探索和發現，結果忘了人類的知識也深受廣泛的制度和歷史動力所影響。例如，雖然哈雷確實正確地預測了該彗星的歸來，但與他同時代的同行羅伯特・虎克已經提出了「一個嶄新的看法」：有些彗星可能會重複出現。我們就算把《塔木德》可能提到的週期彗星撇之不談，其他觀星族也在同一時期出現了類似的想法。十七世紀有許多歐洲學者（不僅是牛頓和虎克，也包括波以耳、伽利略、加斯科因和帕斯卡）取得重大的科學和數學突破，這不是因為那個時空的人們湊巧都是天才，而是因為社會上演進出科學分析法，也因為「皇家學會」之類的機構允許教育良好的菁英們能用效率更高的方式向彼此學習，更因為歐洲當時突然變得前所未有的富裕。英國出現科學革命時，大西洋奴隸貿易崛起，殖民地和奴工造就出財富，這幾個因素之間並非純屬巧合。

因此，我們必須試著記住哈雷當時身處的社會脈絡，他不只是一個來自製皂家庭、後來發現彗星的天才，而是個充滿好奇心的尋覓者，跟我們一樣都是作家勞勃・潘・華倫所謂的「帝國之潮當中的一個泡沫」。

而哈雷也確實傑出。約翰與瑪麗・格里賓在合著的《脫離巨人之影》（Out of the Shadow of a Giant）一書中指出哈雷的非線性思維：被問到如何測量英國每一塊鄉間土地面積時，哈雷採取的辦法是「拿起一幅大型的英國地圖，然後盡量剪下最大塊的完整圓片」。換算成實際比例，這塊圓片的直徑相當於六十九點三三哩。然後他測量了這塊圓片和完整地圖的重量，認為既然地圖的重量是圓片的四倍，那麼英國的面積就是圓片的四倍。他得出的結論，跟現代計算的誤差只有百分之一。

哈雷的博學好奇心，使得他的成就看起來就像出自朱爾・凡爾納的小說。他發明了一種潛水鐘，能用來進入沉船尋找寶藏。他設計出一種早期的磁性羅盤，並對地球的磁場提出了許多重要見解。他針對地球的水循環，寫下了影響力重大的著作。他翻譯了阿拉伯天文學家巴塔尼在第十世紀對天蝕現象的觀察，用巴塔尼的研究成果確認了月球的繞行速度正在加快。他也發展出第一套「生命表」（actuarial table），這為人壽保險業的出現鋪了路。

哈雷也自掏腰包出版了牛頓的三本《自然哲學的數學原理》；歷史學家茱莉・韋克菲爾德指出，這是因為英國最大的科學機構皇家學會「魯莽地把所有出版預算花在關於魚的歷史上」。哈雷立刻明白了《自然哲學的數學原理》的重要性，這套作品也被認為是科學史上最重要的書籍之一[4]。哈雷如此評論該作：「我們現在真的成了諸神的同座嘉賓。」

4　約翰與瑪麗・格里賓在《脫離巨人之影》中指出，《自然哲學的數學原理》雖然確實重要，但也倚賴了（有時候根本是剽竊）其他學者的研究成果，尤其是羅伯特・虎克。兩位作者寫道：「『在一六六五年那個瘟疫之年看到蘋果從樹上掉下來』，這個著名故事其實是牛頓虛構的，為了騙大家相信他比虎克更早想出萬有引力這個理論。」就連艾薩克・牛頓也誇大了自己在倫敦大瘟疫那年的工作成果，這也許能讓我們覺得稍微好受一點。

錯誤將不再以黑暗迫害充滿懷疑的人類。」

當然，哈雷不是每個想法都正確。錯誤還是有迫害充滿懷疑的人類（至今依然如此）。例如，哈雷依據牛頓對月球密度的錯誤估算，而認為我們這顆地球裡頭還有第二顆地球，它擁有自己的大氣層，甚至可能有自己的居民。

※　※　※

哈雷彗星在一九八六年出現時，「知識建構」的科學革命已經獲得成功，因此就連我這種小學三年級的孩子也知道地球有層層結構。那天在奧卡拉國家森林，我和我爸把幾塊木板釘在樹幹上，做成長椅。製作那張長椅算不上艱難的木匠挑戰，但在我的印象中，那還是花了我們幾乎一整天的時間。然後我們生了一團火烤了幾支熱狗，然後等天色變得夠暗，或者該說一九八六年的佛羅里達州中部能變暗的程度。

我不知道怎麼向你解釋那張長椅，連同我和我爸共度的時光，對我來說有多重要。但在那個晚上，我們並肩坐在那張勉強容得下我們倆的長椅上，來回傳遞雙筒望遠鏡，看著在藍黑天空上只是一團白影的哈雷彗星。

我爸媽差不多在二十年前賣掉了那間木屋，但在賣掉不久前，我和莎菈在那裡共度了一個週末。我們那時候才剛開始交往。我帶她走向那張長椅所在，它當時還在那裡。它的粗壯椅腳被白蟻嚴重啃蝕，木板也已經扭曲，但還是撐住了我們的體重。

※　※　※

和我原本想像的不一樣，哈雷彗星其實不是一顆飛過太空的圓形石質迷你星球，而是由許多石頭聚集成一塊花生狀的輪廓，就像天文學家弗雷德・惠普爾所說的「髒雪球」。哈雷這顆髒雪球的核心長九哩，寬五哩，但尾部的離子化氣體和塵粒能在太空中拖延至超過六千萬哩長。西元前八三七年，這顆彗星比往常更接近地球的時候，其尾部冗長得掃過大半邊天空。一九一〇年，馬克・吐溫臨終時，地球其實碰到了該彗星的尾巴。人們購買防毒面罩和「反彗星雨傘」，來阻擋該彗星的氣體。

但事實是，哈雷對我們並不構成威脅。它的體積確實跟在六千六百萬年前擊中地球、造成恐龍和諸多物種滅絕的那個物體差不多大，但它並不在地球的衝撞軌道上。話雖如此，跟一九八六年相比，二〇六一年的哈雷彗星跟地球之間的距離將縮短超過五倍，它的亮度將超過夜空中的木星或任何星體。我到時候將是八十三歲的老人——如果我幸運得能活到那時候。

※ ※ ※

你如果用「哈雷」而非「年」這個單位來測量時間，就會發現歷史看起來會很不一樣。這顆彗星於一九八六年來訪時，我爸帶了一臺個人電腦回家，那是我們那個街坊的第一臺電腦。比那早一期的哈雷，戲院上演了第一部電影版《科學怪人》。再早一期的哈雷，查爾斯・達爾文登上了小獵犬號。再早一期的哈雷，美國還不是國家。再早一期的哈雷，路易十四統治法國。

換個算法：在二〇二一年，我們離「泰姬瑪哈陵的興建」是五「輩子」遠，離「美國廢除奴隸制度」是兩「輩子」遠。就跟人類壽命一樣，歷史無比地快速，卻也緩慢得令人痛苦。

※ ※ ※

「未來」能被預測的部分少之又少，這種不確定性令我不知所措，也令歷代所有人類驚恐不安。約翰與瑪麗・格里賓寫道：「彗星是典型的不可預測現象，來得毫無預警，在十八世紀比天蝕現象更引發人類的迷信和敬畏。」

當然，我們無論從個體來看，或是從整個物種來看，我們對未來會發生什麼事依然幾乎一無所知。也許這就是為什麼我覺得以下這件事令人欣慰：我們確實知道哈雷何時歸來，而且它一定會歸來，無論我們能否親眼目睹。

我給哈雷彗星四點五顆星。

我們的好奇心

在法蘭西斯・費茲傑羅的小說《大亨小傳》的尾聲中，敘事者晚上躺在海邊，開始想著荷蘭水手們初次目睹日後被稱作「紐約」那片海邊的那一刻。費茲傑羅寫道：「在那令人如痴如醉的短暫時刻，人類想必因為目睹這片陸地而屏息，腦海中出現自己既不明白也不想要的審美沉思，在歷史上最後一次面對面地看著自己的好奇心所無法衡量的奇景。」這句話寫得真好。《大亨小傳》的初稿和成品之間經過許多變動；在一九二四年，費茲傑羅的出版商其實已經印製了這部小說，當時的書名是《特立馬喬》，但費茲傑羅大量地編輯了內容，而且把書名改成《大亨小傳》。然而，雖然經過大量編輯、刪減和重新排列，我剛剛提到的那句話卻未曾改變。好吧，唯一的改變是費茲傑羅在一個早期版本中把「美感」這個字拼錯了，但很多人都會寫錯這個字吧？

《大亨小傳》走了一條迂迴之路，才成為最偉大的美國小說之一。這部作品一開始獲得的評論不算好，而且很多人都認為它遜於費茲傑羅的第一部小說《人間天堂》。《紐約先驅報》的伊莎貝爾・帕特森寫道：「《大亨小傳》只是一部很快就會被淡忘的作品」。H・L・孟肯在《芝加哥論壇報》中說該作「顯然不值一提」。《達拉斯晨報》的評論尤其狠毒：「讀完《大亨小傳》，會讓人感到遺憾，不是為了書中人物的命運，而是為了費茲傑羅先生。《人間天堂》出版的時候，費茲傑羅先生被稱作令人期望的明日之星……但就和許多期望一樣，這份期望似乎也將落空。」老天。

這部小說的銷量還算可以，但完全比不上他的前兩作。一九三六年，費茲傑羅透過賣書所獲得的年度版稅大約是八十塊美金。他在那年出版了散文集《自白》（The Crack-Up），描述自己在身心方面如何分崩離析。「我開始意識到，我有兩年的人生是持續抽取我沒有的資源，我徹底耗盡了我在健康和精神方面的健康。」該散文集出版後沒幾年，費茲傑羅於四十四歲那年過世，他的著作大多都被世人遺忘。

來到一九四二年，「美國圖書審議會」開始把大量書籍送給正在打第二次世界大戰的美國士兵們。超過十五萬本的軍隊版《大亨小傳》被寄去海外，這部作品終於成了暢銷書。軍隊版是能塞進士兵口袋的平裝書，這種版本也讓許多作品成了今日的經典之作，例如貝蒂・史密斯的《布魯克林長出的一棵樹》。史密斯的作品是當時被納入軍版書籍的少數女性作品之一，其他書籍絕大多數都是由男性白人所寫。

美國圖書審議會的口號是「書本是想法之戰中的武器」，將軍們能把這種口號當成藉口，就算被選中的書籍，包括《大亨小傳》，其實大多都不算非常具有愛國情操。總之，這項計畫取得了重大成功。有個阿兵哥告訴《紐約時報》，這些書「跟畫報女郎一樣受歡迎」。

《大亨小傳》在一九六〇年每年賣出五萬本，而近幾年的銷路是每年超過五十萬本，其中一個重要原因，是它是高中英文課的指定讀物。這本書篇幅不長，還算好讀，而且事實證明它並沒有很快就被淡忘，而是成了經典之作。

《大亨小傳》是對美國夢的批評。在這部小說中，到最後有錢有勢的人，是打從一開始就有錢有勢。其他人幾乎各個窮困潦倒，甚至性命不保。該作也批評了一種空洞的資本主義，這種人除了試著賺更多錢之外，找不到更有意義的花錢方式。這本書赤裸裸地描述富家子弟多麼任性，這種人愛買小狗卻懶得照顧牠們，不然就是買下一大堆書卻一本也沒讀過。

然而，《大亨小傳》常常被解讀成「慶祝」人類史的富裕領域的病態奢侈。該作出版後，費茲傑羅寫信告訴一個友人：「每一篇評論，就連最熱情的那些，都完全沒搞懂這本書究竟在說些什麼。」

有時候，這個論點在今天也成立。我說個我自己經歷過的病態奢侈給你聽：我有次下榻於紐約市著名的「廣場飯店」，獲得免費升級，入住「大亨小傳套房」。這個房間堪稱「視覺過度刺激」的範例：牆上是閃亮亮的銀色壁紙，四處擺放著華麗家具，壁爐架上擺滿假獎盃和簽了名的橄欖球。這個房間的設計師似乎根本不知道一件事：小說中的黛西和湯姆．布坎南是壞人。

在那可能是我這輩子被寵壞得最厲害的某一刻，我終於打給前檯，要求換房間，因為套房裡的巨大水晶燈持續搖擺，叮噹作響，吵得我沒辦法睡覺。我打那通電話時，似乎能感覺到費茲傑羅正在瞪著我。

然而，《大亨小傳》引發了費茲傑羅為之遺憾的大眾錯誤認知。這部作品確實堅定地批評美式奢華，但儘管如此，整部小說都是一種令人沉醉、帶有節奏的散文體。你大聲朗讀開頭第一句就知道了：「在我較為年輕又脆弱的那些歲月，我父親給了我一些建議，我始終思索至今。」你會邊唸邊想用腳掌打節拍。你也可以試試這段：「到頭來，蓋茲比的結局很不錯；但令蓋茲比心神不寧的那些事，他的夢想所留下的飄空毒塵，暫時地讓我對人類的憂傷和短暫喜悅不再感興趣。」

這種流暢文字很難讓人不享受這場派對，而對我來說，這就是《大亨小傳》真正高明之處。這本書會讓你既能理解被寵壞的富家子弟，也能理解「煤灰谷」中那些窮人，以及介於貧富之間的每個人。你知道那些派對很空洞，甚至也許邪惡，但你還是希望能獲得邀請。也因此，在悲慘時期閱讀《大亨小傳》，覺得像是在批評美式思想；在太平盛世閱讀《大亨小傳》，覺得像是在慶祝美式思想。大衛・丹拜曾寫道：「這部作品成了某種國家聖經，你會因為自身處境而覺得它讀起來令人快樂或悲傷。」

該作尾聲的那句話就是這樣。「在那令人如痴如醉的短暫時刻，人類想必因為目睹這片陸地而屏息，腦海中出現自己既不明白也不想要的審美沉思，在歷史上最後一次面對面地看著自己的好奇心所無法衡量的奇景。」

這段文字只有一個問題：這句話並不是事實。「人類」並沒有在目睹這片陸地時屏息，因為我們是把所謂的「人類」理解成「全人類」，那麼「人類」早就知道這片土地，因為「人類」已經在這片土地上生活了數萬年。事實上，這句話中的「人類」（man）一詞，清楚地讓我們知道敘事者覺得什麼樣的「人」才算是人，而且敘事者是把故事的重心放在誰身上。

當然，事實也證明了「歷史上最後一次」這句話也是錯的。《大亨小傳》出版的幾十年後，人類踏上了月球。不久後，我們在太空中安置了一架望遠鏡，讓我們得以窺見這個宇宙在「大爆炸」剛發生後是什麼模樣。

也許這部小說的作者知道這個道理。畢竟，這本書的重點是傾聽一個未曾存在的過去，試著把一個來自過去的片段安置於永恆，而那段過去既沒被固定，也無法被修改。因此，也許這位作者知道，「傾聽過去這些令人如痴如醉的短暫時刻」是白費力氣。也許廣場飯店知道那間套房的功能就是傳達狠角色的氣息，也是為了狠角色而布置那種房間。

但我承認，這樣永無止盡地分析書中的矛盾心態和諷刺，確實令我疲憊。以下這句話是一個直白的真理（至少我看到的是這樣）：令我們驚奇的一刻，常常就在我們身邊。我還記得我兒子兩歲那年，我們在十一月的某天早上在林子裡散步。我們沿著山脊行走，低頭望向下方山谷中的森林，一團寒霧似乎擁抱著森林地面。我一直試著讓我懵懂無知的兩歲兒子欣賞這片景色，然後我把他抱起來，指向地平線，對他說：「看看那裡，亨利，快看嘛！」他口齒不清地對我說：「互葉！」我說：「什麼？」他重複一次「互葉」，然後從旁邊一棵小橡樹上拔起一片棕葉。

我想對他解釋，十一月的美國東部到處都能看到棕色的橡樹葉，而且森林的景色比較有趣。但觀察他如何注視這片樹葉時，我也開始觀察它，很快意識到這不是普通的棕葉。它的紅橘黃三色葉脈如蜘蛛網般擴散，紋路複雜得讓我的大腦無法想像。我越是觀察亨利如何看待這片樹葉，就越是陷入一種我既不明白也不想要的審美沉思，面對面地看著自己的好奇心所無法衡量的奇景。

我對這片樹葉有多麼完美而大感驚奇，也再次明白一個道理：審美的重點，不只是你看著什麼，也關乎於你有沒有認真看待它，而且用什麼方式看待它。從夸克粒子到超新星，令我們驚奇的事物無所不在。真正稀少的是我們的注意力，以及「敬畏」這回事所需要的相關能力和意願。

話雖如此，我還是很欣賞人類的好奇心。我給它三點五顆星。

拉斯科洞穴壁畫

如果你當過小孩或現在就是小孩，那你應該很熟悉「手印畫」。手印畫是我的兩個孩子最早採用的形象藝術，他們在兩、三歲左右會把一手攤在紙上，然後在爸媽的協助下用筆勾勒出五根指頭的輪廓。我還記得兒子當時的表情：他把手抬離紙面，驚訝地看見自己五指的輪廓依然留在紙上，成了某種半永久性的自我紀錄。

我很高興我的兩個孩子不再是三歲幼兒，但現在看到那些早期藝術捕捉了他們的小手，我還是會被一種撼動靈魂的怪異喜悅淹沒。那些圖畫也提醒我，我的孩子們不只正在長大，也會因為奔向各自的人生而離我越來越遠。然而，是我把這份意義加諸在他們的手印畫上，而「藝術」和「觀眾」之間的複雜關係，會在我們仔細回顧過去的時候顯得最為緊張。

一九四〇年九月，名叫馬賽爾・拉維達的十八歲技工在法國西南部的鄉間遛狗，結果他的愛犬羅拔特突然掉進一個洞裡（至少這個故事是這樣說的[5]）。羅拔特爬出洞口後，

5　拉維達在這個故事的早期版本中，並沒有把那隻狗說成重要角色。儘管這件事只是幾十年前的歷史，卻也難以拼湊出真相。記憶是最會騙人的東西。

拉維達懷疑牠可能發現了傳聞中通往附近的「拉斯科莊園」的祕密通道。

所以他在幾天後帶了繩索和三個朋友回來，這三人分別是十六歲的喬治・阿吉尼爾、十五歲的傑克・馬薩爾，以及十三歲的賽門・柯恩卡斯。喬治當時在放暑假，很快就要回巴黎開學。傑克則和馬賽爾一樣是本地人。賽門是猶太裔，於納粹占領法國期間和家人一起藏身於這個鄉間地區。

阿吉尼爾於日後描述那天：「我們帶著油燈潛入洞裡，開始前進，一路暢通無阻。我們穿過了一個空間，發現盡頭是一面石壁，上頭到處都是繪畫。我們立刻意識到這是一座史前洞穴。」

賽門・柯恩卡斯回想這件事：「我和這群小夥伴……我們原本希望能發現寶藏。我們也確實發現了寶藏，只不過跟我們想像的不一樣。」

他們在洞穴中發現了九百多幅手繪動物，例如馬、雄鹿、野牛，以及包括長毛犀牛在內、如今已經滅絕的一些物種。這些繪畫在細節和色彩方面都相當驚人，繪者是把粉末化的礦物做成紅黃黑三色顏料，可能用某種細管（例如中空的骨頭）把顏料吹散在岩壁上。學者們後來判定，這些美術作品歷史至少有一萬七千年。其中一名少年後來表示，在油燈的閃爍光芒照映下，壁畫上的形體似乎為之移動。學者們後來也發現一些證據，指出繪者的作畫技巧，就是想讓畫作在火炬光輝下產生一種「手翻書動畫」的效果6。

發現洞穴的幾天後，賽門・柯恩卡斯和家人因為擔心納粹勢力在當地持續擴張而再次遷移，這次搬去了巴黎，當地的親戚承諾會協助他們藏身。然而，一個生意夥伴背叛了這家人，賽門的父母因此慘遭納粹謀殺。賽門被囚禁了一段時間，但僥倖逃過死亡集中營，並與手足躲在閣樓的小房間裡，直到戰爭結束。他過了四十六年，才再次見到曾與他共度拉斯科夏日的三個朋友。

※　※　※

雖然發現這座洞穴的是四名少年，但只有其中兩人能留在當地，也就是傑克和馬賽爾。他們深受這些畫作感動，為了保護它們而整個秋冬都在洞口紮營；洞口安裝了一扇穩固的門扉後，他們倆才離開。一九四二年，傑克和馬賽爾加入了「法國抵抗組織」（French Resistance）。遭到俘虜的傑克被送去一座戰俘營，但這兩人都從大戰中活了下來；他們倆回家後，也立刻回到洞穴所在。

6　韋納・荷索所拍攝的《荷索之祕境夢遊》詳盡探討了這件事，我也是透過這部影片而初次聽聞拉斯科洞穴壁畫。

第二次世界大戰結束後，法國政府拿回了洞穴地區的控制權，該洞穴也於一九四八年開放民眾參觀，馬賽爾和傑克都曾擔任嚮導。據說，畢卡索那年參觀壁畫後說過：「我們什麼也沒發明。」

※ ※ ※

這座洞穴不算龐大，深度大約只有九十公尺，裡頭卻有將近兩千幅畫作。除了動物之外，壁畫上也有數以百計的抽象輪廓，大多是紅色和黑色圓圈。

這些符號象徵著什麼？我們無從得知。拉斯科有許多謎團，例如，為什麼壁畫上沒有馴鹿，就算我們知道馴鹿就是那座洞穴的舊石器時代人類的主要食物來源？為什麼畫上幾乎都沒出現人類？[7]為什麼洞穴中某些區域布滿畫作，例如天花板上的畫作顯然需要搭建鷹架才能繪製，但為什麼另一些區域只有零星幾幅？而且這些畫作是不是有靈性方

7 芭芭拉・艾倫瑞克在所著的《人形汙漬》（The Humanoid Stain）論文中表示，洞穴藝術的作畫焦點之所以不是在人類身上，是因為當時的人類並不是活在一顆以人類為主的星球上。「洞穴壁畫上很少出現人類身影，這意味著至少從人類的觀點來看，舊石器時代的戲劇主角是各式各樣的巨型動物群，包括食肉動物和大型食草動物。」總之，拉斯科壁畫上只有一個人形身影，有點像火柴人，腿很長，腦袋像鳥頭。

面的涵義？這些是我們神聖的動物。還是這些畫作具有務實功能？這些畫是讓你知道哪些動物能要你的命。

拉斯科洞穴裡也有一些藝術史學家所謂的「負片手印畫」。製作這種圖畫的方式，是把一隻手壓在岩壁上，然後把顏料吹向這隻手，讓周圍區域上色。世界各地的洞穴也有類似的手印畫，印尼、澳洲、非洲和美洲都有發現這種圖案，最古老的有四萬年歷史。這些手印畫讓我們記得上古生活多麼不同；歐洲這類圖案很多有截肢的痕跡，很可能是因為凍傷，所以不少負片手印畫上只有三根或四根手指。當時的人類生活極艱辛又短暫，高達四分之一的產婦會在分娩時死亡，而且大約百分之五十的幼兒活不到五歲。

但這些手印畫也提醒我們，古老人跟我們現代人一樣都是人，他們的手跟我們的手別無二致。除此之外，我們也知道他們在其他方面跟我們很像。這些社群靠狩獵採集為生，也很難取得多餘熱量，因此每個健康的人都必須幫忙取得食物和飲水，他們卻還是抽出時間創作藝術，簡直就像藝術是人類的本能。

我們看到各式各樣的手，老幼皆有，印在世界各地的岩壁上，但手指幾乎都是攤開的，就像我孩子們的手印畫。我不是榮格派心理學家，但我確實感到著迷而且有點納悶，因為舊石器時代的各地人類不可能彼此有往來，卻都利用相似的技巧創作出同類型的畫作，而現代人也使用這種技巧來繪製手印畫。

但話說回來，拉斯科藝術看在我眼裡的意義，應該不會跟繪製者抱持的用意一樣。古人類學家吉娜維維・馮・佩辛格提出的理論是，洞穴壁畫上的抽象斑點和曲線可能是早期的書面語言，其含義就算相隔很遠的距離也保持不變。

繪製負片手印畫的動機是什麼？也許是某種宗教儀式或成人儀式。有些學者認為，這種手印畫可能是某種狩獵儀式。又或許，手因為就在腕部，所以是很方便的作畫題材。但對我來說，手印畫想表達的是：「本人到此一遊。」這些圖案告訴我：「你並不是什麼新奇玩意兒。」

※　※　※

拉斯科洞穴這些年都禁止參觀，因為太多人在裡頭呼吸而造成了黴菌和苔蘚生長，結果損壞了一些畫作。看來光是「盯著」某個東西也可能對它造成損害。馬賽爾・拉維達和傑克・馬薩爾，該洞穴的嚮導兼發現者，最早注意到現代人對古代人藝術造成了什麼影響。

在一九八六年，這兩人終於再次和當年的夥伴賽門・柯恩卡斯和喬治阿吉尼爾重逢。在那之後，這個「小團體」的成員們會定期相聚，直到相繼離世。賽門・柯恩卡斯於二〇二〇年最後辭世，享年九十三歲。拉斯科的發現者們都已過世，這座洞穴本身也被封起，只有致力於保存此地的科學家們得以進入。但遊客還是可以參觀拉斯科二號、三號和四號這些仿製洞穴，藝術家們嘔心瀝血地在這些場地中重建了原始洞穴裡的畫作。

人類為了保存真正的洞穴藝術而製作了仿造的洞穴藝術，這聽起來也許很像荒謬的人類史鬧劇，但我覺得這反而讓人充滿希望，因為四名少年和一隻名叫羅拔特（意思是「機器人」）的狗發現了一座布滿一萬七千年手印畫的洞穴，其中兩人畢生為了保護這座洞穴而努力，而且現代人給該洞穴之美造成威脅時，大家都同意不再進入參觀。

我們如果繼續進入洞裡，就可能會在那些畫上塗鴉，或害得那些畫作被黑黴吞噬殆盡。但我們沒再進去。我們讓那些畫作繼續存在，辦法就是予以封存。

拉斯科的洞穴壁畫依然存在，你只是不能進去參觀。你可以進入我們製作的仿造洞穴，看到幾乎完全一樣的手印畫，但你會知道，這些畫作不是原物本身，而是影子。這是手印，但不是手。這是你無法重返的回憶。對我而言，這使得這座洞穴更像它所代表的過去。

我給拉斯科洞穴壁畫四點五顆星。

刮刮香片

「氣味」至今還是虛擬實境中讓人覺得不夠真實的領域。我最近曾在主題公園玩過一種VR雲霄飛車，真實得令我屏息。墜落感覺像墜落，轉彎感覺像轉彎，我在穿過海浪飛沫時甚至真的感覺到水花灑在臉上。

問題是，那些水花聞起來不像海水，而是比較像我在高中時用過的「春雨」除臭劑。「春雨」聞起來不像海水，也不像真正的春雨，但確實傳達了濕氣的感覺，所以我能理解它為什麼被拿來模擬海水味。話雖如此，聞過海浪鹹味的人不可能會把這場VR體驗的氣味誤認為海水味，「春雨」除臭劑的回憶也讓這場體驗的擬真性打了折扣：突然間，我不再飛越於怒濤之上，而是跟一群陌生人一起困在一個黑暗的房間裡。

當然，氣味之所以強大，就是因為它跟我們的記憶息息相關。海倫·凱勒曾寫道：「氣味是強大的巫師，能讓我們在一瞬間穿越千里，重溫我們活過的每一年。」人工的「春雨」氣味，讓我回到一九九三年的阿拉巴馬州一間學校宿舍。但真正的春雨味，讓我回到我小時候在佛羅里達中部見識過的滂沱雷雨。

氣味的極端具體性，就是讓氣味跟記憶形影不離的因素之一，這方面的模仿也因此十分困難，就連人工氣味也很難被仿製。例如，香奈兒五號香水並沒有申請專利，也無此必要，因為沒人有辦法複製。但我認為另一個因素也影響了人類嘗試模擬大自然的味道，這個因素是：真實世界的氣味，其實跟我們想像出來的氣味總是有些差距。例如，真正的春雨似乎應該散發既潮濕又清新的氣味，正如「春雨」人工除臭劑所標榜，但事實是，春季的雨水其實散發土壤味和酸味。

人類身體的氣味來自周身細菌所排放的氣體，我們也為了遮掩這種臭味而大費周章，不只是肥皂和香水，也包括我們如何集體地想像人類的味道。你如果叫人工智慧閱讀歷史上每一本小說，然後叫它依據這些故事來猜測人類散發什麼樣的味道，它一定會錯得離譜。在我們寫下的故事中，人類聞起來像香草、薰衣草和檀香。人工智慧會以為我們聞起來都像剛割過的草地，像橘子樹開花，而不知道我們其實聞起來像正在慢慢腐爛的有機體。

巧的是，我小時候聞過的兩片「刮刮香片」（scratch 'n' sniff），就是標榜剛割過的草地和橘子樹開花。刮刮香片在一九八〇年代大受歡迎，我到現在還保留著一本大型的粉紅貼紙收集簿，裡頭收藏著這種貼紙。這種貼紙令我著迷不已，因為你只要刮刮或揉揉它，氣味就會突然撲鼻而來。和大多數的虛擬氣味一樣，刮刮香片聞起來比較像是不算完美的模擬物，而這就是為什麼貼紙上會表明這張紙是傳達什麼樣的味道。例如，披薩味的貼紙上通常是披薩圖案，以此類推。但它們真的很有味道，而且常常強烈得刺鼻。

刮刮香片模擬得最好的氣味，通常要麼極端人工（例如棉花糖），不然就是直截了當的化學味。為了讓人們能聞到瓦斯漏氣，天然氣公司在瓦斯裡添加了臭雞蛋味；一九八七年，巴爾的摩瓦斯與電力公司寄出了刮刮香片給用戶，完美模仿了瓦斯漏氣的味道，因此有幾百人通報消防隊瓦斯漏氣。該香片因此很快停產。

※　※　※

我在十、十一歲那年，其他人都不再收集貼紙——「其他人」的意思就是只有我例外。我上初中後還是繼續偷偷收集貼紙，尤其是刮刮香片，因為它們能讓我回到一個讓我覺得更安心的時空。我在六年級那年，每天都得去一間由露營車改裝而成的教室上課。因為某種行程安排的差錯，那堂課的老師必須走過整個校園才能來到露營車所在，意思就是學生們大概有五分鐘的自由時間。一群孩子常常會把我甩到地上，再用力拉扯我的四肢，把這種舉動稱做「可憎的雪人」。有些時候，我坐在課桌前，他們會把垃圾倒在我頭上。除了肢體上的痛苦之外，這種舉動讓我覺得渺小又無力，但我沒奮力反抗，因為這算是我唯一擁有的社交互動。我就算頭上頂著潮濕的垃圾，卻還是試著發笑，彷彿我是跟他們一起笑。

我媽下班回家後，會問我在學校過得如何。我如果說出真相，她會抱著我，安慰我，鼓勵我說這只是暫時的、日子遲早會改善。但我大多數的時候會對她說謊，說我在學校過得很好。我不希望我受到的傷害影響到她。在那些日子，我會回自己的房間裡，從書架上抽出粉紅貼紙書，刮刮裡頭的貼紙，閉上眼睛，然後拚命吸氣。

我擁有當年人氣最高的貼紙，例如吃巧克力的加菲貓、聞起來像草地的割草機，還有聞起來像塔可餅的塔可餅。但我最喜歡水果貼紙，像是覆盆子、草莓和香蕉所散發的超自然甜膩味。老天，我超愛香蕉刮刮香片，它們聞起來當然不像香蕉，而是像柏拉圖式哲學家心中最理想的香蕉。如果真正的香蕉就像在家中鋼琴彈奏某個音符，那麼香蕉刮香片就像在教堂的管風琴上彈奏同樣的音符。

總之，奇怪的並不是我一直到進入青春期後才停止收集刮刮香片，而是我到現在還留著那本貼紙收集簿。而且現在刮刮那些貼紙，它們還是會爆出氣味。

※　※　※

刮刮香片是透過一種「微囊化」（microencapsulation）製程來製作，這原本是在一九六〇年代為了做出無碳復印紙而開發出來的技術。你如果在一張白紙表格上寫字，筆尖在底下的粉紅紙和黃紙上留下同樣的字跡，這就是微囊化的功勞。一滴滴微小液體裝在微囊裡，直到被外力擠壓而滲出囊材。復印紙就是倚賴筆尖的壓力來釋放微囊中的墨水。刮刮香片則是倚賴使用者的刮擦動作，來弄破裝有香精的微囊。

這年頭的微囊化應用很廣泛(例如緩釋型藥物),這項技術很實用的原因之一,是只要囊材適合,微囊就能保存很久。

多久?這個嘛,我知道刮刮香片至少能撐三十四年,因為我剛剛刮了一張我在七歲那年弄到的垃圾桶貼紙,結果它還是很臭。聞起來不是跟真正的垃圾一模一樣,但確實有臭味。

微囊的耐久性提供了一個很吸引人的可能性:某一種氣味也許會從真實世界中消失,但裝進微囊裡就能保存很久。未來最後一次有人聞到香蕉的味道,可能就是透過刮刮香片,或是某種未來版的刮刮香片。

這不禁讓我好奇,我已經錯過了哪些味道?我們在回想過去時,通常會把注意力放在很糟的味道上,而臭味種類有一大堆。古代作家常常描述人們多麼在意惡臭,例如羅馬詩人馬提亞爾把人類的味道比喻成「死產雞蛋中的腐爛雛鳥」,或是「一隻剛交配完的山羊」。

但古代世界也一定有許多美好的味道,可惜如今大多已經消失,或者該說暫時消失。那些氣味確實可能透過刮刮香片的形式重返人間,例如在二〇一九年,哈佛大學的科學家們透過一種已經滅絕的夏威夷山地朱槿的DNA樣本,重建了該花朵的味道。但沒人有辦法判斷這個氣味的真實性,畢竟這個物種已經永遠消失。

其實,我在區分自然氣味和人工氣味的時候,在我們這個星球故事的這個時間點,許多原本應該天然的氣味已經因為人類介入而改變，包括香蕉。以美國為例，大多數的雜貨店其實只賣一種栽培品種的香蕉，稱作「香芽蕉」（Cavendish banana），這種香蕉是在兩百年前才出現，而且從一九五〇年代才開始廣泛販賣。

我之所以記得雨有酸味，部分原因是我小時候的雨的酸性比現在更高。人類在一九八〇年代排放的二氧化硫比今天更多，而這影響了雨水的酸鹼值。至今在我所住的這個世界一角，雨水的酸性仍然因為人類排放的氣體而高過正常值，所以我甚至不確定我究竟知不知道「天然」雨水是什麼味道。

對刮刮香片廠商來說，真正的挑戰其實不是模仿自然界，因為自然界早已深受人類的影響。真正的挑戰，是想像什麼樣的氣味組合能讓人類想到香蕉、海沫或剛割過的草地。我覺得人類遲早會找到辦法來有效地將氣味人工化，畢竟我們已經把一大堆事物人工化，但我們在這方面尚未成功。我打開古老的貼紙簿，刮刮邊角已經捲起的發黃貼紙時，聞到的氣味其實不是披薩或巧克力，而是我的童年。

我給刮刮香片三點五顆星。

健怡胡椒博士

胡椒博士的故事始於一八八五年的德州韋科市，一位名叫查爾斯・阿德頓的藥劑師組合了二十三種糖漿，做出一種全新的碳酸飲料。值得一提的是，阿德頓在幾年後賣掉了胡椒博士的配方，因為他想追尋他真正的夢想：藥劑化學。他在「禮來製藥公司」（Eli Lilly）工作一段時間後，回到家鄉，成了韋科藥物公司的實驗室主任。8

阿德頓的汽水原本應該只是德州當地才有的汽水，最後大概就會像許多當地汽水品牌一樣消失，例如「歌劇盛宴」、「狂飲泡沫」和「杏仁海綿」。改變這點的是擁有頑強決心的伍德羅・威爾遜・克萊門茨，他喜歡人們叫他「福茲」（Foots），這是他在高中的綽號，因為他的腳指頭形狀怪異。福茲是八名子女當中的老么，從小在阿拉巴馬州人煙稀少的溫德姆斯普林斯鎮長大。他憑著橄欖球獎學金進了阿拉巴馬大學，和貝爾・布萊恩特成了隊友。9

8　胡椒博士當然就是一種藥物。咖啡因和砂糖是人類史當中最著名的兩種化合物。百事可樂、可口可樂、根汁啤酒（root beer），以及許多調味汽水，大多是由化學家或藥劑師發明，而在十九世紀，「藥用混合劑」和「娛樂混合劑」之間的界線不算明確。

9　貝爾・布萊恩特後來成了阿拉巴馬州的傳奇橄欖球教練。有多傳奇？我在一九九〇年代在伯明罕市郊區上高中的時候，學校有三個學生名叫布萊恩特，有一個學生名叫貝爾。

一九三五年，福茲唸大四的時候，開始擔任胡椒博士的推銷員。他在五十一年後退休時，身分是一家汽水公司的執行長，這家公司價值超過四億美金。二〇二〇年，綠山胡椒博士公司（Keurig Dr Pepper）擁有的品牌包括七喜、RC可樂，以及四種根汁啤酒，企業價值超過四百億美金。該公司幾乎所有產品都是某種添加了糖與／或咖啡因的飲料。

福茲・克萊門茨之所以獲得成功，是因為他清楚知道胡椒博士為何與眾不同。「我向來認為，」他說：「沒人有辦法告訴你胡椒博士是什麼味道，原因就在於它真的很不一樣。它不是蘋果，不是橘子，不是草莓，不是根汁啤酒，甚至不是可樂。」畢竟可樂的味道是來自可樂果和香草，這兩種味道都存在於真實世界。雪碧擁有的是檸檬萊姆的味道。紫色汽水嘗起來明顯像葡萄。但是胡椒博士沒有嘗起來像來自自然界的任何一種味道。

事實上，美國商標法院有試著解決這個問題，把胡椒博士和其他仿製飲料歸類為「胡椒汽水」，就算這種汽水並沒有胡椒成分，而且胡椒博士中的「胡椒」指的並不是香料，而可能是某人的真實姓名，也可能指「pep」，意思是你喝下胡椒博士[10]後會感到的「氣

10 胡椒博士（Dr Pepper）的「Dr」尾巴沒有句點。該公司在一九五〇年代刪去了句點，是因為當時的氣泡形字體讓很多人覺得「Dr. Pepper」看起來像「Dri Pepper」，聽起來像是一種無比難喝的汽水。

泡感」。只有這個汽水類別不是以味道命名，而我覺得這就是為什麼胡椒博士在人類歷史上留下了一個既有意思又重要的一刻。它是一種人工飲料，嘗起來什麼也不像。它不是橘子，而是比橘子更美味；它也不是萊姆，而是比萊姆更甜。查爾斯・阿德頓曾在一場訪談中說過，他想做出一種汽水，嘗起來就像韋科市的「汽水噴泉」（soda fountain）會散發的那種味道，所有人工味道飄於空中，彼此混合。胡椒博士從概念上就很不自然，畢竟這是一位化學專家的創作。

※　※　※

第一個「零熱量」版本的胡椒博士，是在一九六二年上市。雖然這個最早期的「健康胡椒博士」（Dietetic Dr Pepper）失敗了，但一九九一年推出的健怡胡椒博士獲得重大成功，它經過重新配方，添加了一種全新的人工甜味劑：阿斯巴甜。這項產品在推出時，也伴隨一個全新的宣傳口號：「健怡胡椒博士：嘗起來其實就像一般的胡椒博士。」而且這是事實。可口可樂和健怡可口可樂在味道上天差地別，如果可口可樂像金鵰，那麼健怡可口可樂只像蜂鳥。但是胡椒博士和健怡胡椒博士嘗起來就像彼此，而這特別有意思，因為福茲・克萊門茨說過這兩種飲料嘗起來什麼都不像。

不過說真的，許多人覺得健怡胡椒博士的「人工味」令人噁心。你應該聽過一些人說：「那裡頭有太多化學成分。」然而，葡萄酒、咖啡或空氣裡也有許多化學成分。但人們對這種汽水的擔憂也確實合理，因為健怡胡椒博士的人工味實在很重，但這就是為什麼我愛它愛得要死。健怡胡椒博士讓我能享受一種為我設計、相對安全的味道。我喝下它的時候，會想到德州韋科市當年那座汽水噴泉前的孩子們，他們原本很少嘗過任何種類的冰涼飲品，也因此胡椒博士剛推出時，不知道讓他們喝得有多開心。

我每次喝健怡胡椒博士，就會再次感到驚奇。看看人類的本領！人類竟然有辦法做出又冰又甜的零熱量汽水，嘗起來什麼都像，卻也什麼都不像。我並不抱持「健怡胡椒博士有益健康」這種幻想，但如果喝得適量，也應該不會對我造成什麼傷害。喝太多健怡胡椒博士確實對牙齒不好，也可能提高其他健康風險的機率。但就像亞倫・卡羅爾醫師在所著的《壞食物聖經》中所說的：「攝取額外添加的糖分，這確實可能造成潛在甚至非常真實的傷害。但是人工甜味劑應該不會造成任何傷害。」

看來健怡胡椒博士應該不會對我構成健康風險。但我每次喝下健怡胡椒博士，總覺得自己犯了罪。這麼甜的東西不可能真的沒有壞處。但這是一種非常微不足道的不良嗜好，而且出於各種理由，我向來覺得我需要一個不良嗜好。我不知道是不是每個人都有這種感覺，但我的潛意識深處就是需要「自我毀滅」，就算只是一點點。

我在十幾二十歲的時候菸癮很重，每天會抽三、四十支。抽菸給我的快感不是興奮感，而是我屈服於一種不健康的生理慾望，而這種慾望隨著時間經過而愈加強烈，進而使得我在屈服時感到更為愉悅。現在的我已經超過十五年沒抽菸，但我覺得我應該永遠逃不了這種惡性循環。我的潛意識裡依然有一種渴求，它強烈要求我做出犧牲，所以我給了它一個小小的不良嗜好：暢飲健怡胡椒博士，比其他汽水嘗起來更像人類史。

胡椒博士這幾十年來了換過幾十種口號，像是自稱「嘗起來像液態陽光」、「胡椒興奮劑」，或是「最獨特的軟性飲料」，但這幾年的口號最為直截了當：「你所渴求」。

我給健怡胡椒博士四顆星。

伶盜龍

麥可・克萊頓的小說《侏羅紀公園》在一九九〇年出版之前，「伶盜龍」（velociraptor，拉丁文意思是「迅捷的盜賊」）不算是非常知名的恐龍。這部在一夕之間爆紅的作品，描述一座主題公園擁有透過複製DNA樣本而培育的恐龍。三年後，史蒂芬・史匹柏拍攝了電影版，小說中的恐龍藉由電腦動畫躍於大銀幕，真實得令人敬畏，觀眾從沒看過如此栩栩如生的恐龍。就算過了幾十年，《侏羅紀公園》的恐龍依然真實得令人驚奇，包括片中的伶盜龍，這種恐龍被描繪成滿身鱗片，身高大約六呎（約一百八十三公分），當年的棲息地是今日的蒙大拿州。在該電影系列中，這種恐龍不但凶狠，而且智力高得可怕。《侏羅紀公園3》中的一名角色宣稱，伶盜龍「比海豚和靈長類都聰明」。電影中的伶盜龍居然有辦法開門；說到這點，我和我弟漢克當年看《侏羅紀公園》，電影出現這一幕的時候，那是我第一次聽到他罵髒話；伶盜龍轉動門把的時候，我聽見十歲的弟弟咕噥：「我靠（Oh, shit）」

克萊頓筆下的伶盜龍是嚇人又恐怖的動物，所以確實適合拿來給球隊命名；NBA在一九九五年納入加拿大球隊時，多倫多決定把自己的球隊命名為「暴龍」（Raptors）。在今天，伶盜龍、霸王龍和劍龍是最知名的恐龍，不過在七千萬年前生長於白堊紀的伶盜龍，其實跟我們現在想像出來的版本幾乎完全不一樣。

首先，伶盜龍當年的棲息地並不是今日的蒙大拿州，而是蒙古和中國，這就是為什麼伶盜龍的學名是「蒙古伶盜龍」（Velociraptor mongoliensis）。再來，牠們雖然按恐龍的標準來說很聰明，但智力並沒有高過海豚或靈長類，而是應該比較接近雞或負鼠。而且牠們並不是六呎高，而且大概跟現代的火雞差不多大，但尾巴很長，能超過三呎。據估計，牠們的體重應該不到三十五磅（約十六公斤），所以應該很難殺得死人類。事實上，牠們應該主要是食腐動物，啃食屍體腐肉為生。

此外，伶盜龍身上不是鱗片，而是羽毛。我們之所以知道這點，是因為在二〇〇七年，一群研究人員在伶盜龍的一隻前臂上發現羽莖瘤（quill knob）。但就算在克萊頓那個時代，古生物學家其實大多認為伶盜龍和其他馳龍科（Dromaeosauridae）恐龍身上布滿羽毛。學者們雖然不認為伶盜龍能飛，但牠們的祖先大概有這種能力。美國自然史博物館的馬克．諾瑞爾是這麼說的：「我們越是研究這些動物，就越發現鳥類和牠們的近親恐龍祖先，例如伶盜龍，彼此間基本上沒有任何區別。兩者都有叉骨，都是在巢窩中孵化，都擁有空心骨，而且都是羽毛批身。如果伶盜龍這種動物今天還活著，我們對牠們的第一印象會是：看起來其實就像很不尋常的鳥類。」的確，我最近在參觀休斯頓自然科學博物館的時候，有位嚮導透過圖片比對向我指出，少了羽毛的鳥類看起來很像恐龍。

伶盜龍大概有時候會進行狩獵。一九七一年，在蒙古的一場著名的化石探勘中，發現了一隻伶盜龍和體型似豬的原角龍（protoceratops）扭打。伶盜龍似乎把一隻鐮刀形爪子插進原角龍的頸部，原角龍則是咬住伶盜龍的一條前臂，這時兩者突然都被埋於沙中，可能因為沙丘崩塌。但我們並不知道伶盜龍狩獵的頻率與成功率，而且狩獵時是否成群結隊。

克萊頓筆下的伶盜龍，其實是參考了「恐爪龍」(deinonychus)；恐爪龍的棲息地確實是今日的蒙大拿州，而且體型和形狀跟《侏羅紀公園》電影中的伶盜龍相似。克萊頓借用了「伶盜龍」這個名字，是因為覺得這聽起來「比較響亮」，而這就是為什麼劇中的主題公園叫做侏羅紀公園，就算園中的恐龍大多都不是生長於侏羅紀（該紀元是在一億四千五百萬年前結束），而是白堊紀(在六千六百萬年結束)，當時的滅絕事件造成地球上四分之三的動植物消失，包括所有我們稱作恐龍的大型物種。

也因此，我們想像出來的伶盜龍造型，與其說是描述了伶盜龍，不如說描述了人類。我們對恐龍的瞭解，或者該說自以為的瞭解，其實是持續受到一大堆假定和前提的影響，而其中一些遲早會被推翻。在古代中國，人們相信恐龍化石是龍骨（dragon bone）。一六七六年，歐洲科學家第一次描述的恐龍骸骨，是一根來自斑龍（Megalosaurus）的大腿骨，但他們當時以為這根骨頭是來自聖經中描述的那種巨人。11

11 順道一提，那根骨頭被命名為「人類陰囊」（Scrotum humanum），這種描述還算符合它的大小。

斑龍是於一八二四年第一次出現在科學期刊，當時的古生物學家瑪麗・安・曼特爾發現了第一批來自禽龍（iguanodon）的化石。霸王龍（Tyrannosaurus rex）這個名稱是在一九〇五年才出現。第一批伶盜龍化石，是在一九二四年發現。

這一百多年來，科學家們一直在爭論一個問題：侏羅紀的長頸雷龍（brontosaurus）究竟曾否存在，或牠們其實就是迷惑龍（apatosaurus）。雷龍在十九世紀末被認為曾經真實存在，後來在二十世紀被認為應該是虛構，但最近幾年又被認為曾經真實存在。歷史很新，史前史更新，古生物學最新。

但伶盜龍讓我感到怪異的是，就算我知道牠們是跟天鵝差不多大、渾身羽毛的食腐動物，但我想像牠們時，眼前就是會出現《侏羅紀公園》裡的迅猛龍。「知道真相」並沒有改善「我在腦海中想像出來的真相」。電腦繪圖也帶給我同樣的驚奇和驚恐：如果電腦繪圖看起來真實，我的大腦就根本沒能力分辨這幅圖像其實是假的。我們很早就知道圖像並不可靠；小說家卡夫卡曾寫道「最能騙人的莫過於相片」，我卻還是忍不住相信圖像。

就和伶盜龍一樣，我的腦袋以我這個地質年代的標準來說很大，但也許還是沒辦法很有效率地在我這個世界中生存。我還是看見什麼就相信什麼，就算視覺資訊根本不可靠。儘管如此，我還是很喜歡迅猛龍，包括我見過但未曾存在的那種，以及我從沒見過但確實曾經存在的那種。

我給伶盜龍三顆星。

加拿大雁

加拿大雁是一種棕身黑頸的大型水鳥，最近在北美、歐洲和紐西蘭變得無所不在。加拿大雁呱叫起來像氣球漏氣，而且喜歡襲擊人類，因此讓人很難愛上。但話說回來，大部分的人類也讓人很難愛上。[12]

世上目前大約有四百萬到六百萬隻加拿大雁，但在我所在的印第安納波利斯市，這個數字似乎被低估了，因為我覺得我的後院現在就住著四百萬到六百萬隻加拿大雁。總之，全球的加拿大雁數量持續增加，但牠們曾經一度罕見。事實上，你在公園和滯留池最常見到的加拿大雁亞種「巨型加拿大雁」，曾在二十世紀初期被認為絕種，因為當時的人們一年到頭都在大肆捕獵。

加拿大雁非常容易被所謂的「活誘餌」吸引。獵人的手法是先抓些雁子，破壞牠們的飛行能力，然後把牠們養在池塘或原野上。這些被捕的雁發出的叫聲，會吸引成群的野

12 你可能跟我一樣感到好奇，美國鳥類學家之所以把這種雁稱作「加拿大雁」，其理由是不是就是為什麼梅毒被義大利人稱作「法國病」，被波蘭人稱作「德國病」，被俄國人稱作「波蘭病」。答案是「不」。加拿大雁之所以叫做加拿大雁，是因為分類學者最早是在加拿大發現這種雁鳥。

雁，而這些野雁就可能遭到獵槍擊落。獵人通常會給這些活誘餌很多關愛。一位名叫飛利浦•哈柏曼的獵人曾寫道：「觀看、聆聽這些誘餌工作，感覺就像帶著一條好狗去狩獵一樣令人欣喜。」這提醒了我們，人類常常在「寵物」和「獵物」之間劃下非常奇怪的界線。

但在一九三五年，法律禁止了活誘餌，這種雁鳥的數量開始恢復，一開始非常緩慢，後來漲勢驚人。

在一九六二年的一月中旬，包括哈羅德•漢森在內的一群鳥類學家，決定在明尼蘇達捕捉、秤重並測量一些大雁。「在那令人難忘的一天，」他後來寫道：「氣溫盤旋於冰點，強風吹來，但這反而讓這番努力更加刺激。」被抓來秤重的雁鳥龐大得讓他們懷疑磅秤有問題，但事實證明，巨型加拿大雁沒有滅絕。這年頭，明尼蘇達的巨型加拿大雁數量超過十萬隻。美洲以外的大雁，在數量上也從澳洲擴張至北歐。在英國，加拿大雁的數量這六十年來增加了至少二十倍。

促成這種成果的原因，不僅是法律保護這種鳥類，也因為人類在這幾十年來讓許多土地變得適合牠們生長。經過大量造景的郊區、河濱公園，以及擁有池塘的高爾夫球場，都成了牠們的絕佳生活環境。加拿大雁尤其愛吃「早熟禾」（Poa pratensis）的種籽，這是美國最豐富的農作物。人類在公園和住家前院都有種植又稱「肯塔基藍草」的早熟禾，而既然這種植物對人類來說用處不多，[13]雁子們一定會覺得我們是特地為牠們種植。一位鳥類學家做出觀察：「我們發現，孵化後三十六小時的雛雁，以及成年雁，都非常喜愛早熟禾。」

雁子也很喜愛靠近河川和湖泊的農地，但美國的城市雁和鄉下雁的數量比例，其實很接近城市人和鄉下人的比例。無論哪個時期，美國人大約百分之八十是住在都市區域之中或附近。加拿大雁在這方面則是百分之七十五。

事實上，你越仔細觀察，就越會發現加拿大雁和人類之間的關聯。我們的人口也在過去幾十年間大量增長；一九三五年的全球人口只有二十億左右，而美國在二〇二一年禁止活誘餌捕雁時，地球上有超過七十億人。和人類一樣，加拿大雁通常也是終生伴侶制，儘管有時候會為此不開心。和我們一樣，牠們的數量增加也影響了牠們的棲息地：一隻加拿大雁每年能製造多達一百磅的排泄物，雁群聚集的湖泊和池塘的大腸桿菌標準因此超過安全範圍。此外，這種雁子沒多少天敵，牠們如果死於暴力事件，幾乎就一定是人類造成的暴力，這點就跟我們一樣。

加拿大雁雖然非常適應這顆由人類主宰的星球，對人類卻似乎只有滿滿的討厭。牠們會用刺耳叫聲、強勢步伐和張嘴咬擊來逼退人類，就算牠們明明是憑著我們的人造湖和

13 請見本書中的《肯塔基藍草》一章。

整齊草坪而得以繁榮。因此，許多人開始覺得加拿大雁是討厭的動物，我知道我就是這種人。

但牠們也讓我覺得，高度整潔、生態單調的郊區生活依然保有了一些自然風光。就算這些雁鳥已經讓人覺得稀鬆平常，但看到牠們以完美的V字隊形從上空飛過，還是令人有些讚嘆。某個喜愛這種鳥類的愛好者指出，加拿大雁「激發人們的想像力，令人心跳加速」。跟鴿子和老鼠相比，我覺得雁鳥最像野生動物。

我猜這算是一種「雙方都不太喜歡彼此」的共生關係吧，這讓我想起一件往事：我即將大學畢業前，有天坐我女友那輛古老的藍色轎車去雜貨店，她在路上問我最大的恐懼是什麼。

「被拋棄。」我說。我當時擔心大學畢業意味著我們倆將分手，我希望她安撫我，對我說我不用害怕會孤單一人，因為她會永遠陪著我之類的。但她不是會做出虛假承諾的那種人，而且含有「永遠」這種字眼的承諾大多都無法實現。所有事物都有結束的一天，至少人類目前為止觀察到的事物都是如此。

總之，我說出怕被拋棄後，她只是點頭，然後我為了打破尷尬沉默而問她最怕什麼。

「雁子。」她答覆。

誰能怪她？二〇〇九年，一群加拿大雁撞上全美航空一五四九號班機的引擎，機長薩利・沙林博格因此不得不在哈德遜河上迫降。二〇一四年，一名加拿大自行車手遭到一隻加拿大雁攻擊，結果在醫院躺了一星期。

你可以針對「怕被拋棄」這點採取一些行動。例如，你可以把自己訓練得更獨立自主，或是拓展有意義的交友圈，避免你的精神健康只能依賴某一個人。但你身為一個個體，其實真的沒辦法對加拿大雁怎樣。

對我而言，這似乎就是人類史當中最古怪的一件事。無論好壞，土地確實落入人類之手。土地由我們開發、塑造，甚至由我們保護。正因為我們是這顆星球的主宰，所以我們基本上能決定物種的生死，決定加拿大雁之類的生物能增長，決定加拿大雁的近親琵嘴鷸該凋零。但身為一個個體，我不覺得自己有這種權力。我沒辦法決定某個物種該活還是該死，我甚至沒辦法說服我的孩子們吃早餐。

我們在人類的日常生活中，忙著割草，忙著開車去練足球，忙著繳房貸。所以我繼續用「我覺得人們似乎奉行已久」的方式過日子，這似乎是正確的方式，甚至是唯一的方式。我修剪種滿早熟禾的草坪，彷彿草坪是很自然的東西，就算我們是在一百六十年前才發明了美式郊區草坪。我開車去練足球，就算這在一百六十年前是不可能的事，不僅因為當時沒有汽車，也因為當時足球還沒發明出來。我繳房貸，就算我們今日所知的房貸這回事，是從一九三〇年代開始才變得普遍。許多讓我覺得無可避免的人類事物，其實是最近才出現，包括加拿大雁的無所不在。所以，從物種層面和象徵層面來看，加拿大雁都令我感到不安。在某方面來說，牠成了我最大的恐懼。

這當然不該怪這種雁鳥，但話雖如此，我還是只能給加拿大雁兩顆星。

泰迪熊

英文的「熊」（bear）這個字，是來自德文「bero」，意思是「那個棕色之物」或「棕色的東西」。在某些北歐語言中，「熊」的意思是「食蜂蜜者」。許多語言學家認為這些名詞是代替詞，因為當年談到或寫下「熊」這個字會被視為禁忌。就像哈利・波特那個巫師世界被教導絕對不可以說出「佛地魔」這個名字，北歐人也常常不說出「熊」這個字，大概就是因為他們相信「說熊，熊就到」。總之，這種禁忌在今日也非常有影響力，所以我們的語言中只保留了對「熊」的替代稱呼，意思就是我們叫牠「你知道我在說誰」。

話雖如此，跟熊對我們造成的威脅相比，我們從很久以前開始就給牠們造成了更大的威脅。數百年來，歐洲人是透過稱作「鬥熊」（bearbaiting）的活動來折磨熊。熊會被鐵鏈綁在一根柱子上，被狗群攻擊而受傷或致死，或是被放進一座擂臺跟公牛進行生死決鬥。英國皇室超愛這種活動，例如亨利八世就在懷特霍爾宮蓋了一座鬥熊坑。

就連莎士比亞的作品也提到鬥熊，例如馬克白怨嘆他的敵人們「將我綑縛於柱，我插翅難飛，但我必須如熊般奮戰到底」。這段文字非常有意思，因為在莎士比亞的時代，英國的熊已經絕跡將近一千年，很可能因為獵人過度狩獵。「如熊般」奮戰，這不可能是指熊在自然界的行為，而只可能是指熊在人類安排的場景下遭受暴力對待並還以顏色。

雖然很多人認為鬥熊是日記作者約翰・伊夫林所說的「殘酷又下流的消遣」，但這項活動的目標通常無關於虐待動物。托馬斯・巴賓頓・麥考利曾寫道：「清教徒之所以痛恨鬥熊，不是因為這會對熊造成痛苦，而是因為這會給觀眾帶來快感。」

如此一來，我們如果聲稱我們是從近代才開始主宰熊的命運，這種說法就不夠準確。話雖如此，看到今日的孩子抱著古人怕得不敢直呼其名的動物玩偶，這確實讓人覺得怪怪的。

※　※　※

關於「泰迪熊」由來的故事是這麼說的：一九〇二年十一月，美國總統泰迪・羅斯福前往密西西比河獵熊，這種壯舉確實符合泰迪・羅斯福的硬漢風格。狩獵團的獵犬追蹤一頭熊幾小時後，羅斯福決定放棄，回營地吃午飯。

那天為羅斯福擔任狩獵嚮導的，是一位名叫霍爾特・克里爾的男子，他在總統吃午餐時繼續和狗群追蹤那頭熊。克里爾原本在密西西比河生而為奴，在「奴隸解放運動」後成了全世界最有成就的馬術騎士之一（他畢生獵殺了超過三千頭熊）。羅斯福離去時，克里爾的狗群將熊團團包圍。克里爾為了通知總統而吹了號角，但在羅斯福返回前不得不先用槍托毆打熊，因為牠咬傷了他的一隻狗。

總統趕到現場時，那頭熊已經被綁在樹上，而且陷入半昏迷狀態。羅斯福拒絕開槍射殺牠，覺得這麼做不符合運動家精神。總統的同情之舉傳遍全國，尤其因為克利福德・貝里曼在《華盛頓郵報》畫了一篇漫畫來描繪此事，他把熊畫成圓臉大眼的無辜小熊，以溫順的無助眼神看著羅斯福。

住在布魯克林的俄裔移民莫里斯與蘿絲・米希托姆夫婦看到這篇漫畫，因此想出把漫畫中的小熊做成玩偶，起名為「泰迪的熊」。他們把這隻熊放在所經營的糖果店櫥窗裡，結果立刻造成轟動。有意思的是，一家德國公司也在同一時期做出類似的泰迪熊，兩家公司都大獲成功。在當時，德國廠商史黛芙（Steiff）是由瑪格麗特・史黛芙創立了二十多年的公司，而她的姪兒理查設計出史黛芙泰迪熊。截至一九〇七年，該公司每年差不多賣出一百萬隻玩具熊。在那年的布魯克林，米希托姆夫婦用泰迪熊帶來的收入成立了「理想玩具公司」，製作了許多在二十世紀大受歡迎的玩具，像是「老鼠與起司」桌遊，以及魔術方塊。

現代的泰迪熊大多很像一九〇二年的泰迪熊：棕色身軀、黑色眼睛、圓形臉蛋、可愛的小鼻子。在我小時候，一種叫做「泰迪魯克斯賓」的會說話的泰迪熊很受歡迎，但泰迪熊最令我欣賞的就是沉默。牠們不會對我有任何要求，或在我發脾氣的時候批評我。令我印象深刻的兒時回憶之一，是我十歲生日那天，令人疲憊的慶生派對結束後，我回到房間，抱著一隻泰迪熊，但我發現這麼做已經不再有效，這個柔軟又沉默的動物已經沒辦法再安撫我。我記得自己當時心想：我再也不算是小孩了。那是我第一次感受到，自己強烈地懷念我再也找不回來的那個我。莎拉・迪森曾寫道：「家不是一個地點，而是一個時刻。」家是一隻泰迪熊，但限定於某個時刻的某隻泰迪熊。

泰迪熊問世後，我們想像出來的熊變得愈加可愛又呆萌。小熊維尼是在一九二六年出現，柏靈頓熊是在一九五八年。「護理熊」（Care Bears）在一九八一年出現，成了對人類最沒有威脅的熊科朋友。「活力熊」（Funshine Bear）和「愛心熊」（Love-A-Lot Bear）在超甜膩的圖畫書中登場，例如《最重要的是關心》和《你最美好的心願能夠成真》。

在玩具界之外的世界中，城市人也至少開始用羅斯福的觀點來看待熊，把牠們視為值得我們憐憫、保存的生物。我如果在離開某個房間時忘了關燈，我女兒常常會大喊：「爸，想想北極熊！」因為老師教她節約用電就能減少碳足跡，進而保存北極熊的棲息地。她不怕北極熊，而是怕牠們滅絕。曾令我們驚恐，也曾長年被我們迫害的那些動物，現在常常被視為軟弱又脆弱。和地球上許多生物一樣，威猛的熊如今也倚賴我們。牠們的生存取決於我們的智慧和同情心，正如密西西比河那頭熊需要羅斯福慈悲以對。

從這方面來看，泰迪熊讓我們記得當代人道主義的影響力多麼深遠。我們很難理解我們這個物種已經成了多麼強勢的主宰，我覺得一個有幫助的辦法就是思索「重量」：地球上所有人類的集體重量，大約是三億八千五百萬噸，這就是我們這個物種的「生物質」

（biomass）。而我們飼養的牲畜的生物質，例如羊、雞、牛，大約是八億噸。而地球上其他所有哺乳類動物和鳥類的總和生物質，不到一億噸。所有鯨魚、老虎、猴子、鹿和熊，甚至再把加拿大雁加進去，總重量不到我們重量的三分之一。[14]

對二十一世紀許多大型動物來說，能否生存的最重要決定因素，就是自己的存在對人類是否有用。不過呢，就算你對人類沒多大用處，夠可愛也行。你需要一張表情生動的臉龐，最好能擁有一雙大眼睛。你的幼兒必須能讓我們想到自己的幼兒。你必須有些特質，能讓我們在滅絕你之前會感到愧疚。

「可愛」能不能挽救一個物種？我對此抱持懷疑態度。泰迪熊起源故事中很少被提到的一個環節，是充滿運動家精神的羅斯福在拒絕殺掉那隻熊後，命令狩獵團的某個成員割開熊的咽喉，給了牠一個痛快。那天沒有熊獲救。今日，密西西比河的熊剩不到五十隻。與此同時，泰迪熊繼續全球熱銷。

我給泰迪熊二點五顆星。

14 但我們跟細菌相比是小巫見大巫。根據最近一項估計，細菌的生物質大約是所有動物的總生物質的三十五倍。

總統大廳

我是在佛羅里達的奧蘭多長大，離這世界上最受歡迎的主題公園，華特迪士尼世界的神奇王國，只有十五哩遠。在我小時候，奧蘭多是個以觀光為主的城市；你在機場要搭機離開這裡時，會聽見廣播對你說：「希望你很享受造訪此地的時光。」我爸媽每次聽見這道廣播，會嘆氣咕噥：「我們就住在這兒啦。」

我是在一九八一年第一次造訪神奇王國，我當時四歲，這座王國十歲。當年的我超愛這個樂園。我記得遇見高飛狗，我還允許自己相信它真的是高飛狗。我記得我在「白雪公主之旅」中被嚇到，我因為能搭乘「雷霆山」而覺得自己是個大孩子，我也記得我在那天結束時疲憊不堪，坐在我們家那輛福斯「兔子」客車上睡覺時是臉趴在車窗上。

但我長大了。進入青春期後，我主要以「我討厭什麼」來定義我自己，而且我討厭的東西有一大票。我討厭童書，討厭瑪麗亞•凱莉的歌，討厭郊區建築，也討厭購物中心，但我最討厭的就是迪士尼世界。我和朋友們用某個詞彙來稱呼充滿人工味和企業化幻想的流行音樂、主題公園和歡樂電影：「塑膠」。電視劇《歡樂滿屋》是塑膠。怪人樂團那些新歌也有點塑膠。至於迪士尼世界？老天，迪士尼世界是塑膠中的塑膠。

我在這個時期湊巧獲得了一個很惡劣的祝福：我媽贏得了一個社區服務獎，還拿到四張免費的迪士尼全年通行證。我在那年夏天是十四歲，**天天**被家人拉去迪士尼世界。

我知道，聽我說出「我在某年夏天免費玩了迪士尼世界十幾次」這個可憐故事，你應該不會對我投以同情，但十四歲的我真的超痛恨去那個地方。首先，迪士尼世界總是炎熱不堪；再來，一九九二年的我出於類似宗教心態而堅持要穿戰壕大衣，但這種衣服真的很不適合佛羅里達中部在酷暑下的沼澤熱浪。這件大衣的功用是讓我與世隔絕，而不是與天氣隔絕，它在這方面也確實成功了。總之，我當時一直在冒汗，我在其他遊客眼裡想必也成了奇景：一個骨瘦如柴的孩子，穿著及膝的「獵人綠」大衣，臉上每個毛細孔都冒出斗大汗珠。

但我當然希望那些人被我嚇到，因為我也被他們嚇到。我無法忍受他們竟然把錢送給一家企業，就為了逃離他們惡劣又悲慘的人生，而他們的人生之所以惡劣又悲慘，部分原因就是企業霸主們控制了所有生產環節。

總之，我必須熬過在迪士尼世界度過的諸多漫長夏日。我通常會先在園區入口的長椅坐下，把零碎的故事寫在一本黃色筆記簿上，然後氣溫會高得讓我無法忍受，我就會前往「總統大廳」，因為這座設施的遊客算少，而且這裡擁有整個神奇王國裡最棒的冷氣。在剩下的時間裡，我會再三進入總統大廳，全程一直在我的筆記簿上寫東西。總統大廳裡進行表演時，我就坐在那裡開始寫我這輩子第一次有寫完的短篇故事。這個故事描述一個瘋狂的人類學家綁架了一家子的狩獵採集者，強迫他們進入迪士尼世界。15

總統大廳是神奇王國於一九七一年開張時就一直存在的設施之一。這座設施是仿造費城的「獨立紀念館」（開國元老們當年制訂美國憲法所在），遊客會先進入一間等候室，這裡有幾位總統的半身像，連同迪士尼公司的創辦人華特•迪士尼的半身像，迪士尼被稱作「美國獨一無二的人物」。

因為總統大廳幾乎都沒人排隊，所以你很快就能進入主劇場，在這裡得知這座設施是為了紀念華特•迪士尼。我總是覺得這段話有點沒必要，不僅因為等候室裡就有迪士尼的半身像，也因為整座樂園就是以他命名。迪士尼（樂園）謝過迪士尼（創辦人）後，劇場會播放一部描述美國歷史的影片，然後銀幕會上升收起，揭露真正的主角：歷代每一位美國總統的真實比例電機人偶。這些電機人偶不僅栩栩如生得令人發毛，卻也因為像極機器人而駭人，讓觀眾感覺彷彿墜入詭異之谷。我帶我當時四歲的女兒參觀總統大廳時，她說：「那些**不是**人類。」

其中只有兩位總統會說話。電機林肯總統站在臺上，朗誦《蓋茲堡演說》。從一九九

15　我寫完這個故事沒多久後就把它弄丟了。在我的印象中，這個故事真的很有潛力，我在許多年間相信如果能找到這篇故事，就會發現我下一本書已經完成了一半，我只需要稍微整理一下劇情、深入描述幾個角色。然後，在幾年前，我爸找到了這個故事的副本，寄了給我，我發現內容其實糟糕透頂，根本一無是處。

〇年代初期開始，以電機人偶製成的現任總統，會用自己的真實嗓音在表演結尾發表演說。我們在二〇一八年造訪此處時，電機唐納・川普說了幾句話，包括「最重要的是，當個美國人就是當個樂觀主義者」，這完全誤解了民族國家的授予公民權制度。

總統大廳並沒有忽視美國歷史上的諸多恐怖史實，但也勇於表達對美國及歷代總統的愛國情操。事實上，表演尾聲的一句臺詞是：「我們的總統制度不再只是一個構想，而是擁有令人自豪的歷史故事的構想。」而我認為，它確實擁有令人自豪的歷史故事的構想，但這個構想也伴隨著許多歷史，包括令人羞愧的歷史，充滿迫害的歷史，以及暴力的歷史。對我來說，現代人生的一項挑戰，是判斷那些歷史能如何共存而不用彼此否決，但是總統大廳並沒有要求它們共存。相反的，它想像出一個勝利主義觀點的美國歷史：沒錯，我們是有過一些失敗，但幸好我們透過無盡的樂觀主義解決了它們。看看現在的我們。

※　※　※

人類史當中的兩個重大機構，分別是「民族國家」和「有限責任公司」，這兩者都既真實又強大，但在某方面都是虛構的。美國的真實存在比不上一條河川那種真實存在，華特迪士尼公司也是，這兩者都是我們相信存在的構想。沒錯，美國有法律、條款、憲法諸如此類，但這些都無法阻止一個國家分裂甚至消失。美國的一些新古典主義建築，以及美鈔上面的臉孔，都是試著賦予美國一種「永久存在」的感覺[16]，美國就是透過這些手段來天天說服公民相信：這個國家是真實的，而且美好，而且值得你效忠。

這種手法其實跟接下來這個十分相似：華特迪士尼公司試圖向創辦人致敬，並著眼於自己的豐富歷史，藉此達成某種目的。國家或企業如果想存在下去，就至少需要有一群人相信它們的存在。從這方面來看，這兩者確實算是某種神奇王國。

我在青春期時曾試著想像，如果我們全都不再相信這些觀念，人生不知道會是什麼模樣？我們如果拋棄「美國憲法是美國最高法律」這個概念，或甚至拋棄「民族國家」這種想法，會發生什麼事？也許是中年人的症頭吧，我現在會想像更好的民族國家（和管理得更好的私營企業），而不是拋棄這些概念。但我們想像中的美好世界不會成真，除非我們誠實地看清楚政府和企業希望我們相信什麼，而且他們為什麼希望我們相信。

在那成真之前，我永遠會覺得總統大廳有點塑膠。我給它兩顆星。

16 我們不是一個兩百歲的國家；我們是希臘共和國的延伸，所以是一千歲！

空調

這一百多年來，天氣對人類而言變得炎熱許多，這不僅因為全球暖化，也因為我們選擇住在什麼地區。拿美國來說，在上個世紀人口增加最多的三個州——內華達州、佛羅里達州、亞利桑那州——也是最炎熱的州。這種趨勢在美國的第五大城市鳳凰城（位於亞利桑那州）最為明顯：該市在一九〇〇年的人口是五千五百四十四人，到了二〇二一年約有一百七十萬人。八月的平均高溫是攝氏三十九度，當地卻有一支名叫「亞利桑那土狼」的冰球隊。土狼隊在一九九六年之前叫做「噴射機隊」，而且是加拿大曼尼托巴省溫尼伯市的球隊，當地的天氣明顯寒冷許多，但是ＮＨＬ（國家冰球聯盟）循著錢流和人流北上至此。

人文地理學能出現這麼重大的移動，其中一個功臣就是「空調系統」帶來的奇蹟，這使得人們能控制室內溫度。空調給富裕國家的人類生活帶來了深遠影響，小至建築物的窗戶打開的時間越來越短，大至醫藥的普及率有所提高。胰島素、各種抗生素、硝化甘油，以及各式各樣的藥物，都對溫度非常敏感，如果存放於所謂的「室溫」就可能失去效力；室溫的定義是介於攝氏二十度和二十五度，而鳳凰城在夏天的室內環境如果想降低至這種溫度，就必須倚賴空調。對貧窮國家的醫療系統來說，恆溫藥物儲存設備依然是重大挑戰之一，因為許多醫療設施根本沒有電力。

就連你正在享受的閱讀體驗也倚賴空調，你手上這本書是在有空調設備的印刷廠裡印製出來的[17]。事實上，空調原本就是為了某種設施而被發明出來，而那種設施其實跟印刷廠有點相似。一九〇二年，一位名叫威利斯・開利的年輕工程師奉命解決紐約州水牛城遇上的某個問題：一家印刷廠印製出來的雜誌因為夏季濕氣而扭曲。開利設計出來的裝置，基本上是把電熱器的運作方式顛倒過來，讓空氣流過冰涼而非灼熱的盤管。這不僅降低了濕氣，也提供了「降低室內溫度」這個很有用的副作用。開利接著繼續研究他所謂的「處置空氣」，而他創立的開利公司，至今依然是世上最大的空調製造商之一。

許久以來，「高溫」一直是讓人類擔憂的問題。在古埃及，房屋降溫的方法是在窗前掛上蘆葦遮簾，然後讓水流過上頭。古代和現代一樣，「控制室內溫度」不僅是為了舒適和便利，因為高溫確實能要人命。英國醫師約翰・赫克薩姆在所著的《探討一七五七年七月的驚人高溫及其影響》（這種文章名稱真令人印象深刻）指出，那股熱浪造成了「患者突然出現強烈頭疼、暈眩、劇烈冒汗、嚴重虛弱，以及精神憂鬱」。他也注意到熱浪受

17　如果你是閱讀電子書或聆聽有聲書，其實也要感謝空調，因為這兩種版本的書檔應該是儲存於雲端系統（至少在被你下載之前）；所謂的雲端不是指真正的雲，而是好幾排彼此連接的伺服器，這些設備置身於空調提供的乾燥涼爽環境，所以幾乎從不過熱或生鏽。

害者的尿液「顏色很深，而且量很少」。

今日，包括美國在內的許多國家，熱浪造成的死亡人數超過閃電、龍捲風、颶風、水災和地震的加總。二〇〇三年，歐洲發生了一場集中於法國的熱浪，造成七萬多人死亡。從澳洲到阿爾及利亞、加拿大和阿根廷，歷史上有過多次致命熱浪，但人類史的一項怪異之處在於，在較為富裕的諸國當中，跟較為炎熱的國家相比，高溫給氣溫較低的國家造成了更大的健康危害。這二十多年來，跟住在平時炎熱、超過九成家庭都有安裝某種空調設備的鳳凰城相比，住在平時涼爽、一般人家裡沒有冷氣的法國中部的居民，更可能死於熱浪。

現代空調也造成了一個怪現象：室內降溫，結果造成室外升溫。驅動空調運轉的能源大多來自化石燃料，而這造成地球升溫，也因此促使人類必須更倚賴空調。國際能源署指出，空調和電扇加起來就占據了全球百分之十的電力消耗，而且空調用電量在接下來的三十年間應該會提高超過三倍。就和許多耗電的發明物一樣，空調主要造福了富裕社群的居民，但氣候變遷的後果卻大多由貧窮社群承擔。

※　※　※

氣候變遷大概是二十一世紀人類最大的共同挑戰，我擔心我們會因為沒採取有效行動而遭後世嚴厲批評。他們大概會在歷史課上學到這個真相：我們這個物種早在一九七〇年代就知道碳排放正在影響地球的氣候，而且雖然有些人為了減少碳排放而在一九八〇年代和九〇年代做了努力，但這些努力終究因為錯綜複雜的原因而宣告失敗。但我相信未來的歷史課會在「那些原因是什麼？」這個問題上取得共識。而且我認為，未來的孩子在閱讀歷史課本的時候，會認為我們做出的選擇不可原諒也不可理喻。查爾斯・達德利・沃納在一百多年前寫道：「幸好每個世代都不瞭解自己哪裡無知。難怪我們敢說我們的祖先都是野蠻人。」18

我們雖然開始體驗到氣候變遷的後果，卻還是很難調動全球人類來處理這個由人類造成的全球問題。第一個原因是社會大眾的誤解，以及對專家的不信任。第二個原因是，人們覺得氣候變遷是個雖然重要但不迫切的問題。變得愈加常見的野火必須今天就被撲滅，但如果今天做出的一些重大改變，必須等好幾個世代後才能降低野火發生的機率，人類就比較不願意做出這類改變。

但我認為，我們也很難面對人類造成的氣候變遷，因為我們當中最富裕的那些人，耗費最多能源的那些人，能把自己與惡劣氣候隔離開來。我絕對就是這種人。我的房子

18 沃納還有一句名言。據說這種笑話最早是他說的：「大家都在談論天氣，卻沒人採取任何行動。」但我們現在當然有對天氣採取行動。

和空調設備讓我與世隔絕。我在一月吃草莓；下雨了，我可以進屋；天黑了，我可以開燈。我很容易覺得「氣候」主要是個室外現象，而我自己大多是個室內現象。

但這一切都是誤解，我其實完完全全仰賴我認知中的外在世界，我的死活與它息息相關。對人類來說，我們根本沒辦法擺脫我們對大自然的義務，以及大自然給我們的限制。我們就是大自然。也因此，和歷史一樣，氣候是發生在我們身上的事，卻也由我們掌控。

※ ※ ※

在我所住的印第安納波利斯市，每年大概只有十三天的溫度會超過攝氏三十二度，但大多數的住家和辦公室都有裝空調。其中一個原因是，這五十年來的建築改變了很多，尤其是商業大樓，都納入了空調的安裝。空調變得更常見的另一個原因，是越來越多人期待能夠控制室內環境。我在室外的時候，如果能稍微調整身上的衣物，介於攝氏十三度到二十九度的氣溫最讓我感到舒適。但在室內，我的舒適圈會縮小許多，我只能忍受一、兩度的溫度變化。我很討厭坐在室內還渾身冒汗，我以前住在芝加哥一間沒有空調的公寓時就會這樣流汗。同樣地，我也不想在涼颼颼的室內渾身起雞皮疙瘩。我就像一幅昂貴的畫作或一朵脆弱的蘭花，只有在特定溫度下才覺得愉快。

這種人不只我一個。康乃爾大學在二〇〇四年的研究發現，辦公室溫度會影響生產力。氣溫如果從攝氏二十度提升至二十五度，打字速度就會提高百分之一百五十，錯誤率會降低百分之四十四。這可不是小事；該研究報告的作者表示，這項發現指出：「如果把氣溫提升至更舒適的溫度帶，就能讓雇主在每小時每個員工身上省下兩塊錢美金。」把夏天的辦公室溫度壓得那麼低，既耗電費也降低工作效率，那為什麼許多辦公室還是把冷氣開得冷颼颼？也許是因為，歷史上所謂的「室溫」的定義，是源自分析四十歲、體重七十公斤、穿著商務西裝的男性喜歡什麼樣的溫度。許多研究都發現，大多數的女性喜歡室內溫度稍微高一點。

但當人們指出辦公大樓裡的空調溫度偏見——尤其如果是女性指出這點——就常常會被取笑太過敏感。記者泰勒・洛倫茲在推特上說「辦公室空調系統暗藏性別歧視」後，《大西洋》雜誌一篇部落格寫道：「竟然有人覺得室內溫度也是性別歧視，這根本荒謬。」但這並不荒謬，荒謬的是為了把辦公室搞得冷颼颼而燃燒珍貴的化石燃料，降低職場生產力，就為了讓身穿華麗外套的男性們能覺得更舒服。

※　※　※

我必須習慣比較溫熱的日子，這是我們唯一的未來。我以前在佛羅里達州當小孩的時候，覺得帶件毛衣進電影院是很正常的事。和人類史的許多事物一樣，空調是一種塑造了我的人生的背景嗡鳴聲，我從沒對它多想。但在我寫下這段文字的這個時間點，在這個二〇二一年某天的凌晨，「進入電影院」這件事讓人覺得無比反常。對人類來說「正常」的事，其實一直在改變。

我非常感謝空調，它讓人類生活改善許多，但我們也需要把我們對「氣候控制」的定義加寬，而且要快。

我給空調三顆星。

金黃色葡萄球菌

幾年前，我的左眼窩被一種稱作「金黃色葡萄球菌」的細菌感染。我的視線變得模糊，眼球腫得閉起，結果我在醫院躺了一個多星期。

我如果是在一九四〇年之前的任何一個時間點經歷同樣的感染，大概不只會失去這顆眼睛，更會失去生命。但話說回來，我如果是古代人，大概也不會活到感染眼窩蜂窩組織炎的年齡，因為我會在童年就死於葡萄球菌感染症。

我在醫院的時候，傳染病的醫師們讓我覺得自己是個很特別的人。其中一位告訴我：「一些無比凶猛的葡萄球菌在你身上移生（colonize）。」大約只有百分之二十的人類會遭到金黃色葡萄球菌的持續移生（確切原因尚未確定），而我顯然是其中一個。你如果身上始終有這種細菌，就比較容易出現葡萄球菌感染症。醫師對我身上的葡萄球菌殖民地表示驚奇，說我如果看到我的細菌培養皿一定會不敢置信，然後說我能活到現在就是對現代醫學的見證。

我有同感。對我這種人來說，遭到無比凶猛細菌的移生，就不可能讓人想緬懷美好的古代，因為我如果在古代得這種病，就必死無疑。一九四一年，波士頓市立醫院中的葡萄球菌感染症致死率，是百分之八十二。

我記得我小時候聽見「強者生存」和「物競天擇」之類的片語，而且我會感到驚恐，因為我知道自己既不強壯也沒有適應力。我當時還不明白的是，人類如果照顧弱者，並努力確保弱者的生存，整個人類族群就變得更堅強。

※　※　※

因為葡萄球菌通常會感染開放性傷口，所以在戰爭期間尤其致命。第一次世界大戰開打時，英國詩人魯珀特・布魯克寫下名言：「如果我注定要死，請你這樣記住我：我死在一片異地的角落，為英格蘭而亡。」布魯克後來確實死於戰爭，時間點是一九一五年的冬天，但不是死在異地的角落，而是在一艘醫療船上，死因是細菌感染。

當時有數以千計的醫師治療因戰爭而受傷生病的患者，其中一位是七十一歲的蘇格蘭外科醫師亞歷山大・奧格斯頓，他在開戰的幾十年前發現了這種細菌，並將其命名為葡萄球菌。

奧格斯頓非常崇拜約瑟夫・李斯特，李斯特透過對「手術後感染」的觀察而想到使用苯酚以及其他消毒技巧，這大幅提高了手術生存率。奧格斯頓在一八八三年寫信給李斯特：「您改變了外科醫學……把它從危險抽獎變成有可靠依據的安全科學。」這種說法只有稍微誇大一點點。奧格斯頓寫道：「在消毒劑出現前，我們每次做完手術都會顫抖地等候第三天到來，也就是敗血症出現的那天。」一名跟奧格斯頓一起在亞伯丁皇家醫院工作的護士拒絕接受絞勒性疝氣手術，而是寧可選擇死亡，「因為她從沒見過哪個病人能在手術後活下來」。

※　※　※

奧格斯頓拜訪了李斯特，觀摩了沒造成感染的複雜膝部手術，然後回到位於亞伯丁的醫院，拆下了手術室上方寫著「準備去見上帝」的牌子。手術不再是出於絕望的背水一戰。

奧格斯頓痴迷於李斯特的苯酚噴霧劑，他的學生們因此寫了一首詩，其中幾句是：

我們發現所謂的未來
就是拚命噴消毒劑。
噴啊，噴啊，狂噴消毒劑
早上噴，晚上噴，夜以繼日繼續噴
不管你受了什麼傷
其他人也許會給你貼上黏黏的膏藥

但他就是給你噴消毒劑。

奧格斯頓的第一任妻子瑪麗珍在這些醫學新知出現的幾年前死於難產，只有二十五歲。雖然她的死因沒有留下正式紀錄，但當時大多數的孕產婦死亡都是因為產後感染，凶手通常是金黃色葡萄球菌，而且奧格斯頓見過數以百計的病患死於手術後感染。也難該他執著於消毒程序。儘管如此，他想瞭解的不只是如何避免感染，也想知道究竟是什麼造成感染。在一八七〇年代末，外科醫師和研究人員獲得了許多關於細菌及其感染因素的發現，但沒發現葡萄球菌，直到奧格斯頓刺穿了詹姆斯・戴維森一條布滿膿瘡的傷腿。

在顯微鏡下，戴維森的膿瘡裡生機盎然。奧格斯頓寫道：「看到裡頭大量的美麗糾結物、叢生物，以及串聯在一起的圓形生物，你能想像我有多麼欣喜。」

奧格斯頓把這些叢生串聯物命名為「Staphylococcus」，在希臘語中的意思是「一串串葡萄」，這些緊密串連的肥厚球體看起來確實很像一串串葡萄。但奧格斯頓光是看到這種細菌還不覺得滿意。他寫道：「很顯然的，接下來要採取的第一個步驟，是確保在戴維森先生的膿汁裡發現的生物不是湊巧出現在裡頭。」奧格斯頓因此在自家後院的棚屋裡準備了一間實驗室，開始嘗試培養葡萄球菌，後來終於因為把雞蛋當成媒介而成功。然後他把這種細菌注入豚鼠和老鼠體內，牠們因此生了重病。奧格斯頓也注意到，葡萄球菌似乎「在生物的表皮上無害」，但「被注入體內就會產生嚴重害處」。我自己也注意到這點：金黃色葡萄球菌在我的皮膚上移生時，我並不會非常在意，但它開始在我的眼窩增生時，我確實覺得它很有害。

順道一提，詹姆斯・戴維森在發生葡萄球菌感染症後活了很多年，這要感謝徹底的清創術，也要感謝奧格斯頓噴啊噴啊狂噴消毒劑。但是金黃色葡萄球菌依然是非常危險的感染症，直到另一位蘇格蘭科學家亞歷山大・弗萊明在無意間發現了盤尼西林。一九二八年某個星期一早上，弗萊明發現自己培養出來的金黃色葡萄球菌遭到一種稱作「青黴菌」的真菌汙染，這種真菌似乎將所有葡萄球菌消滅殆盡。他見狀時大聲說出想法：「有意思。」

弗萊明用他所謂的「黴汁」治療了一、兩個患者，也藉此治好了他助理的鼻竇感染，但事實證明，想量產青黴菌分泌的抗生素物質十分有難度。

直到一九三〇年代末期，牛津大學一群科學家才開始測試製作完成的盤尼西林，一開始先在老鼠身上實驗，後來在一九四一年用在人類身上：一位名叫阿爾伯特・亞歷山大的警察。亞歷山大在德軍轟炸時被彈片割傷，結果因為細菌感染而瀕臨死亡，他感染的是金黃色葡萄球菌以及鏈球菌。盤尼西林給亞歷山大的狀態帶來重大改善，可惜這群學者擁有的藥量不夠救他。感染歸來，亞歷山大在一九四一年四月過世，他七歲大的女兒席菈因此住進孤兒院。

科學家們繼續尋找這種黴菌的生產株，直到細菌學家瑪莉・杭特在伊利諾伊州皮奧里亞市一家雜貨店的一顆哈密瓜上找到。這株黴菌經過X光和紫外線照射後，繁殖力變得更強。基本上來說，這世上所有盤尼西林，都是那顆來自皮奧里亞市哈密瓜的後代[19]。然而，隨著盤尼西林藥劑存貨持續增加（一九四三年有兩百億劑，一九四五年有六點八兆劑），越來越多人也擔心遭到盤尼西林攻擊的細菌，尤其是金黃色葡萄球菌，會進化出抵抗能力。《星期六晚郵報》在一九四六年的一篇文章指出，使用抗生素可能會「在無意間協助並加快能夠適應環境的微生物演進出現」。一語成讖。在一九五〇年，醫院裡有百分之四十的金黃色葡萄球菌樣本對盤尼西林產生抗藥性；到了一九六〇年，這個數據提升至百分之八十。到了今天，只有百分之二的金黃色葡萄球菌感染症能被盤尼西林消滅。

這一切都發生得非常、非常迅速。亞歷山大・奧格斯頓發現葡萄球菌的六十四年後，盤尼西林開始量產，而又過了六十四年後，我在二〇〇七年得了眼窩蜂窩組織炎。我的感染症沒有對盤尼西林或第二、第三線抗生素產生反應，幸好第四線終於成功。「抗生素抗藥性」並不是未來才會出現的問題；在今年，美國將會有五萬人死於金黃色葡萄球菌感染。

19　但這並不是這個故事令人驚奇之處。令人驚奇之處在於，那些研究人員刮起並收集了那批日後成為全球盤尼西林之母的黴菌後，竟然「吃掉了那顆哈密瓜」。

盤尼西林是多麼近期的發明？在我動筆的這一刻，那位曾住進孤兒院的警官女兒依然在世。席菈．亞歷山大嫁給了一名美國軍人，搬去加州，成了畫家。她的一幅近期畫作是描繪一座英國鄉村的成排房屋，藤蔓爬滿其中一棟屋子的牆面，鑽進粗石之間。

對我來說，生命的謎團之一，是生命為什麼想存在。跟化學平衡相比，生命更算是生化機制，葡萄球菌卻致力於參與其中。仔細想想，其實我也一樣。葡萄球菌並不想傷害人類，它根本不知道人類是啥，而是只想存在，就像我想活下去，也像藤蔓想四處蔓生、占據更多牆面。占據多少空間？越多越好。

葡萄球菌想存在下去，這並不是它的錯。但話雖如此，我只能給金黃色葡萄球菌一顆星。

網際網路

我們家中第一次出現「網際網路」（以下簡稱「網路」），是在一九九〇年代初期，而當時在我的印象中，網路是在一個箱子裡頭，需要一大堆技術能力才能組裝起來。我爸成功讓網路開始運作後，所謂的「網路」是黑色螢幕上的綠色字體。我記得我爸向我和我弟展示網路的功用。「看啊，」他說：「網路能讓你知道北京現在是什麼樣的天氣。」然後他對網路輸入指令，螢幕上寫出北京今天的天氣狀況。「不然，」他興奮地說：「你也可以下載整套《蘇格拉底的申辯》。免費！而且可以直接在螢幕上閱讀，不用出門。」[20]

對我爸而言，網路看起來想必就是真正的奇蹟，但我興趣缺缺。首先，我爸上網的時候，我們就沒辦法打電話，因為網路是倚賴電話線，雖然當年十四歲的我並沒有收到很多電話就是了。更重要的原因是，我覺得網路主要是一個用來「討論網路」的論壇，例如我爸會閱讀（然後轉述給我們聽）他在冗長的使用說明書和留言板上看到關於網路如何運

20　美式生活的一個怪異的唯我論（solipsism）思想，尤其在二十世紀末，是新聞幾乎從不提到美國境外的天氣，除非國外發生了某種自然災害。不過我得承認，能從網路上免費下載《蘇格拉底的申辯》，這在今天來看還是挺酷的。

作的文章，而且未來的網路可能有哪些功能。

我爸有天向我展示，我們可以在網路上跟世界各地的人說話。他解釋：「你可以去法文論壇練習法文。」然後他示範怎麼用。我在論壇上對幾個人發出訊息：「Comment ça va?(你好嗎？)」對方用真正的法文做出即時回應，但這對我來說沒什麼幫助，因為我對法文幾乎一竅不通。我開始在想，不知道這種服務有沒有英文版，結果發現真的有。事實上，有個服務就是為我量身打造：CompuServe 青少年論壇。

在 CompuServe 青少年論壇上，沒人認識我。他們不知道我是個可悲、彆扭、說話會緊張得嗓音吱嘎的孩子。他們不知道我比一般人更晚開始發育，也不知道學校的孩子會用很難聽的字眼取笑我。

矛盾的是，他們就是因為不認識我，反而比我認識的人更瞭解我。我記得某天晚上，我透過即時訊息跟我在 CompuServe 上的朋友瑪麗談到我所謂的「夜晚的感受」。這種感受是指，我在隔天要上學的晚上上床睡覺時，會感覺被一種大浪襲打，覺得胃袋緊繃，擔憂的情緒從肚臍擴散。我從沒跟任何人說過我所謂的夜晚的感受，我在打字時心跳加快。瑪麗告訴我，她能明白這種感受，而且她有時候是小聲地聆聽鬧鐘收音機廣播來尋求慰藉。我試了這招，確實有幫助。

但大多數的時候，我在青少年論壇上的朋友群組不會分享祕密。我們會分享只有我們知道的笑話，而且一起學習、建構、借用和創作東西。到了一九九三年夏季，

CompuServe 青少年論壇已經成了擁有大量神話和參考資料的龐大宇宙，裡頭的東西包括對電視節目《小博士邦尼》開的玩笑，以及一大堆縮寫和簡寫詞彙。雖然當時的網路依然只是黑螢幕上的綠字，所以我們沒辦法使用圖像，但我們能把字符排列成圖案。ASCII 藝術（又名「文字圖」）其實已經存在了幾十年，但當時的我們還沒活到那麼老，所以覺得自己是剛剛發現了這種藝術。例如，我們會使用符號來組成很簡單的圖案（例如 :-)），也能排列出無比複雜（而且通常下流）的圖案。當時好像沒人用什麼詞彙來描述這種舉動，但這年頭的人把它稱作「梗圖」（meme，又稱「網路迷因」）。

那年放暑假的時候，我能把所有時間投注在青少年論壇上。我甚至得到了稱作「電子郵件地址」的東西，格式是一連串隨機產生的數字加上「@compuserve.com」。當時的網路是按小時收費，而這成了大問題，因為我每個小時都想泡在網路上。這下子輪到我爸媽抱怨我占用電話線。他們很高興我有在交朋友、寫作和閱讀之類，但他們沒辦法負擔每個月一百塊錢的網路費。這時候出現了一條救命繩索：我獲得「雇用」，成了青少年論壇的版主之一，拿到的報酬是「免費上網吃到飽」，我也確實想盡情上網。CompuServe 甚至出錢讓我家申裝一條專用電話線，好讓我時時刻刻都在網路上。如果我在那年暑假有什麼人生事件是發生在戶外，我也完全不記得。

※　※　※

我擔心我把網路說得太浪漫了。一九九〇年代初期的網路，也有著跟現代網路一樣的許多問題。我雖然記得青少年論壇被管理得很好，但今天的留言欄常出現的種族歧視和厭女症言論，在三十年前也很常見。而且當年和現在一樣，你可能會墜入網路高度客製化資訊這種「兔子洞」的深處，結果覺得陰謀論比所謂的事實更真實。21

那年夏天給我留下了美好回憶，但也有悲慘回憶。我在幾年前巧遇一個老友，談到我們那間高中時，他說：「它救了我的命，但也造成了其他影響。」網路也是。

經歷了三十年的網路生活後，我這些年開始感覺到那些負面影響。我不知道這是不是因為我的年紀，還是因為現在的網路能帶在身上，但我發現我常常想到英國詩人華茲渥斯那首詩：「塵世誘惑甚多，無論將來還是當下。」

21　我其實親身經歷過這種體驗。在一九九〇年代初期，我深深執迷於所謂的「虛構時間假說」（Phantom Time Hypothesis），這項假說認定介於第七和第十世紀之間的三百多年並沒有發生，而是由天主教虛構的。我是因為看到一個帶有諷刺意味的梗圖，而開始相信這個想法。這項在當時十分受歡迎的陰謀論指出，我當時所在的年分其實不是一九九三年，而是一六九八年左右，有一大堆年分是天主教捏造出來的，就為了……繼續掌權？該陰謀論的細節我已經忘了，總之你很難想像你如果掉進那種兔子洞，會願意把哪些論點照單全收。

我無法想像人生或工作少了網路，而我這種「無法想像」意味著什麼？我的思考方式和存在方式深受機器邏輯影響，而這意味著什麼？我在網路世界參與了這麼久，網路也成了我的一部分？

我朋友斯坦・穆勒對我說過，你活在歷史當中的時候，就完全不會知道這段歷史有什麼意義。我現在就活在網路當中，我完全不知道它有什麼意義。

我給網路三顆星。

學術十項全能競賽

我從十年級開始就讀於阿拉巴馬州一所寄宿學校，在那裡認識了我的摯友兼室友托德。他後來常常說，在那間沒有空調的宿舍房間裡，他在深夜試著入睡時，我成了一本活生生的意識流小說。我會向他吐露一切：我和我暗戀的英文課同學的所有互動，包括我和她交換的名言筆記；我為什麼就是沒辦法交出歷史作業；我的左膝外側總是會出現一種怪異疼痛；我躲在體育館後面抽菸的時候多麼緊張，因為有人前一星期才在同一個地方被抓到；我滔滔不絕，直到他開口：「說真的，葛林，我很愛你，可是我非睡覺不可。」我跟他並不害怕對彼此說出「我愛你」。

我最喜歡的關於托德的故事如下：在那時候，阿拉巴馬州每兩個月才能考一次SAT（美國大學入學測驗）。我和托德竟然錯過了大學申請截止日前最後一次在當地的SAT考試，所以必須開車去喬治亞州赴考。我們開了一整天的車，晚上在一家「六號汽車旅館」下榻，隔天帶著疲憊的眼神來到考場，我勉強在漫長的四小時中集中精神。考試終於結束後，我跟托德會合。他對我說的第一句話是：「『Ostentatious』是什麼意思？」我說意思是「炫耀」或「鋪張」。托德微微點頭，過了一秒後說道：「酷，看來我全寫對了。」

他真的全寫對了。他在SAT上考了滿分。

※ ※ ※

就是托德提議我加入「學術十項全能」（Academic Decathlon）團隊，雖然我一開始看起來一點也不適合。我在學術方面向來不算優秀，而且我對「沒發揮潛力」這個理由略感自豪，部分原因是我如果拚盡全力，全世界就會發現我其實根本沒多少潛力。托德卻在我的可憐成績上看到機會。

簡稱「AcaDec」的學術十項全能競賽，是由十個項目組成。在一九九四年，該競賽有七個由選擇題組成的「客觀」項目，包括經濟、美術、語言與文學、數學、科學、社會科學，以及關於「自由文件」（例如《美國獨立宣言》）的「超級益智題」。該競賽也有由裁判評分的三個「主觀」項目，包括寫論文、面對面訪談，以及演講表現。

每一所學校的「學十校隊」都有九名隊員：三個A級學生（GPA高過3.75），三個B級學生（GPA高過3），以及三個C級學生（GPA低於2.99）。讀者你如果不是美國人，那我換個說法解釋：這支隊伍裡有三人成績優異，三人成績不錯，還有三人……成績很爛。而我湊巧成績很爛。托德相信憑著他的耐心教導和我的糟糕成績，一定能把我打造成學十競賽的超級巨星。

也因此，我們從高三那年開始一起讀書。我們讀完了一整本經濟學教科書，我如果無法理解哪個段落，托德會用我能理解的方式來解說。例如，學到「邊際效用」

（marginal utility）的時候，他會用茲瑪（Zima）水果調酒來說明。

托德對我說：「聽著，你喝了一瓶茲瑪，感到愉快。你喝了兩瓶，覺得更愉快，但這增加的好處小過『從零瓶到一瓶』的好處。你後來喝下的每一瓶茲瑪所提供的額外好處會越來越低。你喝到第五瓶的時候，曲線開始反轉，你開始嘔吐。這就是邊際效用」。[22]

所以我們學了經濟學，但也學了藝術史、化學、數學和其他學科。為了學十競賽而讀書時，我學到一大堆東西，大至印度河流域文明，小至有絲分裂（mitosis）。多虧了托德，我成了非常有能力的學十選手。

不是我吹牛，但在一九九四那年的「阿拉巴馬州學術十項全能競賽」上，我就像C級學生當中的足球明星利昂內爾・梅西。在十項比賽中，我拿下七面獎牌，其中四個是金牌。我竟然在數學競賽上也拿到銅牌，就算我那年在學校的微積分入門課的成績只有D。我承認，我在競賽中拿到的分數完全比不上A級或B級學生當中的前十名，但我本來就不是在跟他們比。在我的學術生涯中，那是我第一次覺得自己不是笨蛋。

我在我原本覺得自己很苦手的項目上（例如文學和歷史）拿到了金牌，也在演講上拿

---

22 茲瑪是一種酒精飲料，算是二十一世紀硬性蘇打水的低品質前身。它有夠難喝，但我超愛。更重要的是，在許多年後，我在「全國公共廣播電臺」的播客節目《金錢星球》上，聽見主持人用幾乎如出一轍的比喻來描述邊際效用。難道那個播客和托德擁有同一個資訊來源？還是我的記憶力不夠可靠？我不知道。我只知道我現在喝五瓶茲瑪就會產生邊際效用，就跟我在高中時一模一樣。

到金牌，這尤其令我驚訝，因為我向來很不擅長公眾演說。我很討厭自己的嗓音，它洩漏了我有多麼焦慮，而且我在辯論比賽上表現得很糟。但在學十競賽上，我找到了一個能讓我表現之處。我們的學校贏得了州比賽，意思是我們有資格參加全國大賽，將在新澤西州紐華克市一家飯店的舞廳裡舉行。

接下來的幾個月，我持續成長的學術自信，再加上托德傳授給我的讀書技巧，使得我的成績開始進步。我原本差點可能失去我深受旁人羨慕的C級學生身分，直到我意識到我可以故意搞砸物理課，讓我的 GPA 維持在三以下。

那年四月，我們九個隊員和教練們搭機前往紐華克市。我們和來自全國各地的阿宅成了朋友，其中一人是來自中西部的C級學生，名字好像叫做卡羅琳。她擁有一張幾可亂真的假證件，所以成功地幫我們弄到十二瓶茲瑪。

托德是全國比賽中的頂尖A級學生之一，而我們這支來自阿拉巴馬州的小小隊伍竟然在全國比賽中拿到第六名的佳績。我甚至贏得了兩枚獎章，其中之一是演講。我演講的主題是關於河流，內容我已經大多忘光了，但我記得我有談到河流的蜿蜒曲折，就像一條在河道中彎曲的大蛇。我從有印象以來就非常喜愛河川。我曾和我爸在阿拉斯加北部的諾塔克河邊度過某年暑假，在另一年暑假在田納西州的弗倫奇布羅德河划船。

我那篇演講的構想就是從托德身上偷來的。某年九月的某個下午，我和托德坐在一條溪邊，空氣厚重，蚊子滿天；托德說他喜歡河水川流不息的模樣，河水左彎右拐，但就是繼續前進。

※ ※ ※

當時是二〇二〇年四月，我所在之處是紐華克市那家飯店舞廳的遙遠下游處，我整個早上都試著幫我的孩子們架設遠程上課的設備，但我擔心我的不耐煩和惱火只會幫倒忙。我對工作感到焦慮，就算我的工作實在稱不上重要。那天中午，印第安納州衛生部發布了關於Covid-19的嚴肅消息。孩子們吃午餐時，我在手機上查看這些最新消息。莎菈來到樓下，我們進入客廳，好讓她說明我們有個朋友染病住院。這個消息是好消息，因為這個朋友正在復原，但我感覺不到任何喜悅，只感覺到驚恐不安。她大概看出我的情緒，因為她說：「你何不去河邊走走？」

※ ※ ※

這些日子，我只有在戶外時才覺得平心靜氣。寫下這段文字的時候，我是在印第安納波利斯市的「白河」的西岸。我帶了一張露營椅來這裡，坐在長滿草的坡邊狹道上，而且我的筆記型電腦電力充足。我前方的河流是混濁又高漲的一團雜音。每隔一、兩分鐘，就能看到一根被連根拔起的樹在河中翻滾。在乾燥的夏季，我就算走進河裡也不會弄濕短褲，但這時的河水有十五呎深，而且水勢湍急。

這幾天，我的大腦始終不允許我完成任何一個想法，還一直用擔憂來擾亂我。就連我的擔憂也被打亂，像是一些新的擔憂，或是我沒好好思索過的一些陳年擔憂。我的諸多思緒就像高漲的河水那樣翻攪、混濁而且永無止盡。我真希望我不是時時刻刻都這麼害怕；沒錯，我是害怕病毒，但我心中也有一種更深層的恐懼：我害怕時間的流逝，害怕時間把我捲走。

我帶了一本泰瑞．坦佩斯特．威廉斯寫的書，但我心中無所不在的擔憂讓我根本讀不了幾分鐘。我翻翻書頁，看到我在幾年前劃了線的段落：「我們當中有一人說『看啊，外頭什麼也沒有』的時候，我們其實是在說『我看不見』。」

※　※　※

白河從這裡流入沃巴什河，之後進入俄亥俄州，然後進入龐大的密西西比河，最後進入墨西哥灣。但它就算到了那裡還是會繼續前進——凍結、融化、蒸發、降雨、流動，不增不減。看著這條河，讓我想到當年和托德一起坐在溪邊，他的愛扶持我走過那些年，至今仍以某些方式扶持我。

不知道你的人生中是不是也有這種人？他們的愛讓你得以繼續前進，就算他們現在因為時間、地理或是介入你們彼此間的各種原因而離你很遠。這幾十年來，我和托德繼續沿人生漂流而下（他現在是個醫生），但我們在上游處共享過的那些時光塑造了我們人生的走向。瑪雅・加薩諾夫曾寫道：「河流就像大自然的情節主線，它把你從這裡帶去那裡。」或至少從那裡帶來這裡。

外面的世界繼續運轉。這條河，就算淹沒了岸邊，也繼續蜿蜒前進。我把視線從筆電螢幕移向河面，然後放回螢幕上，接著又移向河面。不知道為什麼，一道回憶浮現而來：紐華克市的學十競賽結束後，我跟托德和兩個隊員拿著茲瑪來到那家飯店的屋頂上。當時是深夜，遠方的紐約市綻放粉紅光輝。我們是全國第六強的學十隊伍，我們透過茲瑪獲得了適量的好處，而且我們愛著彼此。河川繼續流動，我們繼續過日子，也不可能回到飯店屋頂上的那一刻，但這道回憶依然支撐了我。

我給學術十項全能競賽四點五顆星。

夕陽

我們該如何看待炫麗夕陽的陳腔濫調之美？我們是否該說夕陽帶有一些威脅性，就像羅貝托・博拉紐的巧妙形容：「夕陽時分的天空，看起來就像食蟲花」？我們是否該傾向於與生俱來的多愁善感，就像凱魯亞克在《旅途上》一書中所寫的：「不久後，暮光降臨，就像紫葡萄懸掛於柑橘園和檸檬田……宛如愛與西班牙謎團的色彩」？還是我們應該採取神祕主義，就像安娜・阿赫瑪托娃如此描述美麗夕陽：

我看不出即將結束的是白晝還是整個世界，
看不出祕密中的祕密是否又出現在我心中。

美好的夕陽總是讓我無語，總是使得我所有的思緒變得跟日落餘暉一樣朦朧柔和。但我承認，看到太陽沉入地平線，看到黃、橘、粉紅光芒淹沒天空時，我常常會想：「這看起來好像電腦修圖。」看到大自然最壯觀的景色時，我最常出現的感受是「這看起來好假」。

我想到一件事：在十八世紀末、十九世紀初，人們在旅行時會帶著一種稱作「克洛德玻璃」的凸面黑鏡。據說，你如果把視線從周圍的壯麗美景上移開，看著景色在克洛德玻璃中的倒影，就會明白何謂「風景如畫」。克洛德玻璃得名自十七世紀法國風景畫家克洛德・洛蘭，這種玻璃不僅能捕捉美景，還能簡化其色調範圍，讓現實世界看起來就像畫中世界。詩人托馬斯・格雷曾寫道，他只有透過克洛德玻璃才能「看清楚夕陽的壯麗美景」。

※　※　※

太陽當然有個問題：我們不能直視它，尤其當我們在戶外、試著描述它有多美。安妮・迪拉德在《汀克溪的朝聖者》中寫道：「我們其實只有這一個光源、所有能量的源頭，我們卻必須按照宇宙律法而對它移開視線。這顆星球上似乎沒有任何人注意到這奇怪又強大的禁忌。我們每個人在走動時，都是小心翼翼地把臉左轉右撇，就怕眼睛被永久焚毀。」

從這些文字來看，太陽宛如天神。就像托馬斯・斯特恩斯・艾略特所描述的，我們看得見的光線，其實是提醒我們「不可見光」的存在。正如天神一樣，太陽擁有令人生畏的神奇力量。也就像天神一樣，我們沒辦法直視它，因為這麼做非常危險。上帝在聖經《出埃及記》中說：「我不讓你看見我的面容，因為看見我的人都不能存活。」難怪數百年來的基督教作家們常常使用一種雙關語，描述耶穌既是「神之子」（Son）也是「太陽」（Sun）。約翰在所著的《約翰福音》中一再說耶穌是「光」，次數多得讓人看到煩。而且正如世界各地都有神祇，世界各地也都有太陽神，例如埃及的「拉」、希臘的希利昂斯，以及阿茲特克的納納瓦特辛，最後這位為了成為耀眼太陽而犧牲自己、跳進一團篝火。這一切都有其道理：我不只是需要太陽這顆恆星之光才能生存，我在許多方面也是陽光的產物，而這基本上就是我對上帝的想法。

很多人會問我相不相信上帝，我答覆說我是聖公會的成員、我會上教堂，但他們並不在乎這些，他們只想知道我是否「信奉」（believe in）上帝，這我沒辦法回答，因為我不知道該如何面對「信奉」這個字。我相不相信上帝？我相信的是上帝的相關跡象。但我只能相信自己置身其中的環境，像是陽光和陰影、氧氣和二氧化碳、太陽系和銀河系。

我們已經沉浸於多愁善感的水中，我把夕陽隱喻化了。我先是把它形容成「經過電腦修圖」，然後把它形容成聖光，但用這兩種方式來看待夕陽都不夠。

美國詩人愛德華・艾斯特林・卡明斯如此描述夕陽：

Who are you, little i

(five or six years old)
peering from some high

window;at the gold
(and feeling:that if day
has to become night
this is a beautiful way)

這是一首好詩，但之所以生動，是因為卡明斯是把這番觀察的時間點放在童年，小孩子天真無辜得不知道用文字頌讚夕陽是多土的一件事。然而，燦爛的夕陽確實美麗，而且這是宇宙真理。我們的遠古祖先，並不是像現代人這樣吃喝或旅行。他們跟「時間」這種重要觀念之間的關係不同於現代人。他們測量時間的方式，主要不是透過「小時」或「秒」，而是太陽週期的相關關係，例如某個時間點有多接近夕陽、破曉或凜冬。但這顆星球上每一個有活至少幾年的人類，都看過美麗的夕陽，都有在白晝結束前稍微花點時間欣賞這種光輝、為之感動。

那麼，我們要如何欣賞夕陽之美，而不會讓自己顯得太過多愁善感、肉麻兮兮？也許我們可以先列出關於夕陽的客觀事實。過程如下：一道陽光在接觸你的眼睛之前，會跟一種分子產生許多互動，而這種分子造成了光線的散射。不同波長會射向不同方向，與一些元素互動，例如大氣層中的氧氣或氮氣。但在夕陽時分，光線會在大氣層中行進更久一段時間才進入我們眼裡，所以許多的藍色和紫色光芒被散射開來，使得天空看在我們眼裡是鮮艷的紅色、粉紅色和橘色。就像藝術家塔西塔・迪恩說的：「顏色是光線的虛構產物。」

我認為「知道夕陽的原理」很有幫助。雖然我並不相信「明白某件事物的科學原理會讓它失去美感」這種浪漫想法，但我還是找不到文字來描述夕陽之美多麼令人窒息——不，其實不是美得「令人窒息」，而是美得「讓人充滿生氣」。我唯一能說的是，有時候當這個世界處於晝夜交替處的時候，我會被它的光彩震攝，我會感覺自己多麼渺小。你也許覺得這種感受令人難過，但其實不是，這反而只讓我充滿感激之意。托妮・莫里森曾寫道：「在人生某一刻，這個世界之美變得足夠。你不需要對它拍照、畫下，甚至不需要記住它。它本身已經足夠。」那麼，我們該如何評論夕陽的陳腔濫調之美？也許我們唯一能說的是，它本身已經足夠。

※　※　※

我的愛犬威利在幾年前過世，而牠最令我印象深刻的一道回憶，是我看著牠在暮光下在前院玩耍。牠當時還是幼犬，在傍晚時分會開始暴衝，開心地繞著我們跑，朝非特定對象叫嚷、跳躍；過了一會兒，牠覺得累了，就會跑到我身旁躺下，然後做出一件非常特別的事：翻身仰躺，露出柔軟的腹部。我總是對牠這種勇氣感到驚奇，牠竟然就是有辦法在我們面前卸下防備。牠露出沒有肋骨保護的部位，牠相信我們不會咬牠或刺傷牠。像這樣相信這個世界、露出腹部，是很困難的。我的內心深處有個無比脆弱的東西，它很害怕面對這個世界。

我連寫下這段文字都感到害怕，因為我擔心我承認了這種脆弱面，你就會知道該往哪個部位出拳。我知道如果我不設防的部位遭到攻擊，我就永遠無法恢復過來。

我們有時候會覺得，愛著我們周圍的美好，等於對也在我們周圍的許多恐怖表達不敬。但最重要的是，我認為我只是在害怕：我如果向世界露出自己的腹部，就會被這個世界吞噬。所以我穿上稱作「憤世嫉俗」的盔甲，躲在名為「諷刺」的厚牆後面，透過克洛德玻璃來窺視我身後的美景。

但我想卸下防備，就算這會令我感到羞愧。攝影師埃里克・索斯說過：「對我來說，最美麗的就是脆弱面。」我願意提出這個辯解：除非你願意露出脆弱面，否則就看不見「本身已經足夠」的美景。

所以，我試著面向散射之光，露出腹部，然後對自己說：它看起來不像畫作，也不像天神。它是夕陽，而且它很美，至於「沒有任何事物能拿到五顆星，因為沒有任何事物是完美的」這種說詞？這句話是狗屁。有太多事物是完美的，夕陽就是其一。我給夕陽五顆星。

耶日・杜迪克在二〇〇五年五月二十五日的表現

我想跟你說個關於喜悅、神奇和愚行的故事。這是個關於運動的故事，我一直在想這件事，因為我是在二〇二〇年五月寫下這個章節，這一刻是我這輩子第一次經歷「運動賽事停止」。

我很懷念運動比賽。我知道運動在大局上不算很重要，但我很懷念我們以前能「在乎一些不重要的事物」這種奢侈的煩惱。據說已故的教宗聖若望保祿二世說過（可能其實沒說過）：「在所有不重要的事物當中，足球是最重要的。」我正在懷念不重要的事物，所以我接下來要說一個源自波蘭南部的足球故事，那裡離若望保祿二世的出生地大約只有六十哩。

※　※　※

一九八四年，耶日・杜迪克住在一座叫做「斯克基葛洛維茲」（Szczyg owice）的煤礦小鎮，他當時十歲，身材瘦長，是一名煤礦工的兒子。當地礦坑的礦業公司安排了一場旅行，讓礦工們的配偶能進入地底，親眼目睹丈夫工作的地點。耶日跟哥哥達里烏什和父親一起在礦坑外頭等候時，母親瑞妮塔・杜迪克進入數千呎深的礦井。她回到地面後，哭著吻丈夫。杜迪克後來回想這件事：「她把我們倆叫去，對我們說：『耶日、達里烏什，答應我，你們永遠不會進礦坑裡。』」

耶日和哥哥只是發笑。「我們當時心想，我們以後除了當礦工之外還能做什麼？」

在當時，年輕的耶日所崇拜的若望保祿二世住在梵蒂岡，離當地兩哩的羅馬奧林匹克體育場在那年舉辦了歐洲盃足球賽的冠軍賽，這個足球盛事如今稱作歐洲冠軍聯賽，歐洲所有最強的隊伍都會來這裡參賽。那年的總冠軍賽，是羅馬體育俱樂部在主場對戰我深愛的利物浦足球俱樂部。23

利物浦當時的守門員是布魯斯・格羅貝拉，這個人就算按守門員的標準來看也是個怪咖。他熱身的方式是用雙手倒立行走，吊掛在球門框上。利物浦每次輸球後，他會在球隊巴士上灌下十幾罐啤酒。

但格羅貝拉最廣為人知的，是他在一九八四年歐洲盃決賽的表現。這場比賽最後以點球決勝負，而不知道為什麼，羅馬隊球員上場準備射門時，格羅貝拉決定假裝緊張得軟

23　我從高中就認識丹尼爾・阿拉爾孔，他後來成了小說家、《Radio Ambulante》播客節目的共同創辦人，以及兵工廠足球隊的球迷。丹尼爾在一次訪談中被問到，我主要是把自己視為YouTuber還是作家？丹尼爾的答覆令我開心：「約翰主要是把自己視為利物浦隊的球迷。」

腳。在格羅貝拉故作腿軟的影響下，羅馬隊球員把球踢得太高，越過橫樑，利物浦因此第四次贏得了歐洲盃。

※　※　※

我們把場景移回波蘭南部：年輕的耶日・杜迪克熱愛足球，但他那個貧困的社區很難弄到皮革製的足球，所以他們通常是用橡膠球或甚至老舊的網球代替。他後來因為個子高而成了守門員，但他一開始的表現不算天賦異稟。他的第一任教練曾對他說：「你撲球的模樣就像一袋馬鈴薯。」

杜迪克在十七歲那年為了成為礦工而受訓，因為職業訓練而每星期在煤礦坑裡工作兩天。他在很多方面很喜歡這份工作。他很喜歡礦坑裡的袍澤之情、互相依賴的感覺。礦業公司有支足球隊，耶日因此開始為他們踢球。他買不起守門員專用的手套，所以是戴他父親的工作手套上場。為了讓自己覺得像個真正的守門員，他在手套上畫了愛迪達的標誌。他的能力有所進步，撲球的模樣不再像一袋馬鈴薯；十九歲那年，他擔任半職業球隊守門員，同時為礦業公司工作，月收入大約只有一百塊美金。但在二十一歲時，他的進步停滯了。他後來說他當時覺得自己「融化成一團灰影」。

利物浦足球隊當時也融化成一團灰影。在一九九〇年代，利物浦的成績常常打不進歐洲冠軍聯賽，更別提拿下冠軍。

一九九六年，二十二歲的耶日・杜迪克引起波蘭一支甲級球隊的注意，該隊簽下他，每個月薪水大約四百美金。後來，杜迪克以驚人速度崛起：他在半年內被轉去荷蘭的飛燕諾足球隊，終於開始以守門員身分拿到能過日子的薪水。杜迪克在飛燕諾待了幾年後，利物浦跟他簽下價值數百萬英鎊的合約。

但他很鬱悶。他後來如此寫道：「我剛進利物浦的那幾天，是我這輩子最難受的日子。我真的覺得非常寂寞。我來到一個新的地方，而且我不會說這裡的語言。」順道一提，這些文字都是引述自杜迪克命名為《我們球門前的一個波蘭大塊頭》的自傳。利物浦球迷們為他編了一首歌，用《全世界都在祂手上》這首歌的旋律搭配「我們球門前的一個波蘭大塊頭」這句歌詞。**我們球門前的一個波蘭大塊頭**。

我在談到二〇〇五年五月二十五日的事件前，想先提起一件事。職業守門員會花很多時間練習如何擋下罰球。耶日・杜迪克面對過數以千計的罰球，每次都是以同樣方式應對：他靜靜地站在球門中央，在球被踢起前的那一秒撲向左邊或右邊。他總是這麼做，從無例外。

在二〇〇四到二〇〇五年的球季，利物浦在歐洲冠軍聯賽中創下奇蹟，在四月時準備好在淘汰賽中對戰義大利尤文圖斯足球隊，若望保祿二世這時辭世。結果杜迪克在那場比賽中坐冷板凳，他的兒時英雄之死讓他無法思考。他對球隊醫師坦承自己沒辦法參加當晚的比賽時，發現自己瀕臨掉淚。利物浦還是贏得了那場比賽，後來打進歐洲冠軍聯賽決賽，對戰另一支義大利勁旅：AC米蘭隊。

決賽是在伊斯坦堡舉行，而且一開始的戰況就對杜迪克和利物浦非常不順遂。比賽進行五十一秒後，米蘭隊得分。中場休息前沒多久，他們又拿下兩分。杜迪克的妻子米雷拉當時在波蘭的家中，正在為兒子的初領聖餐做準備，她說當時整座斯克基葛洛維茲小鎮陷入一片「死寂」。

杜迪克寫道，中場休息時在利物浦隊的更衣室裡，「每個人都崩潰了」。利物浦後衛傑米・卡拉格說：「我的夢想全化為灰燼。」球員們聽見四萬名利物浦球迷在看臺上高唱《你永遠不會獨行》，但就像卡拉格說的，他們知道這個歌聲「是為了表達同情而非信心」。

接下來的事件我全都牢記在心，因為我重複看了無數次。下半場進行九分鐘後，利物浦隊長史蒂芬・傑拉德以一計芭蕾舞般的頭球得分。又過了兩分鐘和四分鐘後，利物浦各拿下一分。比數來到三比三。這場比賽接著進行了三十分鐘的延長賽。米蘭隊施加壓力。他們顯然是更強的隊伍。利物浦的球員們疲憊不堪，只希望能撐到點球決鬥的那一刻。

接下來：延長賽只剩九十秒的時候，耶日・杜迪克在兩秒內擋下兩次近距離射門。這次救球如此精采，《我們球門前的一個波蘭大塊頭》裡因此有一整個章節描述這件事，而且我在十五年後的今天看這場比賽的重播時，還是覺得那個米蘭隊員會得分。但是耶日・杜迪克兩次都救球成功，比賽因此由點球定江山。

※　※　※

你是耶日・杜迪克。你從小練習救球，而且你有自己的獨特方式。你常常晚上躺在床上想像這一刻。歐洲冠軍聯賽的決賽，點球決勝負，你靜靜地站在球門中央，直到球被踢起前的那一秒。

但就在點球開始前，傑米・卡拉格跑來你面前，撲到你背上，開始叫喊。「卡拉格來到我身旁，整個人像瘋了一樣，」杜迪克回想：「他抓住我，說道：『耶日耶日耶日，記住布魯斯・格羅貝拉。』」

卡拉格對他吼道：裝腿軟！在門線上來回移動！就像一九八四年那次！但那是二十一年前的事，不一樣的球員，不一樣的教練，不一樣的對手。當年那一刻跟現在這一刻怎麼可能有關？

有些時候，你應該照你練習和準備的方式去做事。但有些時候，你應該照傑米・卡拉格說的做。也因此，耶日・杜迪克在職業生涯中最重要的一刻，決定嘗試新辦法。

他表現出來的腿軟動作跟格羅貝拉不太像，但他還是在門線上跳舞，兩腿搖搖晃晃。

「我當時不認得我的丈夫，」米雷拉・杜迪克說：「我不敢相信，他竟然……在球門前瘋狂跳舞。」

利物浦隊的球員們只有一次點球沒進，面對跳舞杜迪克的米蘭隊則是另一個故事。米蘭隊的第一次點球連球門都沒碰到，接下來的四球中有兩球被杜迪克擋下，利物浦因此完成了這場日後被稱作「伊斯坦堡的奇蹟」的比賽。

※　※　※

如果有人告訴當年十歲的耶日・杜迪克：你將在歐洲盃決賽中做出最奇怪的選擇而擋下兩次射門？如果有人告訴當年二十一歲、每年只賺一千八百美金的耶日・杜迪克：十年後的你將高舉歐洲盃獎盃？

沒人看得見未來，也當然看不見即將到來的厄運，但也看不見即將到來的美好，看不見正在等著我們每個人的光輝喜悅。這些日子，我常常覺得自己就像耶日・杜迪克，我在比數三比零的情況下走出更衣室，回到球場上，感到無望又無助。但在所有不重要的事物當中，足球是最重要的，因為看到耶日・杜迪克在最後一次成功救球後飛奔離開球門、被隊員們團團包圍，這讓我記得有一天——也許那天很快就會到來——我也會被我愛的人們擁抱。我動筆的這時候是二〇二〇年五月，杜迪克的腿軟表演的十五年後，我目前遇到的厄運會結束，光輝之日遲早會到來。

我給耶日・杜迪克在二〇〇五年五月二十五日的表現五顆星。

《馬達加斯加爆走企鵝》

除非你一直過著無比幸運的日子，否則你大概會認識一些喜歡提供「挑釁型意見」的人，我指的是喜歡說出這種話的那種人：「其實，披頭四裡頭最棒的成員是林哥。」你會氣得逼自己深呼吸。也許你會跟這種人共進午餐，因為午餐時間遲早會結束，也因為你能稍微忍受對方的存在。所以，你咬一口食物，然後再次嘆氣，問道：「林哥為什麼是最棒的披頭四？」[24]

這個嘛，挑釁哥非常高興你這麼問。「林哥是最棒的披頭四，這是因為……」然後你不再聽他說什麼，因為只有這樣你才能撐過午餐時間。挑釁哥說完後，你做出回應：「好吧，可是林哥也寫了《章魚花園》。」然後挑釁哥會用一篇長達十四分鐘的演講款待你，開頭第一句是：「這個嘛，其實《章魚花園》算是天賦異稟之作，因為……」

幸好大多數的人不是挑釁哥，可是我認為每個人心裡都暗藏至少一個挑釁型意見，我抱持的這類意見如下：二〇一四年的電影《馬達加斯加爆走企鵝》的開頭片段，是電影

24　搞不好林哥・史達或他的粉絲正在讀我這本書，所以我得說清楚：我認為林哥是偉大的披頭四、傑出的披頭四，我只是不認為他算是**最優秀**的披頭四。

史上最偉大的場面之一。

《馬達加斯加爆走企鵝》是一部關於人類史的兒童動畫片：名叫戴夫的邪惡章魚發明了一種特殊光束，能把可愛的動物變得很醜，如此一來，人類就不會只保護可愛動物（例如企鵝），而不看重比較不可愛的動物（例如戴夫）。

電影開頭是一部惡搞的自然紀錄片。「南極洲，一片不宜居住的荒地。」知名紀錄片製作人韋納・荷索以招牌般的莊嚴口吻說道。但他告訴我們，就算在這種地方，「我們還是找到了生命，而且不是一般的生命，而是**企鵝**。快樂、愛玩耍、搖頭晃腦、可愛得讓人想抱抱。」

一長串企鵝無腦地行軍，跟在一位看不見的領袖身後。荷索說企鵝是「傻傻的雪中小丑」時，鏡頭沿這條隊伍來到後方，我們看到三隻年輕企鵝出現在畫面中央，其中一隻大聲問道：「到底有沒有人知道我們究竟要走去哪？」

「誰在乎啊？」一隻成年企鵝回話。

「我什麼也不質疑。」另一隻附和。

不久後，這三隻年輕企鵝被一顆沿下坡滑落的蛋撞倒。牠們決定追上這顆蛋，而它滾落冰原邊緣，掉在下方的一艘破船上。三隻小企鵝站在懸崖邊，低頭看著這顆蛋即將被一頭豹斑海豹吞下。這三隻企鵝必須做決定：冒一切風險拯救這顆蛋？還是看著它被吃掉？

在這一刻，鏡頭往後拉，我們看到紀錄片拍攝小組正在跟著這些企鵝。「矮小又無助，」荷索說道：「這些小可愛驚恐得動彈不得。牠們知道如果掉下去就會粉身碎骨。」然後荷索停頓幾秒，接著說道：「剛特，推牠們一把。」

錄音師用懸吊式麥克風掃打三隻企鵝的屁股，強迫牠們進入未知的未來。這是兒童片，所以這三隻企鵝當然有活下來，而且踏上了一場大冒險。但我每次觀看《馬達加斯加爆走企鵝》，就會想到雖然大部分的人類都不在企鵝的視線範圍內，我們卻還是成了牠們最大的威脅；然而，我們也是牠們最大的希望。從這方面來說，我們算是某種天神，而且不是很慈悲的那種。

※　※　※

我也會想到旅鼠（lemming），這是一種六吋長的齧齒動物，擁有可愛的小眼睛和棕黑毛皮。旅鼠有很多種類，生長在北美洲和歐亞大陸的寒冷地區。牠們大多喜歡在水邊棲息，而且擅長泅水。

旅鼠有著一種特別極端的族群循環：每隔三、四年，牠們的數量會因為環境適合繁殖而暴增。十七世紀一些自然主義者提出假說：旅鼠一定是「自然發生」（spontaneous generation）而出現，然後數百萬隻旅鼠如雨滴般從天而降。這種觀念終究被歲月推翻，但另一些觀念保留了下來。長久以來，我們一直相信旅鼠是因為本能驅使，加上／或是願意盲目地跟隨其他旅鼠，透過集體自殺來減少族群數量。

事實證明，這個迷思被很多人接受，就算生物學家早就知道旅鼠並不會做這種事。事實上，旅鼠會在數量過大時四處分散，尋找其他安全棲息地。有時候，牠們會遇到河川或湖泊，並試圖橫越。有時候，牠們會溺死。有時候，牠們會死於其他原因。從這些方面來看，牠們其實跟其他齧齒動物沒多大不同。

但就算到了今天，我們有時候還是會用「旅鼠」這個字眼來形容喜歡盲從的那種人。我們之所以對旅鼠有這種印象，其中一個重要原因，是一九五八年的迪士尼電影《白色荒野》，一部描述北美洲北極的自然紀錄片。在這部影片中，我們看到旅鼠在經過一季的繁衍後四處遷移。牠們終於來到一道濱海懸崖，影片旁白說這是「最後的危難」。旁白告訴我們：「牠們竟然往下跳。」我們看著旅鼠愚蠢地跳下懸崖，沒摔死的那些會游進海裡，直到溺斃。「牠們終於遇見宿命，遇見死神。」

但這些描述並不符合旅鼠的習性。首先，這部影片中的旅鼠亞種通常不會遷移。再來，這段畫面其實根本不是在荒野中拍攝；這些旅鼠是從哈德遜灣空運至卡加利，大多數的旅鼠片段都是在卡加利拍攝。這些旅鼠也不是自己跳下懸崖；事實上，劇組人員用卡車把旅鼠倒下懸崖，並拍攝牠們墜落、最終溺斃的畫面。剛特，推牠們一把。

在今天，我們不是把《白色荒野》視為關於旅鼠的紀錄片，而且關於我們人類的紀錄片，這部影片證明了我們會為了保護一個謊言而不擇手段。我父親是紀錄片製片人（我就是從他口中得知《白色荒野》的真相），這想必也是為什麼我非常喜愛《馬達加斯加爆走企鵝》的開頭片段。

但另一個原因是，這個片段捕捉並溫和地嘲弄了我自己一個令我深感不安的個性。就像隊伍中那隻成年企鵝所說的「我什麼也不質疑」，我平時都會遵守規矩，會表現得跟其他人一樣，就算我們都正在走向懸崖。我們想像其他動物沒有意識，想像牠們是無腦地跟隨自己根本不知道在哪的領袖，但這種概念有時候會讓我們忘了我們也是動物。

我有想法，我也時時刻刻充滿想法，我在這方面無法逃避，而且這令我疲憊。但我也無腦，我只是遵照我既不理解也未曾檢驗的預設模式行動。在某種我不願相信的程度上，我就是我們所說的那種旅鼠。我無法理解的諸多因素迫使我和其他旅鼠來到懸崖邊，而且我擔心我們即將遭到推擠。關於旅鼠的迷思之所以持續到今天，並不是因為它幫助了我們瞭解旅鼠，而是因為它幫助了我們瞭解我們自己。

《馬達加斯加爆走企鵝》是一部超耍笨的電影，但我們還能用什麼辦法面對人類史當中的諸多荒誕之處？我堅持我提出來的這個挑釁型意見，而且我給《馬達加斯加爆走企鵝》的開頭戲碼四點五顆星。

小豬連鎖超級市場

根據人口普查紀錄，我的曾祖父洛伊在一九二〇年是在田納西州西部一座小鎮的一間雜貨店工作。和所有二十世紀初的美國雜貨店一樣，這一家也是全套服務：你走進店裡，拿出列好的購物清單，店員（例如我的曾祖父）就會把那些商品拿來，給麵粉、玉米粉、奶油或番茄秤重，然後幫你把所有商品包好。我曾祖父的那間店大概也允許顧客把費用記在帳上，這在當時很常見。當年的客人通常會過一陣子再把帳單付清。

那份工作原本應該能讓我曾祖父脫貧，可惜事與願違。那間店後來關門大吉，部分原因是克雷倫斯・桑德斯發起的「自助式雜貨店」革命，這重新塑造了美國人購物、烹飪、進食和生活的方式。桑德斯來自一個貧窮的佃農家庭，小時候靠自修學習，後來進了田納西州曼非斯市的雜貨業，那座城市在我曾祖父那間店西南邊大約一百哩處。桑德斯在三十五歲時構思出一種雜貨店概念：店裡沒有櫃臺，而是布滿迷宮般的貨架走道，客人走在其中，自行選擇食物，放進自己的購物籃。

桑德斯的自助式雜貨店的商品會比較便宜，因為他的商店會僱用較少的店員，也因為他不會允許客人賒帳，而是必須當場付清。商品價格也將透明公開；這是第一次雜貨店所有商品都將標出價格，顧客就不用再擔心被惡質店員騙錢。桑德斯給自己創立的雜貨店命名為「小豬市場」（Piggly Wiggly，字面上的意思是「扭動的小豬」）。

為什麼？沒人知道。有次被問到這個名字的由來時，桑德斯說這是「來自混沌，而且直接接觸個體心靈」，這種答覆能讓你知道他大概是什麼樣的人。但平常的時候，如果有人問桑德斯為什麼給雜貨店起名為「扭動的小豬」，他的答覆是：「取這種名字，就是為了讓人們好奇得提出這個疑問。」

第一間小豬市場於一九一六年在曼非斯市開張，大獲成功，因此第二間在三星期後開張。過了兩個月後，第三間開張。桑德斯堅持把第三間店稱作「扭動小豬三世」，就為了賦予他的連鎖店「值得擁有的皇家尊嚴」。他還在店門口釘上宣傳看板：「小豬市場：遍及全世界」。在當時，小豬市場其實在曼非斯市也只有三間，但是桑德斯的預言成真了：在一年內，美國各地有三百五十三間小豬市場，而在今日，桑德斯的「自助式貨架」確實遍及了全世界。

在報紙廣告上，桑德斯幾乎把自己發明出來的「自助式」概念形容成救世主，其中一篇如此寫道：「有朝一日，曼非斯市將以小豬市場為榮，而且小豬市場將增加數量，為地球提供更多乾淨的食物。」他有次寫道：「今日的強勁動力，將讓舊事物脫胎換骨，而且將讓新事物從天而降。」基本上，桑德斯對小豬市場的頌讚就像今日的矽谷主管們如何頌讚自己的公司：我們不只是在賺錢，也在修補這個地球。

小豬市場和之後的其他自助式雜貨店確實降低了商品價格，這表示人們能買得起更多食物。這類市場也改變了哪些食物將被大量提供；為了降低成本也減少食物腐壞，小豬市場販賣的新鮮農作物比傳統雜貨店少。事先包裝好的加工食品變得更受歡迎，價格也更低，而這改變了美國人的飲食方式。品牌認知度也變得至關重要，因為食品公司必須能吸引顧客，這使得廣播電臺和報紙上出現更多消費者導向的食品廣告。金寶湯（Campbell Soup）和奧利奧餅乾（OREO）之類的美國品牌一夕爆紅；到了一九二〇年，金寶是全國最受歡迎的湯罐頭品牌，奧利奧則是全國最受歡迎的餅乾品牌，這點至今未變。

自助式雜貨店也促成了許多加工食品品牌的崛起：神奇麵包（Wonder Bread）、月亮夾心餅（MoonPies）、Hostess 牌杯子蛋糕、鳥眼牌冷凍蔬菜、Wheaties 穀物脆片、瑞氏花生醬巧克力、French's 牌芥末醬、Klondike 巧克力，以及 Velveeta 起司。以上這些品牌，以及我沒提到的其他品牌，是在第一間小豬市場開張後的十年內出現。跟當時的任何人相比，克雷倫斯・桑德斯最明白大眾媒體和品牌知名度之間的新互動關係。事實上，在一九二〇年代初期，小豬市場是全美國最大的報紙廣告主。

壓低價格，而且雇用較少員工，這也意味著在傳統雜貨店工作的人丟了工作，包括我曾祖父。「害怕自動化設備和高效率系統會讓人類失去工作」，這種恐懼其實並不是新鮮事。桑德斯在一篇報紙廣告上提出這個情境：一名婦女在心中天人交戰，因為她不確定該去光顧多年、店員親切的雜貨店，還是去價格超低的小豬市場購物。在這個故事的結尾，桑德斯觸動了一個比「全套服務店員」更古老的傳統。這篇廣告上的女子對自己說：「我多年前過世的奶奶來自荷蘭，她很節儉。老奶奶的話語來到我心中，對我說：『生意是一回事，慈善和行善是另一回事。』」這位女子想通了，因此走向小豬市場。

到了一九二二年，全美國有超過一千間小豬市場，而且這家公司的股票在紐約證券交易所上市。桑德斯當時正在曼非斯市蓋起一棟面積高達三萬六千平方呎的別墅，還捐贈了一間學校，也就是日後的羅德學院（Rhodes College）。但是美好時光難以長久。幾間小豬市場在美國東北部宣告失敗後，投資人們打賭這支股票的價格會跌，因此開始賣空。桑德斯做出的回應是借錢買回股市上所有小豬市場股票，但這場豪賭慘烈失敗。桑德斯失去了對小豬市場的控制權，而且破產。

他對華爾街那些賣空投資人做出的刻薄批評，以及他的狂打廣告和超高效率商務模式，預言了現代企業巨人的崛起。很多人都覺得桑德斯像個流氓，他口出惡言，性格殘酷，而且深信自己是天才。他在失去公司後寫道：「他們拿走了一切，我建立的一切，這世上最偉大的商店，但他們沒有擊倒這個概念的創辦之父。他們得到了小豬市場的身體，但沒得到它的靈魂。」桑德斯很快發展出另一種雜貨店概念，也是擺設了貨架走道的自助式雜貨店，但是肉品部和烘焙部有駐紮店員。基本上來說，他發明了「超級市場」這種商務模式，而這種模式將掌控二十一世紀。

他在一年內準備好開張時，小豬市場的新主人把他告上法院，認為新雜貨店使用克雷倫斯．桑德斯這個名字，侵犯了小豬市場的商標和專利。做為回應，桑德斯故意把自己的新雜貨店命名為「克雷倫斯．桑德斯：唯一所有者商店」，也許這是唯一一個比「扭動小豬」更怪異的商店名稱。話雖如此，這間店還是成功了，「唯一所有者」商店在美國南部到處開設，桑德斯再次賺到大把財富。

之後，他投資了曼非斯市一支職業橄欖球隊，並將它命名為「克雷倫斯．桑德斯唯一所有者商店老虎隊」——我沒開玩笑。該隊曾在曼非斯市的大批球迷前對戰「綠灣包裝工隊」和「芝加哥熊隊」。NFL（國家美式足球聯盟）曾邀請他們加入，但是桑德斯拒絕了。他不想分享收益，也不想讓自己的球隊去外地比賽。他保證要為老虎隊建造一座球場，能容納超過三萬名觀眾。他曾寫道：「這座球場將堆滿被我屠殺的敵人屍骨。」

但在短短幾年後，「唯一所有者」商店遭到經濟大蕭條重創，球隊解散，桑德斯再次破產。與此同時，被人買走身體的小豬市場沒有桑德斯管理也過得很好；在一九三二年的連鎖超市巔峰時期，全美國有超過兩千五百間小豬市場。就算在二〇二一年，小豬市場也保有五百多家分店，大多位於美國南部，但也和許多雜貨店一樣面對來自沃爾瑪和達樂超市的龐大壓力，沃爾瑪之類的商店提供更少的新鮮食物，雇的員工也更少，因此價格能壓得比傳統雜貨店更低。

這些日子，小豬市場的廣告主打「傳統」和「人與人的接觸」。小豬市場於一九九九年在北阿拉巴馬州播放的電視廣告說：「在小豬市場，重點是朋友服務朋友。」這句臺詞等於回應了桑德斯曾在那支荷蘭奶奶廣告中批評的人際關係。今日的強勁動力確實讓舊事物脫胎換骨，卻也從新事物裡找回了舊事物。

今日，美國的食物價格相對來說低於平均工資，但我們的飲食習慣也變得更差。一般的美國人攝取過多的糖分和鈉，主要是因為吃了太多加工食品。美國人每天攝取的熱量當中，超過六成來自所謂的「高度加工食品」，例如早期的小豬市場裡大量擺放的奧利奧餅乾和星河巧克力棒（Milky Way）。當然，這並不是克雷倫斯・桑德斯造成的。他和我們一樣，也是被一股比任何個體都要龐大的力量拉扯。他只是明白美國想要什麼，而且做出提供。

桑德斯第二次破產後，花了幾十年時間試著發展出新的零售觀念。「Keedoozle」是全自動化的商店，看起來就像一排排自動販賣機，購買食物時幾乎沒有任何人際互動。但這些機器常常故障，客人也覺得購物體驗既緩慢又麻煩，所以 Keedoozle 一直沒能賺錢。桑德斯構想出來的自助結帳，要等到數十年後才能成真。

隨著年紀增長，桑德斯變得更為尖酸刻薄、陰晴不定。他開始出現嚴重的精神疾病，後來被送進一家治療焦慮症和憂鬱症的療養院。

桑德斯在第一次發財後建造的那座別墅，如今成了「粉紅殿堂博物館」，是曼非斯市的科學和歷史博物館。他第二次發財後建造的莊園，成了「利希特曼自然中心」。記者恩尼・派爾在一九三六年寫道：「如果桑德斯能活久一點，曼非斯市光是憑著他建造又失去的東西，就能成為世上最美麗的城市。」

可惜桑德斯一直沒能第三次發財。他於一九五三年在華勒斯療養院逝世，享年七十二歲。一篇訃聞如此寫道：「有些人是透過成功而名留千古，有些是透過失敗。」桑德斯是努力不懈的創新者，明白「品牌」和「效率」的力量。他心中也充滿憎恨和報復心態，他犯過證券欺詐罪，而且他幫忙引進了一個「能讓人吃飽但得不到多少營養」的食品時代。

但最重要的是，我想到小豬市場的時候，會想到「大吃小，大者恆大」這個道理。小豬市場吞掉了小鎮雜貨店，結果自己後來被沃爾瑪之類的賣場吞掉，而沃爾瑪之類的賣場後來被亞馬遜之類的購物網吞掉。詹姆斯・喬伊斯說愛爾蘭是「吃掉自己生下的一窩小豬的母豬」，但是愛爾蘭完全比不上美式資本主義。

我給小豬市場二點五顆星。

內森吃熱狗大賽

在紐約布魯克林區康尼島的衝浪街和史提威爾街的路口，有一家名叫「內森快餐店」（Nathan's Famous）的餐廳，這家店是波蘭移民內森和艾達・漢德華克夫婦在一九一六年創立，販賣各式各樣的食物，從炸蛤蜊到蔬食漢堡應有盡有，但一開始是主打熱狗，而且至今未變。

內森熱狗不算是人間珍饈，甚至算不上最好的熱狗，但在喧鬧的康尼島享用內森熱狗，這種體驗就是很特別。而且這種熱狗擁有某種歷史名聲，因為喬治六世國王和賈桂琳・甘迺迪都吃過。據說史達林在一九四五年的雅爾達會議上也吃過。

康尼島以前算是世上的「叫賣小販的首都」；戴著草帽、說話宛如連珠炮的攤販們到處推銷園遊會商品。但就和其他靠「懷舊之情」生存的地方一樣，這裡在今天主要也只是個回憶。這裡的海邊在夏天時依然人潮洶湧，你還是騎得到旋轉木馬，內森快餐店還是要排隊，但今日造訪康尼島的一個重點，是想像這裡在以前是什麼模樣。

每年只有某一天例外，康尼島在這一天會重返昔日盛況，無論好壞。每年的七月四日，數以萬計的人們會把這裡的街道擠得水洩不通，就為了目睹一場充滿隱喻意味的壯觀活動：內森吃熱狗大賽。這場活動清楚表達了現代美國生活，我們的獨立日慶祝活動包括（一）放煙火，這基本上就是用沖天炮和鞭炮來模擬戰場，以及（二）來自世界各地的人們在此觀摩人類在十分鐘裡能把多少熱狗和麵包吞進體內。就像傳奇喜劇演員雅科夫・思美洛說過的：「這個國家真是不可思議。」

這場吃熱狗大賽是為了慶祝美國，而正如美國，這場比賽就像一大堆歷史和想像力的怪異組合。據說這場大賽是由莫蒂梅爾・馬茨發想；記者湯姆・羅賓斯說馬茨「有點像巴納姆（美國馬戲團經紀人），也有點像低俗政客」。馬茨以公關身分為碰上麻煩的政治人物處理問題而賺了許多錢（紐約從不缺公關），但他也和同事麥斯・羅斯一起為內森快餐店進行公關行銷。馬茨聲稱，吃熱狗大賽的歷史可追溯至一九一六年七月四日，當年有四個移民安排了吃熱狗大賽，來決定誰最愛美國。但他後來坦承：「其實那是我們瞎掰的，就跟康尼島那些攤販一樣的作風。」

這場比賽其實是在一九六七年夏季第一次舉行，幾個參賽者在一小時內拚命吃下熱狗和麵包。名叫沃特・保羅的卡車司機贏得了這場比賽，在一小時內吃下一百二十七支熱狗連同麵包；但這個數字是羅斯和馬茨提供給媒體的，所以可能有灌水之嫌。

這個活動是從一九七〇年代末期才成為年度比賽。大多數的贏家，是在十分鐘內吃下十、十一支熱狗。這場吃熱狗大賽原本算是滿低調的活動，直到一九九一年，一個名叫喬治・希亞的年輕人成了大胃王比賽的職業宣傳者。

希亞在大學主修英文，深愛作家弗蘭納里・奧康納和威廉・福克納，原本想成為小說家，後來卻成為美國歷史上最著名的最後一個園遊會攬客員。他戴著草帽，以浮誇言辭介紹參賽者。美國最受歡迎的體育頻道會直播這場年度比賽，而希亞在比賽開始前所做的演講，常常比吃熱狗大賽本身更冗長。

他最早的開場白聽起來還算正常。希亞在某一年的開幕會上是這麼說的：「他在初次登場那年，已經是全世界排名第二十四名的大胃王。他來自奈及利亞，現在住在喬治亞州莫羅市，已經吃過三十四穗甜玉米（意思就是這個人三十四歲）。他身高六呎九吋（約二〇五公分），請大家鼓掌歡迎吉迪安・歐吉。」但他後來對參賽者的介紹變得越來越誇張。希亞如此介紹七十二歲的里奇・勒菲夫：「我們在年輕時，喝咖啡會加些牛奶和砂糖。隨著年紀增長，我們只加牛奶，後來什麼都不加，再後來喝無咖啡因的咖啡，再後來我們死了。我們接下來這位大胃王，就是無咖啡因的咖啡。」

他在介紹另一名參賽者時如此說道：「他站在我們面前，宛如海克力士再世，或者該說是參加大胃王比賽的禿頭海克力士。」「瘋腿康迪」曾多次參加大胃王比賽，這人平時是專業洗窗師傅，也是吃四季豆大賽的世界冠軍；希亞是這樣介紹他：「大家第一次看到他的時候，他是站在古老高潮和低潮之間的界線上，不屬於陸地也不屬於大海。但是晨曦的藍光穿過黑暗而來，揭露了這名男子，此人去過陰間，目睹了生與死的祕密。他曾被埋在六十立方呎的爆米花底下，為了逃出生天而吃出一條生路。」

你如果很少看ESPN頻道，大概就不會知道這種比賽多麼不同於該頻道平時轉播的運動比賽和賽事分析。ESPN沒興趣去訪問不屬於陸地也不屬於大海的地方。

但是ESPN確實是體育頻道，我也承認大胃王比賽算是一種體育活動。和其他運動一樣，大胃王比賽也是讓人們目睹人類肉身的能耐，也制定了很多規則：你必須把熱狗連同麵包一起吃下去才算數，而且你如果在比賽中發生所謂的「運氣逆轉」（這種比賽對「嘔吐」的婉轉說詞），就會被當場取消資格。當然，這種比賽本身非常殘酷。這些年，贏家通常能在十分鐘吃下超過七十支熱狗和麵包。

觀眾在看到足球明星梅根・拉皮諾做出完美的橫傳，或是「詹皇」勒布朗・詹姆士做出優雅的後仰跳投時，會出現類似欣喜驚奇的感受。但我們很難把內森吃熱狗大賽跟「優美」畫上等號。足球在利昂內爾・梅西腳邊時，你不會想移開視線。但看著吞熱狗比賽時，你是沒辦法強迫自己轉移視線。

吃熱狗大賽是向「放縱」致敬：人類追尋的份量不只超過自己的「需要」，甚至也超過了「想要」。但我認為這種比賽還有別的意義。美國的喬伊・切斯納特是世上最頂尖的競食選手，他如此評論希亞的開場白：「他說服觀眾相信這些參賽者是運動員。他說得真的很生動，他甚至說服我相信自己是運動員。」

這位園遊會攬客員擺明了就是個騙子；希亞把切斯納特說成「這個人就是美國本身」，還聲稱切斯納特的母親對兒子說的第一番話是：「雖然你是我的骨肉，但你不只屬於我。命運才是你的父親，而且你屬於人民，因為你將領導自由之軍。」我們知道他這些說詞都是在開玩笑，但人們還是興奮得尖叫附和，高喊：「喬伊，喬伊，喬伊。」主持人繼續煽動群眾，他們開始高喊：「U-S-A，U-S-A！」街上的氣氛為之改變。我們都知道希亞說的不是肺腑之言，但是……他的話語擁有力量。

從二〇〇一年開始，名叫小林尊的日本男子連續六年贏得內森吃熱狗大賽。小林尊完全改變了參加這場比賽的方式；在他出現前，沒有哪個參賽者有辦法吃下超過二十五支熱狗。小林尊在二〇〇一年的比賽中吃下五十支，是前一年的第三名吃下的數量的一倍多。他使用的策略，像是把每一支熱狗折成兩半，把麵包浸在溫水裡，後來都成了其他參賽者的標準程序。

很長一段時間，小林尊被視為最偉大的大胃王，但他已經不再參加這場比賽，因為他拒絕跟希亞的公司簽下專屬合約。但他有參加二〇〇七年的比賽；日本的小林尊被美國的切斯納特擊敗時，希亞朝麥克風吶喊：「我們奪回了自信！我們已經擺脫了這六年來的黑暗日子！」這番話似乎允許觀眾陷入歧視心態。小林尊去恭賀切斯納特的時候，你能聽見人們朝他咆哮，他們叫他滾回家，罵他是「神風特攻隊」和「上海小子」。小林尊在十年後的紀錄片中回想這件事，邊哭邊說：「他們曾經為我歡呼。」

麥克風如果在你手上，那你說出來的話語就會有重要性，就算你只是在開玩笑。「我只是在開玩笑」是很好用的藉口。那只是一句玩笑話。我們只是發發梗圖。但是荒謬怪誕的言行會影響我們對自己和別人的瞭解，而且荒謬的殘酷依然是殘酷。

我深愛人類，我們真的會為了生存而在六十立方呎的爆米花底下吃出一條生路。我也很感謝有任何人幫助我們看到自己的狀況多麼荒謬怪誕。但世界各地的園遊會攬客員必須小心選擇對我們說出哪些荒謬故事，因為我們會信以為真。

我給內森吃熱狗大賽兩顆星。

CNN有線電視新聞網

美國第一家二十四小時新聞不間斷的新聞電視臺，是由有線電視大亨泰德・透納在一九八〇年六月一日上線。第一天廣播的開頭畫面，是透納站在講臺上，對CNN位於亞特蘭大市新總部外頭的大批人群說話。

透納說：「各位大概已經注意到，我們前面升起了三面旗幟。第一面是喬治亞州旗，第二面當然是美國國旗，這象徵我們這個國家，以及我們打算如何透過有線電視新聞網來侍奉這個國家。另一頭是聯合國旗幟，因為我們希望有線電視新聞網的國際報導和深入報導，能讓人們更瞭解不同國家的民眾如何生活、一起工作，也許這能讓我國和全世界的人民建立兄弟之情、善意、友誼與和平。」

透納說話的同時，CNN開始報導新聞，第一批故事是關於有人在印第安納州試圖暗殺一位黑人民運領袖，以及康乃狄克州發生了大規模槍擊案。CNN最早那一小時的新聞，看起來很過時，主播們身穿寬領西裝，坐在看來廉價的主播室裡，但內容聽起來很像我們今天在星期日午後會聽到的CNN報導。主播報導一連串的突發新聞，像是火災、槍擊案，以及飛機緊急迫降。就算在最初的那一小時，你也能聽見新聞的節奏和無盡的脈動。此外，和今日大多數的新聞臺一樣，一九八〇年的有線電視攝影棚也沒有窗戶，賭場也是因為同樣的理由而沒有窗戶。

這年頭，主播在說話的時候，背景通常會有很明亮的藍光。你看不出來室外是白天還是晚上，但這並不重要，因為新聞會繼續播下去。新聞時時刻刻都在直播，這讓人感覺新聞幾乎就像活生生的東西。

當然，我們很難說CNN有讓全世界建立起兄弟之情和善意。泰德・透納那種資本主義式的理想主義在某方面讓人想吐，我們竟然自以為能在改善這個世界的同時讓某個人賺進數十億美金。但我確實認為CNN提供了某種服務。

CNN算是有做些調查報導，這能揭露原本被隱藏的腐敗貪汙和不公不義。此外，CNN確實報導新聞，至少在狹義上是這樣沒錯；如果今天發生了某個事件，它充滿戲劇性，或令人害怕，或規模重大，而且如果是發生在美國或歐洲，那你大概會在CNN上得知此事。

但是「新聞」（news）這個字也揭露了本身一個祕密：新聞報導的未必是值得你注意或重要的事，而是「新」（new）事。人類生活中有許多變化不是來自事件，而是來自過程，但大多數的過程不會被當成新聞。我們很少在CNN上看到關於氣候變遷的報導，除非發布了什麼相關的新報告；CNN也很少定期報導其他持續發生的災難，例如兒童死亡率或貧窮。

二〇一七年一篇研究指出，百分之七十四的美國人相信全球兒童死亡率在這二十年間維持不變或惡化；但事實是，全球兒童死亡率從一九九〇年至今下降了將近百分之六十，是人類歷史上在任何三十年間最大的降幅。25

但你如果只看ＣＮＮ，就可能不會知道這個事實。你可能也不會知道，在二〇二〇年，全球戰爭相關死亡率幾乎是這幾百年的最低點。

就算一篇新聞獲得飽和式報導——例如ＣＮＮ從二〇二〇年三月開始不斷報導全球疾病大流行——但ＣＮＮ通常喜歡報導以「事件」為主而非「過程」為主的故事。「嚴峻里程碑」（grim milestone）一詞被不斷重複，我們得知美國境內死於 Covid-19 的人數是十萬人，然後是二十萬人，再來是五十萬人。但在缺乏來龍去脈的情況下，這些數字究竟代表著什麼？不斷重複「嚴峻里程碑」一詞，卻不提供任何歷史參照點，這反而會產生一種距離感，至少對我來說是這樣。而如果提供來龍去脈，我們就能看懂這種里程碑多麼嚴峻。例如，新聞工作者可以說明，美國人在二〇二〇年的平均預期壽命下降許多，上一次出現這種下降是在第二次世界大戰期間。

25 二〇二〇年的少數好消息之一，是全球兒童死亡率仍在持續下降，但整體數字還是太高。出生於西非獅子山共和國的孩子，在活到五歲前的死亡率比瑞典的孩子高十二倍，而且正如喬伊亞・穆克吉醫師在《提供全球健康服務》一書中指出的：「這種預期壽命的差異不是因為基因、生理因素或文化。健康方面的不平等，是因為貧窮、種族歧視、缺乏醫療照顧，以及其他會影響健康的社會因素」。

因為總是有新的新聞要報，所以我們很少得到所需要的「背景資料」，但這些資料才能讓我們明白某個新聞為何正在發生。我們得知醫院為了照顧 Covid-19 重症患者而加護病房人滿為患，但我們不知道美國在這幾十年間做了一系列抉擇，結果美國的醫療系統對「效率」的重視高過「病床數」。缺乏來龍去脈的大批資訊很容易也很快變成誤導。一百五十多年前，美國幽默作家喬許・比林斯寫道：「我真的認為『一無所知』好過『知道錯誤訊息』。」

我覺得這就是追根究柢的問題，而有這種問題的不只是CNN和其他有線電視新聞臺，而是現在的整體資訊流，結果我常常因此得知錯誤訊息。

※　※　※

二〇〇三年，我和凱蒂、夏農與哈桑這三位摯友一起住在芝加哥西北部一間公寓。我們熬過了大學畢業後的那幾年，我覺得人生讓我感到不知所措而且充滿強烈不安，直到我搬去跟夏農、凱蒂和哈桑一起住，我當時家當很少，我的車就能完全放得下。借用作家米蘭・昆德拉筆下的一句話，我當時的人生「輕盈得令人難以承受」。搬家後，生活以美好的方式安定下來。我們都找到了第一份半永久的工作，也弄到了第一批半永久的家具。我們甚至擁有裝了有線電視的電視機。

但最重要的是，我們擁有彼此。那間公寓每道牆都漆上明亮色彩，沒有隔音設備，只有一間浴室，幾間很小的房間，還有幾個龐大的起居區域，這種環境是設計用來讓我們共處，一起參與人生的每個部分，我們也確實有這麼做。我們給彼此的強烈關愛讓外人感到不安。我曾經跟某人約會幾次，她某天晚上對我說我這群朋友感覺很像邪教。我跟夏農、凱蒂和哈桑說了這件事，我們都同意我們需要立刻停止往來。

「可是我們如果停止往來，不就承認了我們確實是邪教？」凱蒂說。

哈桑點頭，面無表情。「我靠，各位，我們是邪教」。

我知道我把這段過去浪漫化了，我們也曾吵架，曾經心碎，曾經喝得太醉而搶著在唯一的馬桶前嘔吐，但那段日子是我在成年後第一次在一段還算長的時間裡大致感到安心，所以請體諒我為何如此懷念那段時光。

那年八月，我滿二十六歲，我們舉辦了一場叫做「約翰・葛林活得比約翰・濟慈更久」的晚宴，出席的每個人都朗讀了一段詩句。某人朗讀了埃德娜・聖文森特・米萊的詩：

我的蠟燭兩頭燒；
它將撐不過今晚；
但是，啊，我的敵人們，噢，我的友人們──
它綻放美麗光輝！

幾天後，公寓房東說那棟建築要賣掉。但就算沒賣掉，我們也遲早會各奔前程。人生的龐大力量，像是婚姻、職業、移民政策，正在把我們拉向四面八方。但是我們的蠟燭綻放了美麗光輝。

※　※　※

美國在二〇〇三年進攻伊拉克的時候，我們當時住在那間公寓。哈桑是在科威特長大，他有些家人當時住在伊拉克。開戰後的幾星期間，他沒有收到他們的消息。他後來終於得知他們平安，但在取得消息前的時光令他害怕，他採取的應對措施就是幾乎隨時盯著有線電視新聞。因為我們只有一臺電視，也因為我們總是形影不離，所以我們也跟著看了一大堆有線電視新聞。

電視臺雖然二十四小時都報導戰爭相關新聞，卻很少提到背景資訊。例如，相關新聞有花不少時間討論伊拉克的什葉派回教徒和遜尼派回教徒之間的關係，卻從不說明這兩派在神學觀上的差異，沒提過伊拉克的歷史，也不討論「阿拉伯復興運動」這種政治思想。當時有太多新聞要報，有一大堆「突發新聞」，所以永遠沒時間說明來龍去脈。

某天晚上，美國率領的聯軍進入巴格達後，我們都坐在沙發上一起看新聞。螢幕上是那座城市裡直播而來的畫面，在我們的注視下，攝影師把鏡頭對準一棟房屋，其中一面牆破了一個大洞，用三夾板大略覆蓋。三夾板上有一排用黑色噴漆寫下的阿拉伯語塗鴉，新聞主播說這條街上充滿憤怒和仇恨。哈桑不禁發笑。

我問他什麼事情很好笑，他說：「塗鴉。」

我問：「為什麼好笑？」

哈桑答覆：「上頭寫著：『雖然現在是這種情況，但我還是跟您說聲生日快樂，先生。』」

※　※　※

新聞每分鐘都在演變，所以我們很難理解「雖然現在是這種情況，但我還是跟您說聲生日快樂，先生」這種可能性。我把自己的期望和恐懼投射在我遇到的所有人事物上。我相信自己相信的事情一定是事實，因為我就是如此相信。我想像那些感覺離我很遠的人生都是一個模樣。我過度簡化了很多事情，我忘了每個人都有生日。

好的新聞工作者會努力糾正這些偏見，協助我們更瞭解這個宇宙，也瞭解我們在這個宇宙中扮演的角色。然而，我們明明看不懂那塊三夾板上寫了什麼，卻自以為知道寫了什麼，我們這麼做就是在散播無知和歧視心態，而不是透納承諾要做到的和平與友誼。

我給CNN有線電視新聞網兩顆星。

《迷離世界》

在一九五〇年的電影《迷離世界》（Harvey）中，詹姆斯・史都華所飾演的酒鬼艾爾伍德・P・道爾德有個最好的朋友：一隻身高一百九十公分、名叫哈維的隱形白兔。飾演艾爾伍德姊姊薇塔的約瑟芬・赫爾獲頒奧斯卡獎，薇塔這個角色在要不要把艾爾伍德送去精神病院這件事上遲疑不決。瑪麗・蔡斯所著的同名舞臺劇劇本《哈維》榮獲普立茲獎，後來被改拍成電影，在一九五〇年放映後立刻叫好叫座。26

但我自己這個關於《迷離世界》的故事，是在二〇〇一年的初冬展開，就在我發生所謂的「精神崩潰」不久後。我當時為《書目雜誌》工作，和我原以為會跟我結婚的對象一起住在芝加哥的近北區的一間小公寓。在當時，我以為是這場分手造成了我的憂鬱症，但我現在明白，我的憂鬱症是引發分手的原因之一。總之，我變得孤單一人，住在原本屬於「我們的」公寓裡，被原本屬於「我們的」東西包圍，試著照顧原本屬於「我們的」

26　就像波斯利・克勞瑟在《紐約時報》寫道的：「你如果去亞斯特戲院看了昨天開幕的這齣戲，在回家的路上卻沒感覺心中有股暖意，那我們覺得問題應該不是《迷離世界》，而是你自己的問題比較大。」

貓。

蘇珊・桑塔格曾寫道：「憂鬱症是少了魅力的愁思。」對我來說，與憂鬱症共存的日子既索然無味又無比痛苦。精神痛楚令我不知所措，也徹底吞噬了我的思緒，我心裡因此不再有任何想法，只剩痛苦。威廉・斯蒂隆在令人揪心的憂鬱症回憶錄《可見的黑暗》（Darkness Visible）中寫道：「讓這種病症能讓人忍受的原因，是你預知到這種病無藥可醫，無論是一天後、一小時後、一個月後或一分鐘後。就算心靈有所舒緩，你也知道這只是暫時的，更多痛苦還在後頭。跟痛苦相比，真正壓垮靈魂的是絕望感。」我覺得絕望感是一種痛苦，也是最糟的痛苦之一。對我來說，「找到希望」不是某種哲學實作或多愁善感的想法，而是生存條件。

在二〇〇一年的冬天，我預知到這種病無藥可醫，而這令我痛苦萬分。我變得無法吃下食物，所以我開始每天喝下兩瓶兩公升裝的雪碧汽水，以熱量來說算是適合每天該有的量，但以營養來說不算理想。

我記得我那陣子下班回家後，會躺在原本屬於我們的廚房的破舊油氈地板上，透過雪碧汽水瓶看著綠色的碗碟狀廚房方窗。我看著汽水瓶裡的泡沫試圖緊抓瓶底但終究向上飄。我想著自己沒辦法思考。我感覺痛楚就像大氣層一樣朝我壓迫而來。我唯一想要的就是脫離這種痛苦，擺脫它。

後來終於有一天，我沒辦法從那面油氈地板上爬起來，所以我花了一個很漫長的星期天，思索能透過哪些方式改善這個狀況。感謝上帝，我那天晚上打了電話給我爸媽，而且感謝上帝，他們有接聽。

我爸媽是過著忙碌生活的大忙人，住在離芝加哥一千五百哩遠的地方。通了電話後，他們在十二小時內就來到我的公寓。

我們很快制定了一個計畫。我會放下工作，回到佛羅里達的老家，每天都去看心理諮商師，或接受門診治療。他們把我公寓裡的東西打包裝箱。我的前女友好心地答應把貓帶走。我接下來要做的，就是辭掉工作。

我熱愛在《書目雜誌》工作，也喜愛同事們，但我也知道我的人生遇到危險。我淚眼汪汪地跟主管說我必須辭職，哭著接受了他的擁抱，然後他叫我去跟雜誌社的老闆比爾•奧特談談。

我覺得比爾很像懸疑推理小說裡的人物，他的果斷智慧讓人覺得既刺激又敬畏。我進入他的辦公室時，他被一大堆雜誌定稿包圍，而且他在我關上門後才抬起頭。我跟他說我的腦袋出了問題，我已經兩星期沒吃固體食物，而且我要辭職回佛羅里達跟我爸媽一起住。

我說完後，他沉默很長一段時間。比爾很擅長運用「停頓」。他終於開口：「啊，你何不先回家幾星期，看看狀況會不會好轉。」

我說：「可是你會需要找人來接替我的工作。」

他再次停頓。「別誤會，孩子，但我認為我們撐得過這幾星期。」

那天下午的某個時間點，我開始嘔吐（可能因為喝了太多雪碧），然後回到辦公桌前收拾私人物品，這時發現桌上有一張來自比爾的字條。我到現在還留著它。上頭寫著：

約翰，我來這裡想跟你說聲再見。希望你會一切順利，兩星期後回來這裡的時候，你的胃口會大得讓碼頭工人自嘆不如。你接下來最該做的事，就是看《迷離世界》。——比爾

比爾已經有好幾年一直叫我看《迷離世界》，我則是堅稱黑白電影都很糟，因為特效品質很差，而且電影裡什麼也沒發生，只有角色們說話說個不停。

我回到老家奧蘭多市。回到這裡，跟爸媽一起住，幾乎做什麼都無能為力，我真心覺得自己是個廢物、是個累贅。我的思緒不停轉動，我根本沒辦法正常思考，沒辦法靜下心來讀書寫字。我天天都去接受心理治療，也開始服用一種新藥，但我確信這不會有幫助，因為我認為問題不是出在化學層面。我認為問題就是我這個人本身。我沒有價值，沒有用處，無可救藥，而且沒希望。隨著日子一天天過去，我變得越來越渺小。

某天晚上，我和爸媽租了《迷離世界》來看。《迷離世界》是改編自舞臺劇劇本，所以這部電影正如我所害怕的，是從頭到尾都在講話的那種。電影裡的場景只有幾個地

點，像是艾爾伍德・P・道爾德跟姊姊和外甥女一起住的房子、瘋人院（很多人認為艾爾伍德應該住進這裡，因為他的摯友是一隻隱形兔），以及艾爾伍德喜歡逗留的酒吧。

瑪麗・蔡斯寫的每一句對白都無比精彩，但我尤其喜愛艾爾伍德的獨白。艾爾伍德如此描述在酒吧跟陌生人談話：「他們對我說他們做過的大壞事，還說他們打算做什麼好事。他們的希望、遺憾、愛和仇恨，那些話都說得很大，因為不會有人把小東西帶進酒吧。」

在另一幕，艾爾伍德對精神科醫師說：「醫師，我已經跟現實纏鬥了三十五年，我很高興地告訴你，我終於打贏了它。」

艾爾伍德患有精神病，對社會沒多少貢獻，我們很容易把他歸類成沒用或沒救的人。但他也是個非常善良的人，就算在非常兩難的情況下。他的精神科醫師曾對他說：「你那個姊姊正在密謀對付你，她想說服我把你關進醫院，她今天已經找人寫了入院文件，她取得了你的法律監護權。」艾爾伍德答覆：「我姊在一個下午就處理好這一切？薇塔簡直就像龍捲風，是吧？」

艾爾伍德雖然不是任何一種傳統英雄，卻充滿英雄氣概。我在整部電影中最喜歡的一句臺詞，是他說：「我母親在幾年前常對我說……『在這個世界上，你要麼必須當個非常聰明的人，要麼必須當個和藹可親的人。』這個嘛，我當過幾年聰明人，但我推薦當個和藹可親的人。」

我看這部電影的時候是二〇〇一年十二月，當時整個地球上大概只有我最需要聽見這番話。

我並不相信「悟道」這回事，我獲得的「奪目光芒領悟」總是稍縱即逝。但我能告訴你的是，我在看《迷離世界》之前，是我這輩子感到最絕望的時候。

看了《迷離世界》的兩個月後，我成功地回到芝加哥和《書目雜誌》。我的復原過程雖然不算穩定，但我終究有所改善。當然，對我幫助最大的應該是心理治療和藥物，但是艾爾伍德也有幫忙。他讓我明白瘋子也是人，也有價值，也依然被愛著。艾爾伍德給了我一種不是謊話的希望，也因此幫助我明白「希望」就是對「意識」這種怪異又嚇人的奇蹟做出的正確回應。「希望」得來不易，也不廉價，而且真實存在。

就像埃米莉．狄更生所寫：

「希望」是個有羽毛的東西，
它棲息於靈魂，
唱著沒有歌詞的旋律，
而且永不停歇。

我有時候還能聽見那段旋律，我有時候還是會被絕望感的淒厲痛苦包圍。但是希望一直在唱著歌，我只是需要一再、一再、一再重新學習如何聆聽。

我希望你永遠不會發現自己躺在廚房地板上，我希望你永遠不會因為絕望之痛而在你老闆面前哭泣。但你如果發生這種事，那我希望他們會讓你休息一段時間，並對你說出比爾對我說過的話：你接下來最該做的事，就是看《迷離世界》。

我給《迷離世界》五顆星。

易普症

二〇〇〇年十月三日，名叫瑞克‧安基爾的二十一歲投手站上聖路易紅雀隊的投手丘，這是大聯盟季後賽的第一場比賽。你可能並不知道棒球規則，但為了方便你理解，你只需要知道職業投手能把球擲得很快，有時候時速超過一百哩，而且無比神準。如果投手每次投球的誤差不超過幾平方吋，就會被稱作「控球高手」。瑞克‧安基爾的控球超強，能把球投進他瞄準的任何位置。他還在高中的時候，職業球隊的球探們已經對他的控球能力大感驚奇，說這孩子簡直就像投球機器。

然而，這場二〇〇〇年的季後賽進行到三分之一的時候，瑞克‧安基爾投了一個非常低的球，低得讓捕手接不到，成了所謂的「暴投」。安基爾在整個賽季只投過三次暴投，現在突然間無法恢復控球能力。他再次擲出暴投，這一球飛過打者頭上。接著又是暴投，下一球也是，再下一球也是。他立刻被換掉。

※　※　※

一星期後，安基爾在另一場季後賽中上場，在二十次投球中擲出五次暴投。在這之後，他一直沒能穩定地把球投進打擊區。安基爾雖然有以大聯盟投手的身分再贏得幾場比賽，但一直沒能完全恢復控球能力。他尋求了各式各樣的醫療方式，甚至開始在比賽中灌下大量伏特加來壓驚，但他的投球能力一直沒能恢復。他得了「易普症」（yips，又稱「投球失憶症」）。看來這孩子其實不是投球機器，沒有任何一個孩子是機器。

瑞克・安基爾不是第一個忘記如何投球的棒球員；事實上，這種現象也稱作「史蒂夫・布拉斯症」或「史蒂夫・薩克斯症候群」，這兩人都是突然忘了如何投球的棒球投手，而且這種現象並不僅限於棒球。二〇〇八年，個性內向的二十歲網球選手安娜・伊凡諾維琪贏得了法國公開賽，成了全球頂尖選手之一。評論員們說她以後會拿下「無數獎項」，甚至能給小威廉絲那種偉大球員造成威脅。

但在贏得那場法國公開賽不久後，伊凡諾維琪開始出現易普症，不是在擊球或揮拍的時候，而是發球前拋球。從步法到揮拍動作，網球都需要精準動作和極佳的身體協調，而發球前拋球這個動作，算是網球裡最不困難的部分。但是伊凡諾維琪開始出現易普症後，她的手會在拋球時抽搐，球因此飄向右邊或前方。

退役網球選手帕特・凱許曾說，看著伊凡諾維琪發球是一種「痛苦的體驗」，這也是事實，但如果看她發球是痛苦體驗，那你能想像發球者本身感到多麼痛苦，她是在五歲那年在貝爾格勒市第一次接觸網球，如今的她卻無法像以前那樣把球拋起，你能在她的眼睛裡看見這種痛苦。看著一個人深受易普症所苦，感覺就像看著一個孩子在學校舞臺劇上忘了臺詞——時間為之暫停，當事人試著掩蓋不自在，像是微微一笑、接連道歉，但這只是讓每個人都注意到這種折磨。你知道當事人不想要你的憐憫，但你還是提供憐憫，而這只是讓他們更感到羞愧。

「她對自己徹底失去了信心。」網球名將瑪蒂娜・娜拉提洛娃如此評論伊凡諾維琪，而這句話確實是事實。但你要怎樣才能維持自信？

所有職業運動員都知道易普症確實可能發生，而且會發生在任何人身上。然而，有所耳聞並不等於親身經歷。你一旦親身領教過易普症，就沒辦法忘了它的存在。你在餘生中每次拋起網球，都知道可能會發生什麼事。你如果知道自信只是塗抹在人類脆弱面上的亮光漆，你又怎麼可能重拾自信？

伊凡諾維琪曾如此描述易普症：「你如果開始思索你是怎麼走下樓梯，思索每一條肌肉如何運作，你就再也沒辦法下樓。」但你如果曾經滾落樓梯，就不可能不去想你是如何下樓。伊凡諾維琪接著道：「我這種人會想很多，過度分析一切，所以你如果給我一個想法，它就會產生更多想法。」

易普症有很多別名，像是「威士忌手指」、「軟腳」和「僵直」，但我喜歡「易普」一詞，因為這個字充分表達了焦慮，我幾乎能感覺到肌肉抽搐時發出「咿噗咿噗」的聲響。易普症在高爾夫選手當中最常見，超過三分之一的職業高爾夫選手都受此症所苦。高爾夫易普症通常是在選手進行推球時出現，而且人們試過各式各樣的辦法來平息肌肉抽搐。右撇子選手會試著用左手推球，不然就是改用不尋常的握桿法，或改用更長或更短的推桿，再不然就是彎下腰，用胸口固定桿頂。而且易普症不只是影響推球。有一位舉世聞名的高爾夫教練，在開球時必須避免看著球才能有效揮桿。

易普症似乎不是「演出焦慮症」所造成，雖然焦慮確實會讓易普症惡化，也會使得腹瀉和暈眩之類的各種生理問題變得更嚴重。例如，有些高爾夫選手在果嶺上練習推球的時候不會出現易普症，但在實際比賽時則否。我用正手拍打網球的時候會出現易普症，我的胳臂肌肉會在球拍碰到球之前抽搐，而就像我提到的那位高爾夫教練，我發現唯一能避免易普症發作的辦法，是在揮拍時不要看著球。

奇怪的是，我在熱身或跟朋友打球時不會出現易普症，只有在計分時會這樣。因為易普症的情境性，一些人認為這可以透過心理治療治癒，方法是處理一個人在運動生涯中遇過的痛苦事件。我很支持心理治療，也從中獲益良多，但我在網球方面並沒有痛苦回憶。我很喜歡網球，只是沒辦法在揮正手拍的時候看著球。

當然，焦慮能造成生理問題，但反之亦然。對職業運動員來說，易普症不僅威脅到他們的收入，也威脅到他們的身分。「安娜・伊凡諾維琪是誰？」這句疑問的答案必定是「安娜・伊凡諾維琪是網球選手」。瑞克・安基爾是投手，直到發生易普症。

所謂的「體能」和所謂的「生理」之間的複雜互動提醒了我們：身體和心靈之間的二分法不只是過度簡化，而是根本是狗屁。身體永遠會決定大腦會考慮什麼，而大腦時刻都在決定身體會做些什麼、有何感受。我們的大腦是肉做的，而我們的身體會體驗到想法。

※　※　※

我們在談到運動時，幾乎總是把「勝利」視為評估成功的唯一標準。文斯・隆巴迪有句名言：「勝利不是一切，而是唯一。」但我對這種世界觀抱持懷疑，無論是運動界還是之外的世界。我認為運動中的許多喜悅來自良好表現。在一開始，勝利象徵著你正在進步，而隨著你年紀增長，勝利就證明了你寶刀未老，所謂的寶刀就是「控制力」和「能力」。你沒辦法決定自己要不要生病，或是你愛的人會不會死，或你的房子會不會被龍捲風撕裂，但你可以決定要投曲球還是快速球。你至少能決定這件事，直到你失去這種能力。

但在年紀或易普症奪走你的控制力之前，你並不需要放棄。《梅岡城故事》中的亞惕・芬鴿如此定義勇氣：「你在開始去做之前就知道自己屈居劣勢，但你還是去做。」

安娜・伊凡諾維琪一直沒辦法把拋球能力恢復到易普症出現前的水準，但隨著時間經過，她發明了一種新的發球法，這種方式雖然勁道較弱也更容易預測，但她再次成為前五名的選手，在二〇一四年贏得了四場錦標賽。她以二十九歲的年齡在兩年後退休。

瑞克・安基爾沉淪至職棒中地位最低的小聯盟。他因為受傷而完全錯過了二〇〇二年賽季，後來在二〇〇三年徹底廢了一條胳臂。他在手術復原後有暫時重返大聯盟，但控球能力沒有恢復。因此，在二〇〇五年，二十六歲的他決定不再當投手，而是轉戰外野。

在職棒界，投手不是想當外野手就當得成，因為每個位置都是高度分工、各司其職。上一個棒球員能以投手身分贏得超過十場比賽，而且以打者身分擊出五十多支全壘打，是在一九三五年退休的貝比・魯斯。

和伊凡諾維琪一樣，瑞克・安基爾在上場前就屈居劣勢，但他還是去做。他在小聯盟擔任外野手，打擊方面也持續進步。後來在二〇〇七年的某一天，在他因為失去控球能力而擲出暴投的六年後，聖路易紅雀隊把他叫回去大聯盟擔任外野手。安基爾第一次上場打擊的時候，比賽必須暫停，因為觀眾的起立鼓掌既漫長又喧鬧。瑞克・安基爾在那場比賽中擊出一支全壘打。兩天後，他又擊出兩支全壘打。他從外野擲球回內野的精準度高得驚人，是棒球界中的頂尖高手之一。他後來在大聯盟當了六年的中外野手。在今日，一個曾以投手身分贏得超過十場比賽，以打者身分擊出超過五十支全壘打的近期選手，就是瑞克・安基爾。

我給易普症一點五顆星。

《友誼地久天長》

我覺得很有意思的一件事，是這個世界雖然日新月異，但我們慶祝新年都是高唱《友誼地久天長》（Auld Lang Syne）這首歷史悠久的歌曲。副歌是這樣唱的：「友誼萬歲，朋友情誼（For auld lang syne, my Jo, for auld lang syne）／萬歲舉杯痛飲。」Jo在蘇格蘭語中的意思是「親愛的」，但是「auld lang syne」一詞就比較複雜，這個詞彙在字面上的意思是「很久很久以前」，但在慣用語的意思上很接近「昔日時光」。而英語中很接近「for auld lang syne」的一個慣用語，是「看在昔日的情分上」。

我來說說屬於我的一個「很久很久以前」：二〇〇一年的夏天，作家艾米・克勞斯・羅森塔爾寫了一封電子郵件給《書目雜誌》，詢問關於一場訪談的事情。我當時在《書目雜誌》擔任出版助理，雖然主要的工作是資料輸入，但也答覆許多重要性較低的信件。我回信給艾米，讓她知道那場訪談的最新消息，也提到我很喜歡她為《力量雜誌》寫的小眾專欄。我說我常常想到她寫的一篇短文，那篇文章是這麼寫的：「我每次搭機，機長宣布飛機要開始下降的時候，我總是會出現同一個想法。我們在城市上空高處的時候，我會心想，如果飛機現在往下掉，我們就絕對會完蛋。飛機稍微降低高度後，我會心想，不，這種高度還是會完蛋。但我們很貼近地面的時候，我就會放鬆。沒事了。我們現在高度很低，所以如果現在墜機，我們應該死不了。」

她當天就回信給我，問我是不是作家，我說我正在往這方面努力，然後她問我有沒有任何篇幅長達兩分鐘、適合電臺播放的文章。

※　※　※

沒人能確定《友誼地久天長》這首歌究竟是什麼時候問世。第一句歌詞是：「舊識是否該被遺忘／永不再提？／舊識是否該被遺忘／昔日時光是否也該被遺忘。」這些歌詞有不同版本，至少有四百年歷史，而最新版本是由偉大的蘇格蘭詩人羅伯特・伯恩斯所寫。他在一七八八年十二月寫信給友人弗朗西絲・丹露帕：「妳不覺得『Auld Lang Syne』這句蘇格蘭慣用語實在是意味深長？這首老歌和曲調常常撼動我的靈魂……願聖光降臨於當初寫下這個偉大作品的天啟詩人。」伯恩斯在那封信的背面寫下了歌詞的初稿。歌詞當中應該至少有三句是他自己想出來的，雖然他後來說他是從「一個老人嘴裡」得到這些詩句。

難以判斷第一段詩句寫於哪個年代的原因之一，是這首詩適用於任何時代：歌詞描述舉杯共飲、回憶昔日時光，而且詩中幾乎每個構想，像是摘菊花、漫步於原野、與老友共飲啤酒，這可能來自五千年前，一千年前，或三千年前。

順道一提，這首歌也頌揚「各自付帳」，例如第二段歌詞唱道：「你一定會為你那杯啤酒付錢，正如我也會為我這杯付錢。」但整體來說，這首歌就是大肆慶祝美好的昔日時光。

※　※　※

我覺得我該讓你知道艾米已經死了。如果我不說出來，她的死就可能成了被我拿來運用的敘事技巧，但這並不是我的用意。所以，我告訴你，她死了（She is dead），這種罕見的「現在式」句子一旦成真就永遠成真。

但我們還沒抵達「死了」的那一天，我們應該算是還在那一天之前吧。艾米問我有沒有什麼文章適合電臺分享，所以我把我寫的三篇短文寄給她。她喜歡其中一篇，邀我去她那裡錄節目，讓她在芝加哥公共廣播電臺 WBEZ 上的節目播放。在那之後，艾米更常邀請我上她的節目。有一年的時間，我經常為 WBEZ 錄製評論，後來參加了全國公共廣播電臺的《萬事皆曉》。

二〇〇二年四月，艾米邀了一些作家和音樂家朋友參加一場稱作「文思枯竭派對」的活動，地點是芝加哥的肖邦劇院。她邀請我在會上朗讀，我也照做了，我的蠢笑話逗得人們笑哈哈。艾米雇了某人在會場上恭維每個人，這個恭維者說很喜歡我的鞋子（嶄新的愛迪達球鞋），而這就是為什麼我這十九年來幾乎天天都穿愛迪達球鞋。

※　※　※

羅伯特・伯恩斯原本為《友誼地久天長》構想的旋律跟現在並不一樣，雖然他意識到這個旋律算是「一般」，但你有時候還是能聽見他原本想好的旋律[27]。一般人最常跟《友誼地久天長》聯想在一起的旋律是在一七九九年第一次出現，收錄於喬治・湯姆森的《蘇格蘭原創歌曲精選集》。

羅伯特・伯恩斯當時已經離世，年僅三十七歲就死於心臟疾病（可能因為他太常跟老友舉杯慶祝）。他在最後一封信上對友人弗朗西絲・丹露帕說：「這場病騷擾我多年，如今很可能即將把我送去那條沒人回得來的冥河彼岸。」伯恩斯就算奄奄一息也有辦法發明新的詞藻。

伯恩斯死後的幾十年間，《友誼地久天長》成了蘇格蘭新年夜活動的重要環節，蘇格蘭人把這個活動稱作「霍格莫內」，歷史可追溯至當地的冬至儀式。貝多芬在一八一八年為這首歌編了曲，它因此開始傳遍世界各地。

27　例如，二〇〇八年的《慾望城市：電影版》就有用到這段旋律。

這首歌的旋律在一九四五年到一九四八年之間成了韓國的國歌，也成了荷蘭最著名的一首足球歌謠。日本許多百貨公司在即將打烊時會播放《友誼地久天長》，讓顧客知道現在該打道回府。這首歌也成了許多電影的配樂，例如查理・卓別林的《淘金記》（1925）、《風雲人物》（1946），以及《小小兵》（2015）。

我認為《友誼地久天長》在好萊塢大受歡迎，不只因為它是公共財所以用起來便宜，也因為這是少數幾首真的令人感傷的歌曲；它承認人類對昔日時光的思念，但不將這種心態浪漫化，而且它描述「每個新的一年都是舊的一年的產物」。我在新年夜唱起《友誼地久天長》的時候，會跟一般人一樣忘了歌詞，直到唱到我記得的第四段歌詞：「我們倆在溪中划船，從晨曦到晚餐時間／但我們倆之間的寬廣海洋從昔日呼嘯至今。」

然後我會想到我和過去之間的諸多呼嘯大海——疏忽之海，時間之海，死亡之海。我能跟在這一刻愛我的人們說話的機會只會越來越少，正如你能跟在這一刻愛你的人們說話的機會也只會越來越少。所以我們向他們舉杯，希望他們也正在某處向我們舉杯。

※ ※ ※

艾米在二〇〇五年出版了一本以百科全書為形式的回憶錄，書名是《一個普通人生的百科全書》。該作的結尾寫著：「重點是，我來過這裡，我真的來過。」這也是那種「一旦成真就永遠成真」的句子。她的《一個普通人生的百科全書》問世的幾個月後，我的第一本小說《尋找阿拉斯加》出版了。不久後，我太太莎菈進了哥倫比亞大學的研究所，所以我們搬去了紐約。我和艾米有保持聯繫，在接下來的十年間偶有合作（她在二〇〇八年八月八日在芝加哥千禧公園舉行了一場數百人參加的活動，我也有參與），但不像最初那樣熱絡。

她寫了一本怪異又美麗的互動式回憶錄《艾米・克勞斯・羅森塔爾的教科書》（於二〇一六年出版），她在書中寫道：「如果你能活到八十歲這種高壽，這等於在地球上度過兩萬九千兩百二十天。那麼，我究竟能多少次認真地看著一棵樹？一萬兩千三百九十五次？一定有個確切數字。我們就姑且說是一萬兩千三百九十五次吧。這個次數確實很多，但不是無限，而任何小於無限的數字都算是小數字，而且無法讓人滿足。」艾米在著作中常常試著讓「意識的無限本質」能跟「愛」以及「對宇宙的有限本質以及宇宙萬物的渴望」這三者之間能和平共存。她在《教科書》尾聲寫下一道選擇題：「巷子裡，有一朵燦爛的粉紅花朵鑽出柏油路。A、它看起來像白費力氣。B、它看起來像希望。」至少對我來說，《友誼地久天長》明確地捕捉了「看見一朵燦爛粉紅花朵鑽出柏油路」的感覺，以及「你知道你有一萬兩千三百九十五個機會能看著一棵樹」的感覺。

艾米在寫完《教科書》不久後得知自己得了癌症，也打了電話給我。她知道我在出版了《生命中的美好缺憾》後認識了很多患有重病的年輕人，所以她希望我能給她一些建議。我對她說出我認為真實的想法：愛會超越死亡。但她想知道年輕人對死亡如何反應。她的孩子們會如何反應。她想知道她的孩子們和丈夫會不會恢復過來，而這句疑問令我崩潰。雖然我平時跟病患說話時還算自在，但對這個朋友說話時，我發現自己啞口無言，我被自己的哀傷和擔憂搞得不知所措。

他們當然不會恢復過來，但他們會繼續過日子，而且妳給他們的愛會延續下去。這是我應該說的話，但我邊哭邊說的是：「這種事怎麼會發生在妳身上？妳明明天天練瑜珈。」

在我的經驗中，瀕死之人有著許多「健康之人對他們說了哪些惡劣話語」的美好故事，但我從沒聽過有誰說出「妳明明天天練瑜珈」這麼蠢的話。我希望這句話至少有稍微逗艾米笑，但我也知道她幫了我那麼多次我卻辜負了她。我知道她原諒我——現在式——但話雖如此，我還是後悔在那一刻沒說出更有幫助的話語。又或許，我在那一刻應該保持沉默。我們愛的人在受苦的時候，我們會想改善這個狀況，但有時候——其實是「常常」——我們無能為力。我想起我以前是學生牧師時，我的上司對我說過：「別想著一定要做些什麼，而是靜靜站著就好。」

※　※　※

《友誼地久天長》在第一次世界大戰期間是很受歡迎的歌曲，各國軍隊（包括英國、法國、德國和奧地利）都在壕溝裡唱著不同版本。這首歌甚至在人類歷史上最怪異也最美麗的一頁，「一九一四年聖誕節休戰」，扮演了一個小小角色。

那年的聖誕夜，在比利時的西方戰線的幾個區段，大約十萬名英軍和德軍爬出壕溝，在陣線之間所謂的「無人區」相見。十九歲的亨利・威廉森寫信告知母親：「昨天，英國人和德國人在壕溝之間的戰地上見面握手，交換紀念品……很神奇吧？」一名德國士兵還記得，有個英國士兵「從自己的壕溝裡拿出一顆足球，一場朝氣蓬勃的球賽因此展開。這真是神奇得不可思議，卻也無比怪異。」在陣線的另一處，愛德華・赫爾斯上尉目睹了一場聖誕大合唱，「大家最後唱起《友誼地久天長》，我們每個人都加入這場合唱，無論來自英國、蘇格蘭、愛爾蘭、普魯士還是威登堡。這實在令人驚奇，我如果是在膠卷電影上看到這一幕，一定會認為這是虛構的。」

赫爾斯當時二十五歲，不到四個月後在西方戰線陣亡。至少一千七百萬人直接死於這場戰爭，這個數量超過加拿大目前人口的一半。到了一九一六年的聖誕夜，士兵們已經不想休戰；戰爭造成的重創，加上愈常使用的毒氣，造成戰鬥人員滿腔仇恨。但當中許多人根本不知道自己為何而戰，為什麼要為了遠離家鄉的一小片土地送死。在英軍的壕溝裡，士兵們再次唱起《友誼地久天長》的旋律，但歌詞改成：「我們在這裡因為我們在這裡因為我們在這裡。」

這裡的世界沒有「為什麼」，這裡的人生是徹頭徹尾的毫無意義。「現代性」降臨於這場戰爭以及人生的所有層面。藝術評論家羅伯特•休斯曾提出「一個由重複性組成的現代主義地獄」這個說法，而第一次世界大戰的壕溝確實是地獄。

※ ※ ※

艾米雖然是個活潑又樂觀的作家，但她對「受苦」的本質，以及「受苦」在人類生活中的中心性，並沒有抱持幻想。她的著作，無論是圖畫書還是回憶錄，總是有辦法承認痛苦但不屈於痛苦。她寫下的最後幾段文字中，其中一句是：「雖然死神正在敲我的門，但我沒打算為了應門而走出美好的澡盆。」

艾米出席公開場合時，有時候會把英國士兵那句重複怨嘆改造來用，但沒改變旋律或歌詞。她會邀請觀眾與她齊聲高歌：「我們在這裡因為我們在這裡因為我們在這裡。」雖然這首歌是關於「由重複性組成的現代主義地獄」的虛無主義之歌，但我跟著艾米一起唱這首歌的時候，總是能看見其中的希望。這句歌詞成了宣言，表明我們在這裡，意思是我們在一起，並不孤單。這句宣言也表明我們在這裡，意思是我們存在。這句宣言也表明我們在這裡，意思是一連串令人驚奇的偶然事件讓我們得以存在，讓這裡得以存在。我們可能永遠不會知道自己為何會在這裡，但我們還是可以抱著希望宣布「我們在這裡」。我認為這種希望並不愚蠢，不是過度理想，也不是誤導。

我們是活在希望之中，我們希望人生會變得更好，更重要的是人生會繼續下去，「愛」會在我們死後繼續存在。而在此刻和我們死去的那一刻之間，我們在這裡因為我們在這裡因為我們在這裡。

我給《友誼地久天長》五顆星。

在Google上搜尋陌生人

我母親在我小時候常常跟我說「人人都有天賦」。你可能特別懂得鑑賞柔和爵士樂，你也可能是個防守型中場球員，特別懂得如何用完美的傳球來拓展攻勢。但我小時候總覺得自己沒有與生俱來的天賦。我的成績不算好，我也沒有體育能力。我不懂得察言觀色。無論是鋼琴、空手道、芭蕾舞，還是我爸媽讓我去參加的任何才藝活動，我都表現得很遜。我認為自己是沒有專長的人。

但事實證明，我的專長只是在那時候還沒被發明出來而已，因為我（請原諒我不懂得謙虛）真的、真的很會Google陌生人。沒錯，我是有投入努力；麥爾坎・葛拉威爾說過「想成為某個領域的專家就必須投入一萬個小時」，我已經投入了一萬個小時，而且還不只。但我不只是努力而已，而是天生擅長此道。

我幾乎天天都在Google陌生人。如果我和我太太必須參加派對（我強調「必須」），因為我和派對就是這種關係[28]，我通常會事先搜尋我知道會出席的每個人。當然，我知道以下這種對話會很怪：一個陌生人對你說他做地毯裝修的生意，而你的答覆是：「噢是

28 是的，就算在二〇二一年也是如此。

啊，我知道。還有，我知道你跟你太太是在一九八一年認識，你們倆當時都在達拉斯一家信貸中心工作。她當時跟她爸媽約瑟夫和瑪麗蓮一起住，至少人口普查紀錄是這麼說的啦，而你當時剛從奧克拉荷馬浸信大學畢業。你們在達拉斯藝術博物館舉辦了婚宴，旁邊就是戴爾・奇胡利的雕像《雄鹿之窗》。然後你因為你太太在禮來製藥公司找到工作而搬來印第安納波利斯市。地毯生意最近如何？實木地板跟你們算不算是競爭關係？」

人們的隱私在Google上幾乎全數曝光，這確實駭人。當然，這種失去隱私也帶來了極大好處，例如相片和影像的免費儲存空間，我們能透過社群媒體來參與大規模談話，還能輕鬆地跟認識多年的朋友保持聯繫。

然而，把自己的大量資料交給Google這種私營企業，這會讓其他人在分享自己的資料時感到自在。這種「反饋迴圈」（我們每個人都想用臉書，因為其他人都在用臉書）促使我大量公開自己的生活，而如此一來，我在新的社群媒體平臺上註冊的時候，常常很難想出適合的「安全性問題」，因為你如果認真研究我以前的社群媒體帳戶，就可能知道答案。我在哪上小學？這題很容易查出來。我的第一隻狗叫什麼名字？我常常上傳我家那隻迷你臘腸犬「紅綠仔」的影片。你小時候最好的朋友是誰？你能在臉書上找到我們互相標註的嬰兒照片。你母親的婚前姓氏是什麼？你不是認真的吧。

然而，雖然我們的生活越來越不屬於自己，而是越來越屬於記錄並蒐集我們的上網習慣、嗜好和鍵盤側錄的公司，雖然「我們能輕易瀏覽活人和死人的人生」這點令我作嘔，雖然這一切都有點像歐威爾的小說……但我還是沒辦法公開譴責「Google 陌生人」這件事。

※　※　※

我在二十二歲那年在一家兒童醫院擔任學生牧師，每星期會有一、兩次需要二十四小時待命。意思就是，我會帶著兩支呼叫器待在醫院裡。其中一支響起時，表示有人要找牧師。另一支響起時，表示有重傷患者被送來醫院。長達半年的牧師實習工作即將結束的某天晚上，我在醫院牧師辦公室裡睡覺，重傷呼叫器響起，我因此趕往急診室。一個三歲孩子被人用輪床送來，身上是嚴重燒燙傷。

我不確定「談到某人受苦」是不是等於利用了這個人受的苦，不確定如何在用文字描述某人承受的痛苦的同時避免將這份痛苦美化或醜化。提胡・科爾說過：「一幅相片就是會把本身呈現的畫面變得溫馴。」我擔心這個現象也適用於語言。故事必須合理，但醫院的一切都讓我覺得不合理，這就是為什麼我很少直接寫到我在那裡度過的時光。我向來不知道什麼才是描述這種情境的適當方式，但在訴說這個故事的時候，我選擇了隱瞞並變造某些細節。重點是，這孩子雖然身受重傷，卻依然清醒，而且承受強烈痛苦。

當時的我雖然已經在急診室服務了幾個月，見過各式各樣的受苦和死亡，但我從沒見過創傷小組這麼難過的模樣。現場的痛苦氣氛令我不知所措：燒燙傷的焦味，還有小男孩每次吐氣時發出的淒厲哀號。某人喊道：「**牧師！把你身後那把剪刀拿來！**」我茫然地照做。某人喊道：「**牧師！**孩子的爸媽！」我意識到小男孩的爸媽就在我身邊，這兩人尖叫連連地想來到孩子身旁，但是醫師、救護人員和護理師們需要工作空間，所以我必須要求這對父母後退。

接下來，我不自覺地來到急診室裡的無窗等候室。在我這輩子最難受的一個晚上，他們就是叫我待在這裡。除了我對面這對夫妻的哭泣聲之外，這裡一片寂靜。他們倆坐在沙發的兩端，手肘撐在膝上。

我在受訓的時候，得知在所有失去孩子的夫妻當中，大約一半會在兩年內離婚。我無力地問他們倆想不想禱告，女子搖頭拒絕。醫師走來，說孩子處於病危狀態。這對夫妻只提出一個疑問，也是醫師無法回答的問題。「我們會盡一切所能，」她說：「但你們的兒子可能沒辦法活下來。」夫妻倆身子癱軟，不是投向彼此的懷抱，而且各自縮成一團。

※　※　※

我們必須知道這種事會發生，才有辦法在這個世界上走下去。我的教會上司對我說過：「很多孩子會死，這符合自然律。」這也許是事實，但我沒辦法接受。我坐在無窗等候室裡的時候沒辦法接受，我成了父親後也沒辦法接受。

※　※　※

男孩終於被送去樓上的加護病房，他爸媽跟去。我走進休息室倒杯咖啡，那位醫師也在這裡，面對著她剛剛用來嘔吐的垃圾筒。「抱歉，」我說：「妳安撫了他們。謝謝妳對他們這麼親切，我認為這有幫助。」她乾嘔片刻，然後說：「那孩子會死，我知道他會留下什麼遺言，我知道他最後會說些什麼。」我沒拜託她告訴我他會說什麼，她也沒打算說。

一星期後，我完成了牧師實習，決定不進神學院。我跟每個人說這是因為我不想學希臘文，但這只是部分原因，另一個原因是我沒辦法面對跟那孩子有關的回憶，至今也是。我每天都會想到他，每天都會為他禱告，就算我已經不再為其他事情禱告。就算到了今天，我每晚還是會說出他的名字，祈求上帝慈悲以待。我相不相信上帝，這點並不重要。但我確實相信慈悲，無論我在這方面的信心多麼薄弱。

身為積習已深的Google搜尋家，我知道我可以上網搜他的名字，但我害怕得不敢這麼做。我如果Google他，就會知道答案，知道他是生是死。我想到羅伯特‧潘‧沃倫在《國王的人馬》中的名言：「人類的終點就是知識，但有件事是他沒辦法知道的。他沒辦法知道自己會被知識所救還是所害。」

※　※　※

「沒有答案」的那幾個月延續成好幾年，然後超過十年之久。後來，在不久前的某天早上，我在 Google 搜尋欄裡輸入了那孩子的名字。他的名字很特別，所以 Google 一搜就中。我按下「輸入」鍵，第一個連結是通往臉書。我按鈕點擊，他就在我眼前。他十八歲了，離我們共度的那晚已有十五年。

他還活著。

他長大成人，正在探索這個世界，他大概不知道他給自己的人生留下的紀錄是如此的公開，但我當然因為知道他的現況而心懷感激，就算唯一的辦法就是失去我們對所謂的「自我」的自治權。他還活著。他喜歡「強鹿牌」牽引機，他是「美國未來農民會」的成員，而且他還活著。

我瀏覽了他的好友名單，找到他爸媽的資料，發現他們並沒有離婚。他還活著。他喜歡產量過剩又難聽的鄉村音樂。他還活著。他叫他女友「寶貝」。還活著。還活著。還活著。

當然，我這次搜尋也可能發現他死了，但他沒死，所以我必須給「在 Google 上搜尋陌生人」這件事四顆星。

印第安納波利斯

從人口和土地面積來算，印第安納波利斯市是美國第十六大城市。它是印第安納州的首府，現在應該算是我的家鄉。我和莎菈是在二〇〇七年夏天搬來印第安納波利斯市。我們把所有身外之物塞進一輛 U-Haul 自助搬家貨車，駛離紐約市的八十八街和哥倫布大道路口，來到印第安納波利斯市的八十六街和迪奇路的路口，這趟十六小時的路程令我們疲憊不堪。我們終於抵達這裡後，把家當搬進我們這輩子第一次買下的新家裡，在氣墊床上過夜。我們當時還不到三十歲，是在搬進的幾星期前買下這棟屋子，參觀時只在屋裡待了半小時左右。這棟屋子有三間臥室、兩間全套衛浴和一間半套衛浴，以及半裝潢的地下室。每個月的房貸金額是我們在紐約的租金的三分之一。

第一次在這裡過夜的時候，屋裡的寂靜黑暗令我震驚不已。我不斷跟莎菈說，搞不好有人就站在我們臥室窗外但我們渾然不覺，莎菈回一句：「是有可能啦，但大概不會發生這種事。」我不是「大概」二字能輕易說服的那種人，所以我那晚有幾次從氣墊床上爬起來，把臉壓在玻璃窗上，以為會看到有人回視我，但我只看到一片黑暗。

天亮後，我堅持應該買些窗簾，但我們得先歸還搬家貨車。在 U-Haul 的歸還處，店員遞來一些文件要我們填寫，還問我們是從哪搬來。莎菈說我們是從紐約搬來、因為她在印第安納波利斯藝術博物館找到了工作。店員說自己小時候去過那間博物館一次，然後莎菈問他：「那麼，你對印第安納波利斯作何感想？」

這位站在 U-Haul 服務處櫃臺後面的仁兄沉默片刻，然後說：「這個嘛，人總得找地方住嘛。」

這些年來，印第安納波利斯試過一大堆口號，像是本市正在「努力改善」、「是你讓印第之中有『我』」，還有「美國的十字路口」。但我提議一個不同的口號：「印第安納波利斯：人總得找地方住嘛。」

※　※　※

印第安納波利斯有很多無法避而不談的缺點。這座城市就在白河周圍，這條河是無法航行的水道，雖然充滿寓意，但在地理方面造成很多麻煩。這條河也骯髒不堪，因為老舊的廢水處理系統經常滿溢，下水道的汙水因此直接灌入其中。這座城市朝四面八方延伸，到處都是迷你購物中心、停車場和看起來都一樣的辦公大樓。我們對藝術或公眾運輸的投資嚴重不足。看在老天的份上，這裡的一條主要幹道居然叫做「迪奇路」（Ditch Road），意思是「水溝路」。我們明明可以選別的名字，像是寇特馮內果大道、沃克夫人路、麥克路臉路……我們卻沒這麼做，而是居然叫它「水溝」。

有人跟我說過，印第安納波利斯是美國用來測試新連鎖餐廳的絕佳市場之一，因為這座城市在各方面都「很一般」。事實上，印第安納波利斯是十大所謂的「縮影城市」（microcosm city），因為這裡比許多城市更像典型的美國。我們平凡得令人嘆為觀止。這座城市的綽號包括「瞌睡城」（因為這裡很無聊），還有「印第安納沒意思」（India-no-place）。

我們剛搬來這裡的時候，我早上常常會在附近的星巴克裡寫作，這家店位於八十六街和迪奇路路口，令我驚奇的是這個路口的四個方位都有商場。雖然我家離這間星巴克不到半哩，但我通常是開車來這裡，因為路上沒有人行道。這片土地已經被車輛、商場和千篇一律的扁屋頂建築占據。

我對此感到作嘔。我住在紐約市一間總是受鼠患所苦的小公寓時，對「擁有自己的家」這件事充滿浪漫幻想。但我們真的買下自己的房子後，我卻感到心煩不已。來自印第安納波利斯的作家寇特・馮內果曾寫道，人性的一個缺點是「人人都想建造東西，但沒人想保養東西」。擁有自己的住家，其實就是天天都在保養房子：總是有窗框要裝，總是有燈泡要換，熱水器三不五時就會故障，最麻煩的就是草坪。老天，我真的恨死割草。草坪，連同八十六街和迪奇路口的迷你購物中心，成了最令我反感的兩大對象。我當時真希望莎菈能在別的地方找到工作。

※　※　※

馮內果說過：「人們喜歡我，是因為印第安納波利斯。」當然，他是在印第安納波利斯對一群本地居民說出這句話，但他確實看重這座城市。他在離世前的一場訪談中對某個疑問做出答覆：「我有想過我的家鄉究竟在哪，而我意識到它不是火星之類的地方。我的家鄉，就是我在九歲時住過的印第安納波利斯。當時的我有哥哥和姊姊，有一隻貓和一隻狗，有母親和父親，有叔叔和阿姨。我再也回不去那種時光。」馮內果最偉大的小說是《第五號屠宰場》，描述一名男子不再被時間所困，而且時間是有意識地進行密謀。這本書的內容是關於戰爭和創傷，但也關於我們沒辦法回到昔日，像是回到德國德勒斯登市遭到轟炸之前，回到馮內果的母親輕生之前，回到他姊姊年紀輕輕就離世之前。我相信馮內果很愛印第安納波利斯，但我也看得出來，他在能選擇住在哪個地方的時候，並沒有選擇住在這裡。

※　※　※

我們在搬來印第安納波利斯的那一年，跟鄰居瑪麗娜和克里斯．華特斯夫婦成了朋友。克里斯曾是和平工作團的志工，瑪麗娜是人權律師。和我們一樣，他們倆剛結婚，也是住在這輩子買下的第一間屋子裡。

但不同於我們，克里斯和瑪麗娜深愛印第安納波利斯。我們常常會在「史密餐館」共進午餐，這個由家族營運的小餐廳位於八十六街和迪奇路的迷你購物中心裡頭，我會在用餐時抱怨草坪和這裡缺乏人行道。克里斯有次對我說：「你知道嗎？其實這裡在經濟和種族上，是全美國最多元化的地區之一。」

我問：「真的嗎？」

他說：「真的。你可以自己去Google。」

我有Google，發現他說得沒錯。八十六街和迪奇路附近的平均房價是二十三萬七千美金，但這裡也有價值百萬的房屋，以及月租七百塊錢的公寓。這個角落有泰式、中式、希臘和墨西哥餐廳，都不是連鎖店。這裡有一家書店、一家以「公平貿易」為訴求的禮品店、兩家藥妝店、一家銀行、一家救世軍二手商店，以及一家酒類專賣店，最後這家店的店名是廢除了「禁酒令」的那條憲法修正案。

沒錯，這裡的建築風格是不折不扣的惡夢，但是印第安納波利斯市的居民還是把這些建築打理得很美。你如果找個下午坐在史密餐館外頭，就會聽見英文、西班牙文、克倫語、緬甸語、俄文和義大利文。問題根本不是八十六街和迪奇路，這個路口其實是很棒的美式路口。問題其實在我身上。克里斯對我的偏見提出質疑後，我對這座城市的觀點開始改變，我開始覺得這裡是「人類生活的重大時刻所發生的地點」。我最近期的兩部小說，《生命中的美好缺憾》和《尋找無限的盡頭》，其中的重要場景都發生於八十六街和迪奇路，而且我認為人們就是因為喜歡印第安納波利斯而喜歡這兩部作品。

※　※　※

正如其他頂尖科幻小說作家，寇特・馮內果很擅長看見未來。他在一九七四年就寫道：「現在的年輕人該如何運用自己的人生？答案當然有很多，但最大膽的一個選擇，是打造出穩定的社群，讓『寂寞』這個可怕疾病能獲得治癒。」

在我看來，跟四十七年前相比，這項努力在今日變得更重要又大膽。每當人們問我，我可以選任何地方住，又為何要住在印第安納波利斯，我會想給他們這個答覆。我正在試著打造出穩定的社群，讓「寂寞」這個可怕疾病能獲得治癒。而人們總得挑個地方打造出這種社群。我的「寂寞病」發作的時候，好天氣和閃閃發亮的摩天大樓對我——無論我身為作家還是人類——都沒有幫助。我必須在家裡才能做我需要做的工作。而且，沒錯，「家」就是你不再住在裡頭的那棟屋子。家是「之前」，而你住在「之後」。

但是家也是你正在建造和維護的東西，而到頭來，我能在迪奇路附近有個家，我覺得自己還挺幸運的。

我給印第安納波利斯四顆星。

肯塔基藍草

我有時候喜歡想像善良的外星人來造訪地球。在我的白日夢中，這些外星人是銀河人類學家，想瞭解各種智慧生物的文化、儀式、關注的事物，以及神性。他們會進行嚴謹的實地調查，觀察我們，提出客觀的疑問，像是「在你的觀點中，什麼東西或什麼人值得被犧牲？」，以及「人類的集體目標應該是什麼？」。我希望這些外星人類學家會喜歡我們。我們人類雖然缺點一籮筐，但確實是一個充滿魅力的物種。

這些外星人遲早會瞭解關於我們的一切，像是我們總是無法被滿足，我們習慣於流浪，還有我們多麼喜歡陽光灑上肌膚的感覺。然後他們會只剩一個疑問：「我們注意到你們的屋子前面和後面有個綠色天神，我們也注意到你們花費多少心力照顧這位華麗的植物天神。你們叫它『肯塔基藍草』，就算它不是藍色，也並非來自肯塔基。所以我們好奇的是：你們為何崇拜這個物種？跟其他植物相比，你們為何特別看重它？」

學名為「草地早熟禾」的肯塔基藍草，在世界各地無所不在。你如果看過綠色的柔軟草坪，那它應該就是肯塔基藍草。這種植物原生於歐洲、北亞和北非某些地區，但《入侵物種綱要》指出，它現在幾乎存在於每一塊大陸，包括南極洲。

一般來說，每一穗草地早熟禾有三、四片舟形葉，若不予以割除，能生長到三呎高

（約九十一公分），而且頂端開出藍花。但這種草大多會被修剪，至少我的街坊就是這樣，任它長超過六吋高（約十五公分）就是違法。

你如果曾經開車穿越我所住的印第安納州，就會看見綿延不絕的玉米田。《美麗的阿美利加》一曲中就描述琥珀色的波浪狀穀田。但跟玉米和麥子相比，美國有更多土地和水源被拿來照顧草坪。美國的草坪總面積大約是十六萬三千平方公里，比俄亥俄州或整個義大利都大。美國大約三分之一的居家用水，也就是可以喝的水，都拿來澆灌草坪。想任其茁壯成長，肯塔基藍草通常需要肥料、農藥和複雜的灌溉系統，我們也充分提供了這三種資源，就算人類沒辦法吃這種草，它也沒有任何用途，只能拿來在上頭走路和玩耍。美國這種最豐富、勞力密集的作物，就是未經修改的純然裝飾品。29

「草坪」（lawn）這個字是在一五〇〇年代才出現。在當時，「草坪」是指由諸多社群共享、用來餵羊牲畜的大片草地，這不同於「田地」（field），田地是專門種植給人類吃的植物。但在第八世紀的英國，相似於我們如今所知的裝飾性草坪出現了；在當時，草坪是用手持的鐮刀和剪刀來維持，因此你如果無需食草動物就能照顧好一片草坪，這表

29　如果草坪的草葉擅長捕捉二氧化碳，也許就會有人宣稱草地早熟禾在人類史之中的重要性。但是保養草坪所造成的碳排放，比草坪能捕捉的量還高。從碳排放的觀點來看，更好的選擇是任憑草葉、苜蓿、藤蔓或任何不需要費心照顧的植物恣意生長。

示你富裕得能雇用一大堆園丁，而且你是地主，你願意讓一片土地只是擺好看而不需要拿來種植作物。

裝飾性草坪在歐洲各地大受歡迎，這種作風也傳來美國，湯瑪斯・傑佛遜奴役的人們在傑佛遜的莊園「蒙蒂沙羅」維護了一片修剪整齊的草坪。

隨著時日經過，街坊的草坪品質開始被視為這個街坊本身的水準。在《大亨小傳》中，傑・蓋茲比每次在黛西・布坎南來訪時，會花錢叫自己的園丁修剪鄰居的草坪。另一個離我家比較接近的例子是，我在二〇〇七年剛搬來印第安納波利斯的時候，突然發現自己成了一片草坪的主人，我也耗盡心力維護它。雖然我們的土地面積只有三分之一畝，但我用小小的電動割草機還是得花兩小時才割得完。某個星期天下午，我割草割到一半，鄰居前來打擾，邀請我喝啤酒。我們站在我割到一半的院子上，他說：「其實，考夫曼夫婦住在這兒的時候，這裡是整個街坊最漂亮的草坪。」

「這個嘛，」我沉默片刻後答道：「考夫曼夫婦已經不住這兒了。」

我們給肯塔基藍草及其近親投入了多少共用資源，這點確實令人咋舌。為了盡量減少雜草，也為了盡量讓草坪維持單一栽培，美國人對每畝「草坪草」（lawn grass）投入的肥料和農藥，是玉米田或麥田的十倍多。美國太空總署的研究指出，美國為了維持國內每一片草坪終年常綠，每天每人要耗費兩百加侖的水，而且澆水器噴出來的水幾乎都是經過消毒的飲用水。割下來的草和其他庭院廢棄物，占據了美國垃圾掩埋場百分之十二的空間。再來就是直接的財務負擔：我們每年為了保養草坪而耗費數百億美金。

當然，我們確實有獲得某種回報。肯塔基藍草很適合拿來踢足球、玩「鬼抓人」。草坪草能冷卻地面，也稍微能抵擋風雨造成的侵蝕。但有些選項更好，儘管美感較差。例如，你可以把前院拿來種植人類可以吃的植物。

這些道理我都知道，但我還是保留了草坪，還是定期割草，不然就是花錢請人代勞。我沒灑農藥，我也歡迎苜蓿和野草莓成為草坪的一部分，但院子裡確實有很多藍草，就算草地早熟禾根本不該存在於印第安納波利斯。

讓我覺得有意思的是，跟真正的園藝相比，草坪維護其實並不需要我們跟大自然有很多肢體接觸。你主要接觸的是用來割刈或修剪草地的機器，而不是植物本身。而且你如果擁有人人都被告知該努力獲得的那種蓋茲比草坪，那你根本不會看到茂密草皮底下的泥土。因此，雖然修剪肯塔基藍草是跟大自然接觸，但你不會弄髒手。

我給草地早熟禾兩顆星。

印第安納波利斯五百哩大獎賽

每年五月下旬，大約二十五萬到三十五萬人會聚在印第安納州斯皮德韋（Speedway）這塊小小的飛地，觀看印第安納波利斯五百哩大獎賽（Indianapolis 500，以下簡稱「印第五百」）。這場賽車盛事，是地球上規模最大的年度人類非宗教集會。

斯皮德韋雖然在印第安納波利斯境內，但在法律上來說卻是獨立於此地。基本上來說，斯皮德韋跟印第安納波利斯之間的關係，就像梵蒂岡和羅馬。不只如此：斯皮德韋和梵蒂岡都是文化中心，吸引來自世界各地的訪客；兩處都有博物館；斯皮德韋的賽車場雖然被稱作「磚場」，但有時候也被稱作「速度大教堂」。當然，如果再扯下去，梵蒂岡這個比喻就不再適用。我去過梵蒂岡幾次，也承認在那裡從沒遇到陌生人請我喝美樂淡啤，但我去拜訪斯皮德韋的時候，這種事就常發生。

乍看之下，印第五百似乎有太多東西值得吐槽。我的意思是，這場比賽只是一堆賽車繞圈跑，這些賽車手真的只是在原地打轉。賽車場人山人海，而且通常炎熱難耐。有一年，我坐在賽車場的第二彎道看臺上，口袋裡的手機殼居然有些融化。此外，賽車場喧囂震天；每年五月，我在院子忙碌時，能聽見那些賽車練習，就算斯皮德韋離我家有五哩遠。

以觀賞式賽事來說，印第五百不算令人滿意。不管你坐在或站在哪個地點，都看不見整個賽道，所以重要事件會在你看不見的地方發生。因為有些賽車手領先對手好幾圈，所以除非你有戴特大號耳機、聆聽賽事廣播，否則你幾乎根本不知道誰占上風。這麼多人每年聚在這裡觀賽，卻幾乎什麼也看不見。

但在我的經驗中，你如果更仔細觀察，就會發現值得吐槽之處其實暗藏樂趣。印第五百是開輪式賽車，意思是車輪沒有以擋泥板覆蓋，而且賽車手的座艙是暴露在天空之下。想讓這些戰車能以超過兩百二十哩的時速繞行二點五哩長的賽道，就需要倚賴一些不可思議的工程學。這些車必須跑得很快，但不能快到讓賽車手在過彎時因為強大G力（g-force）而失去意識。這些車必須反應靈敏、可預測而且可靠，因為這些開輪式車輛以兩百二十哩時速行進時，彼此之間常常只有幾吋之遙。一百多年來，印第五百一直在探討人類史的人類很在意的一個問題：人類和機器之間的適當關係究竟是什麼？

在今日，這條賽道完全是柏油路面，只有終點線有一片紅磚地，但是第一屆印第五百於一九一一年五月三十日開幕時，這條賽道完全由磚塊鋪成，數量是三百二十萬塊。第一屆五百哩賽事的冠軍是雷・哈倫，他在所駕駛的賽車裡裝設了他發明的設備：後照鏡。事實上，許多早期的汽車創新都跟印第五百有關。雪佛蘭汽車公司的創辦人路易斯・雪佛蘭在當時擁有一支賽車隊，他的弟弟加斯頓贏得了一九二〇年的印第五百賽事，但在同一年的比弗利山賽車場比賽中喪命。

賽車確實是危險性極高的運動，賽車史上有四十二名賽車手死於印第安納波利斯賽車場，有更多人受傷，而且有些是重傷。二〇一五年，印第賽車手詹姆斯・亨奇利夫在斯皮德韋撞車，差點死於股動脈斷裂。一個令人不自在也無法逃避的事實是，賽車之所以令人興奮，原因之一就是賽車手們離鬼門關有多近。就像傳奇賽車手馬里奧・安德烈蒂說的：「如果一切看起來都在控制之內，這表示你開得不夠快。」

但我確實認為「賽車」達成了某種成就：它把人類和機器推向可能的極限，我們這個物種因此在這個過程中變得越來越快。第一屆比賽中，雷・哈倫花了六小時四十二分鐘在印第安納波利斯賽車場跑完五百哩；相較之下，二〇一八年的冠軍威爾・鮑爾只花了不到三小時。

順道一提，他的名字真的就叫「威爾・鮑爾」，（Will Power，意思是「意志力」）。他很親切。我有次跟威爾・鮑爾一起站在某個代客泊車處，泊車小弟把我的二〇一一年款雪佛蘭伏特開來的時候，威爾・鮑爾對我說：「其實我也開雪佛蘭。」

但是印第五百的重點其實不是開快車，而是開得比別人都快，而這反映了人類最令我擔憂的特點之一：我們似乎就是抗拒不了想贏的衝動。無論是攀爬優勝美地國家公園的酋長岩還是上太空，我們不僅想去做，而且想比其他人更早去做，或是做得比其他人都快。這種動力促使我們這個物種進步，但我擔心它也把我們推往其他方向。

但在印第五百賽事當天，我不會去思索「這場賽車有什麼意義」，不會去思索人類和機器之間愈加模糊的極限，或是人類史越來越快的變化。相反的，我只是覺得很開心而已。

※ ※ ※

我的摯友克里斯・華特斯說這場盛會是「成年人的聖誕節」。我的賽車日是從清晨五點半開始。我沖杯咖啡，查看天氣，然後把背包式保冷袋裡裝滿冰塊、飲水、啤酒和三明治。到了六點整，我檢查自行車，確認輪胎有氣，而且補胎工具都有準備好。然後我騎車去鮑伯便利商店，在這裡跟朋友們會合，然後沿印第安納波利斯的「中央運河曳船道」騎行，開始這趟美麗的清晨自行車之旅。這趟路有些年陰雨濕冷，有些年酷熱難耐，但總是優美宜人，我能騎車跟朋友和他們的朋友談笑，他們當中有許多人是我每年只見到一次的。

我們騎車來到巴特勒大學的小徑，每年都會有兩個朋友會在早上七點在這裡進行一哩長的步行競賽。印第賽車的車速隨著時日經過而越來越快，步行競賽則是越來越慢。我們會在他們身上下注，他們其中一人獲勝，然後我們再次登上自行車，騎兩哩後在印第安納波利斯藝術博物館外頭停車，跟更多人會合，形成一支由一百多輛自行車組成的車隊。路人會對我們揮手。我們會對彼此說「祝你們賽車愉快」或是「小心賽車！」。

我們就是這麼團結。我們沿這條小徑騎行，直到這條路在第十六街結束，然後我們開始一趟向西的漫漫長路，旁邊是一長串陷入塞車狀態的車輛，就算印第賽車要再過五小時才會開始。我們這支自行車隊呈縱隊前進，拖到十條街長，然後我們拐進斯皮德韋這座小鎮。這裡的居民們坐在自家門廊上。偶爾會聽見不知道從哪傳來的歡呼聲。每個人都把自家前院當成臨時停車場出租，高喊價格。吵雜音量持續攀升。我雖然不喜歡人群，但我喜歡這些人群，因為我置身於一個不需要他們的我們當中。

我們來到斯皮德韋，用鐵鏈把自行車鎖在第二彎道附近的圍籬上，然後各自行動。有些人喜歡在第二彎道觀賽，有些人喜歡待在起跑線／終點線附近。接下來是更多傳統活動：高唱《再次回到家園印第安納》，某個B咖藝人宣布「車手們，請發動引擎」，接著是所有賽車繞行賽道一圈，然後正式開跑。「傳統」是人與人接觸的方式之一，不只是和你一起觀賞這些傳統的那些人，也包括曾經觀賞這些傳統的每個人。

※　※　※

我用現在式動詞時態寫下剛剛那個段落，是因為這些傳統擁有某種連續性：沒錯，它們曾經發生，但現在仍在發生，而且以後也會發生。而這種連續性的中斷，就是二〇二〇年五月令我非常難受的原因之一。大流行病席捲全國的時候，我覺得自己彷彿跟我原本認定的現實脫了節。最近一些令我們感到離奇之事，像是戴口罩，注意自己摸過什麼東西，提防跟我擦身而過的每個人……這些都正在成為例行公事。而許多原本的例行公事正在變得離奇。

二〇二〇年的陣亡將士紀念日之前那個星期天，我和往常一樣準備好背包，和往常一樣跟莎菈騎上自行車。我們在鮑伯便利商店附近跟安瑪莉和斯圖爾特・海厄特這兩個朋友會合。我們戴著口罩，騎車來到斯皮德韋，發現大門牢牢鎖上。我們坐在空無一物的寬廣停車場裡，周圍靜謐得難以言喻。賽車終於在八月舉行時，是史上第一次沒有觀眾。我看了電視轉播，覺得這場比賽無聊透頂。

但我回想起二〇一八年。我們幾十人把自行車鎖在鐵絲圍籬上，然後去擁擠的看臺上尋找各自的座位。我們將在四、五小時後回到圍籬所在，解開車鎖，在回家的路上重複相關儀式。我們會討論這件事或那件事怎麼會發生、我們多麼替威爾・鮑爾高興、他這個好人終於在印第五百獲勝。我會說出我的威爾・鮑爾故事，然後得知在場許多朋友也有威爾・鮑爾故事。畢竟斯皮德韋是個小鎮，至今依然如此，而且我們在這裡齊聚一堂。

我給印第五百四顆星。

《地產大亨》桌遊

我和家人一起玩《地產大亨》（Monopoly，又稱「大富翁」）這種以「害其他玩家破產」為目標的桌遊時，有時候會想到弗蘭克・蘭茨在二〇一七年設計的電子遊戲《宇宙迴紋針》。玩家在《宇宙迴紋針》中扮演人工智慧，奉命製造迴紋針，數量越多越好。隨著時間經過，你做出越來越多迴紋針，直到你終於耗盡地球的鐵礦，所以你派探測機去外太空的其他星球，後來甚至跑去其他太陽系，去開採迴紋針所需原料。你投入許多小時後，終於全破了這個遊戲：你把全宇宙的資源都做成了迴紋針。你成功了，恭喜你，每個人都死了。

在《地產大亨》遊戲中，玩家會在格子上移動，停在各式各樣的房地產上。在元祖《地產大亨》中，房地產是依據新澤西州大西洋城的虛構版本，但這方面的設定會隨著地區和版本而改變。例如，在「精靈寶可夢」版的《地產大亨》裡，所謂的資產被改成了「蔓藤怪」和「雷丘」之類的生物。總之，你如果走到一筆無主房產上，就可以買下它，而你如果透過買進相關資產而達成壟斷狀態，就能建造房屋和旅館。其他玩家來到你擁有的房地產時，就必須付租金給你。你取得的房地產如果夠多，其他玩家就會因為再也負擔不起租金而破產。

《地產大亨》這個遊戲雖然問題很多，但還是流傳至今，而且是全球這八十多年來最暢銷的桌遊之一，而一個可能原因是，遊戲裡的問題就是我們真實面對的問題：和人生一樣，《地產大亨》一開始進展得很慢，但後來快得令人膽戰心驚。和人生一樣，人們試著在結局中找到意義，就算這場遊戲從一開始就對權貴有利，而就算沒被動手腳，局勢變化也充滿隨機性。和人生一樣，你的朋友會因為被你奪走金錢而怒火中燒，而不管你多麼富有，你心裡還是有一個持續擴大、金錢無法填滿的空洞，但是失控的瘋狂事業心擒住你，所以你還是相信只要你能再拿下幾間旅館，或奪走你朋友所剩無幾的金錢，你就會終於覺得完整。

對我來說，《地產大亨》最糟的問題，是它對資本主義的分析不僅扭曲又自相矛盾。這個遊戲基本上就是「擲骰子來獲得土地」，而且壟斷式剝削讓少數人致富，害多數人陷入貧困。然而，這個遊戲的重點卻是「拚命發財」。

《地產大亨》對貧富差距的婉轉詮釋也很像真實人生，至少在這個遊戲的發源地美國就是這樣，許多人對億萬富翁的看法，就像我在初中時對學校那些風雲人物的看法：我雖然唾棄他們，卻也一心想成為他們。在《地產大亨》的案例上，這個遊戲的自相矛盾主要因為它複雜的起源故事，這個故事比遊戲本身更關乎資本主義。

以下是《地產大亨》目前的主人「孩之寶玩具公司」提出的起源神話：在一九二九年的股市大崩盤後，費城的四十歲查爾斯・達洛丟了工作，被迫當起推銷員，挨家挨戶賣東西來餬口。但在一九三三年，他發明了桌遊《地產大亨》，後來申請了專利，並授權給「派克兄弟」這家公司。達洛成了第一位透過桌遊致富的百萬富翁，這是真正的白手起家的故事，一個美國發明家憑著理想和努力而成功。

這個故事真的很偉大，偉大到許多《地產大亨》遊戲盒會把達洛的故事印在說明書上。在今天，大西洋城甚至有一塊銘板向查爾斯・達洛致敬。但是這個故事有個問題：查爾斯・達洛並沒有發明《地產大亨》。

在《地產大亨》問世的三十年前，一位名叫伊莉莎白・瑪姬的女子發明了一個桌遊，叫做《地主遊戲》（Landlord's Game）。瑪麗・皮隆在所著的傑作《壟斷者》一書中詳述此事：瑪姬原本是個作家兼演員，為了有資金逐夢而當起速記員和打字員，就算這兩個都是她很討厭的工作。「我想當個有建設性的人，」瑪姬曾說：「而不只是一個把某人說出來的想法謄在紙上的機械工具。」

瑪姬做過最出名的一件事，是在報紙上刊登廣告，說要把自己賣給出價最高的人。她說自己「不美，但非常吸引人」，而且「擁有強烈的波希米亞特色」。她那篇上了國家新聞的廣告，其實是呼籲人們注意女性在美國生活的各個層面都遭到歧視，她們因此被迫離開職場，進入婚姻，扮演下屬的角色。她曾對一名記者說：「我們不是機器。女孩子有心靈、慾望、希望和志願。」

瑪姬也認為，女權主義運動如果想成功，經濟體系就必須出現一些大規模變化。她曾說：「不久後，世上的男女就會發現自己之所以窮困，是因為卡內基和洛克斐勒錢多到不知道該怎麼花。」為了讓世人明白這點，瑪姬在一九〇六年發明了《地主遊戲》。瑪姬崇拜經濟學家亨利．喬治，而記者安東尼婭．努里．法爾贊曾在《華盛頓郵報》上總結喬治的想法：「鐵路、電報和水電設施應該歸為公眾所有，而不是由壟斷者掌控，而且土地應該被視為公共財產。」

瑪姬為了闡述喬治的想法而設計出《地主遊戲》，她相信孩子們在玩這個遊戲的時候，會「清楚地看見我們目前的土地制度多麼不公正」。《地主遊戲》在許多方面很像《地產大亨》：和後者一樣，前者的遊戲板上也布滿列出房地產的方格，而且如果擲骰子運氣不好就得坐牢。但是瑪姬發行的這個遊戲裡有兩套規則；第一套是目標：和現代的《地產大亨》一樣，這個遊戲的目的也是奪取對手的財富，並壟斷土地。但第二套規則，就像瑪麗．皮隆說的：「財富被創造出來的時候，每個人都獲得了獎勵。」第二套規則中的其中一條，說明了租佃制度如何讓地主變得有錢，如何害佃農變窮，使得資本越來越集中在少數幾個人手上。另一條規則提出一個更好的方式，讓多數人創造出來的財富能被多數人分享。

※　※　※

事實證明，《地主遊戲》裡的壟斷式規則更受歡迎。大學生們學著怎麼玩這個遊戲，並做出自己的版本，遊戲版圖因此擴大，也改變了規則，變得更像我們今日所知的《地產大亨》。這個遊戲在印第安納波利斯的版本叫做《了不起的金融遊戲》，是在一九三二年出現，印第安納波利斯一位名叫露絲・哈斯金的女子學習了這個遊戲，在不久後搬去大西洋城，把這個遊戲修改得適合她的新環境。哈斯金教了很多人玩這個遊戲，其中一對夫妻後來搬去費城，把《了不起的金融遊戲》傳授給名叫查爾斯・托德的男子，而這人後來傳授給查爾斯・達洛。達洛後來要求拿到說明書的副本，並修改了一些設計，申請了專利，結果成了百萬富翁。

以下這個故事能證明《地產大亨》根本不是查爾斯・達洛發明的：「馬爾文花園」是一個靠近大西洋城的街坊。在查爾斯・托德透過露絲・哈斯金而學到的版本中，這個街坊被拼錯成「馬文花園」。查爾斯・達洛在自己設計的版本中也重複了這個誤寫，因為《地產大亨》根本不是他發明的。

所以我們聽到的那個「某人憑著聰明才智而獲得到該有的財富」的故事，真相其實更為複雜，其實是某個女子發明了一套遊戲，而無數人因為玩了這個遊戲而改進了它。這個描述「資本主義多麼有效」的故事，其實是關於資本主義的失敗。太多人被達洛的壟斷手法占了便宜，但是伊莉莎白・瑪姬的損失特別大，不只因為她的遊戲被《地產大亨》搶盡鋒頭，更因為世人根本看不見她努力分享的想法。瑪姬對「不受控管的菁英式資本主義」提出的反對，被改造成「把自己的財富建立在別人的貧困上」。

在《地產大亨》這個遊戲裡，權力和資源被不公平地分配，直到贏者全拿，而這才是查爾斯・達洛的遊戲。儘管如此，在瑪姬發明《地主遊戲》的一百多年後，孩之寶玩具公司依然把《地產大亨》的發明歸功於查爾斯・達洛，而且對伊莉莎白・瑪姬的描述只是如下：「歷史上有一些很受歡迎的房地產交易遊戲。伊莉莎白・瑪姬這位作家、發明家兼女權主義者，是『土地爭奪遊戲』的先驅者之一。」簡單來說，孩之寶玩具公司依然拒絕承認，被他們爭奪的土地從一開始就不屬於他們。

我給《地產大亨》一點五顆星。

《超級瑪利歐賽車》

《超級瑪利歐賽車》是在一九九二年發行於超級任天堂的賽車遊戲，瑪利歐宇宙的諸多角色駕駛卡丁車，看起來有點像我試著坐進我女兒的三輪車。開發團隊原本想在遊戲中使用「一級方程式賽車」那種車輛，但受限於主機性能而採用緊緻彎曲的賽道，只有卡丁車能穿行其中的那種。宮本茂，《超級瑪利歐兄弟》的設計總監暨遊戲大師，也有參與這個遊戲的製作，他後來表示：「我們製作這個遊戲的時候，想讓兩位玩家能透過分割畫面同時遊玩。」第一代《超級瑪利歐賽車》就是因為分割畫面的功能而刺激好玩。

在這個超任遊戲中，玩家有八名來自瑪利歐宇宙的角色可選，包括碧姬公主、瑪利歐、路易吉和大金剛二世。每個角色都有獨特的強項和弱點。舉例來說，大魔王庫巴韌性很強，極速也很快，但加速非常慢。相較之下，奇諾比奧加速快而且操作靈活，但是極速比較低。你選定角色後（我推薦路易吉），會跟另外七名賽車手在一系列的神奇賽道上競速。場地也許是一般的柏油賽道，或是一艘幽靈船，或是一座城堡，或是著名的「彩虹之路」，最後這條賽道擁有光鮮燦爛的路面，而且沒有護欄，所以你隨時可能飛進賽道外頭的深淵。

《超級瑪利歐賽車》上市的時候，我是十年級的學生，我和朋友們當時都認為這是史上最偉大的電玩遊戲。我們花了數百小時在這個遊戲上，它成了我們高中回憶的一部分，所以我現在如果聽到這個遊戲的配樂，就會回到那個宿舍房間，裡頭鋪了油氈地板，瀰漫汗味和開特力運動飲料的味道。我感覺自己就坐在那張由歷代學生傳承下來的超細纖維金色沙發上，試著在「蘑菇盃」賽事的彎道上甩掉我朋友奇普和夏恩。

玩這個遊戲的時候，我們討論的話題幾乎都跟這個遊戲無關，而是關於把妹失敗，哪個老師讓我們感到壓力，或是寄宿學校這種與世隔絕的社群中流傳的一大堆八卦緋聞。我們不需要討論瑪利歐賽車，但我們需要瑪利歐賽車這個藉口讓大夥聚在一起，三、四人擠在沙發上屁股貼屁股。最令我印象深刻的，是「被接納」的這種美好感受，對我來說也是前所未有的感受。

和我們這些人一樣，今日的瑪利歐賽車跟我唸高中時玩的版本相比也改變了很多。在最近發售的《瑪利歐賽車8》中，你可以上天下海，可以倒吊行進，你現在能選擇幾十個角色和車輛；但從本質來看，這個遊戲並沒有改變多少。一般來說，你想在當代的瑪利歐賽車中獲勝，方式也跟一九九二年差不多，就是盡可能走最短路線而且高速過彎。這個遊戲需要一定程度的技巧，例如你可以利用甩尾來快速過彎，而且超車需要一些策略。但撇開這些，瑪利歐賽車其實直截了當得近乎可笑。

當然，某個例外之處就是「問號箱」，這東西會讓瑪利歐賽車成為「傑出之作」還是「問題之作」，端看你認為遊戲應該是怎麼回事。你行駛於瑪利歐賽車中的賽道時會碰到問號箱，並拿到幾種道具之一。你可能拿到蘑菇，這能讓你加速一次。你可能拿到紅龜殼，這算是某種追熱導彈，能尋找並從後方追擊前方的賽車，造成對方打轉失控。你也可能拿到人人稱羨的閃電，這能暫時縮小你所有的對手，讓他們速度變慢，你自己則是維持原本的大小和速度。在最新版的瑪利歐賽車中，問號箱甚至可能讓你變成持續幾秒的「炮彈刺客」，不僅能高速過彎，還能摧毀擋路的每一輛賽車。

有一次，我和我兒子一起玩《瑪利歐賽車8》，因為我已經是玩了瑪利歐賽車二十六年的老手，所以我遙遙領先。但在最後一圈，他從問號箱裡拿到了炮彈刺客，不僅贏得了那場比賽，還在衝刺途中撞毀了我的卡丁車，害我只拿到第四名。

這種事在瑪利歐賽車中經常發生，因為問號箱會知道你是不是正在領先。你如果暫居第一，那你通常會拿到用處很小的香蕉皮或金幣，絕對拿不到威猛的炮彈。但你如果正在吊車尾，例如你是個八歲小孩，正在對戰一個頭髮花白的瑪利歐賽車老手，那你就更可能拿到閃電、炮彈刺客，或是短時間內無限使用的衝刺蘑菇。

在瑪利歐賽車中，雖然本領最強的玩家通常還是會獲勝，但是「運氣」扮演重要角色。與其說是「下棋」，瑪利歐賽車更像是「打撲克牌」。

取決於你的世界觀，你可能覺得問號箱讓這個遊戲變得公平，因為任何人都可能獲勝，但你也可能覺得它讓遊戲變得不公平，因為技高一籌的玩家未必一定能贏。

在這方面，至少在我的經驗裡，真實人生跟瑪利歐賽車完全相反。在真實人生中，你如果處於領先地位，就會獲得一大堆讓你能更加領先的優勢。例如，我寫的其中一本書賺了錢後，我的銀行打電話通知我，說再也不會跟我收取提款機手續費，就算我是用別家銀行的提款機領錢。為什麼？你如果銀行帳戶裡有錢，就能拿到很多好處，純粹因為你「銀行帳戶裡有錢」。真實人生還有一些更強大的優勢，像是「大學畢業後沒負債」優勢、「身為白人」優勢，或是「身為男性」優勢。這當然不表示擁有優勢的人就一定會成功，沒有優勢的人就一定不會成功，但我並不相信「這些結構性優勢並不重要」這種論點。我們的政治、社會和經濟制度都是有利於已經掌有權勢之人，而這項事實就是美國民主理想的最大失敗。我這輩子天天透過這種優勢拿到直接又深遠的好處。我這輩子每次撞到問號箱的時候，幾乎至少能拿到紅龜殼。因為這種事太常發生，所以我們這些既得利益者很容易把這種優勢視為「公平」。但我如果不接受「我的成功其實大多來自不公不義」這個現實，我就只會繼續拚命囤積財富和機會。

有些人也許認為，遊戲之所以應該獎勵「天賦」、「技能」和「努力」，就是因為真實人生未必如此。但對我而言，真正的公平是「人人都有贏的機會」，就算他們的手很小，就算他們不是從一九九二年就開始玩這個遊戲。

在遊戲和其他領域都充滿極端性的這個時代，瑪利歐賽車則是微妙得令人耳目一新。我給它四顆星。

博納維爾鹽灘

二〇一八年冬季，我和莎菈來到溫多弗市，這是一座位於猶他州和內華達州交界處的小鎮。在這裡的時候，我們算是臨時起意地造訪了博納維爾鹽灘（Bonneville Salt Flats），這是一片位於「大鹽湖」西岸、景色超自然的鹽地山谷。

在很大的程度上，莎菈是我最喜歡的人。女詩人珍・肯楊過世後，她的丈夫唐納德・霍爾寫道：「我們不是天天凝視彼此的眼眸。我們在做愛時，或我們倆其中一人遇到麻煩時，我們會這樣凝視彼此，但大多數的時候，我們的視線是在看著『第三物』時互觸交錯。第三物對婚姻來說是必要的，它可能是物品、實作、習慣、藝術、機構、遊戲，或人類，提供了共同喜悅或滿足的場地。一對情侶之中的每個成員都是分開的；這兩人是在雙重注意下合而為一。」霍爾接著說明，第三物可能是約翰・濟慈、波士頓交響樂團、《荷蘭室內景》，也可能是孩童。

對我和莎菈來說，我們的孩子就是共同喜悅的重要來源，但我們也有其他第三物，像是週日《紐約時報》上的字謎、我們一起讀的書、電視影集《冷戰諜夢》……等。

但我們最早的第三物是藝術。

我和莎菈在阿拉巴馬州的時候是上同一所高中，所以我們從小就認識，但一直很少談話，直到二〇〇三年，我們都住在芝加哥，莎菈當時在一家美術館工作，我們巧遇、通信幾次後，她邀請我參加在那家美術館舉行的露比・奇希提雕像展。

我在那之前從沒去過美術館，也說不出任何一位當代藝術家的名字，但是奇希提的雕像深深地吸引了我。莎菈那晚在工作中抽空跟我說話，談到奇希提的創作時，我第一次感覺到我在這世上最喜歡的感受之一：我和莎菈看著第三物，視線互觸交錯。

我們持續通信十幾次的幾個月後，決定成立一個只有我們兩個人的讀書俱樂部。莎菈選了我們讀的第一本書：菲利普・羅斯的《人性汙點》。我們見面、討論這本書的時候，發現各自都在同一個段落底下畫了線：「樂趣不是在於擁有某個人，而是跟某個競爭者同處一室。」

※　※　※

十五年後，我們為了拍攝《藝術任務》（莎菈為 PBS 數位工作室製作的系列節目）30 而來到溫多弗市，看到了藝術家威廉・拉姆森創作的裝置藝術，以及一些美國西部風格

30 《藝術任務》後來激發莎菈寫出《你是藝術家》這部傑作，這本書結合了當代藝術家的建議、美術史和創作方面的實用技巧。

的地景藝術，像是南希·霍爾特的《太陽隧道》，以及羅伯特·史密森的《螺旋堤》。晚上，我們下榻於靠近內華達州那一側的一家賭場酒店。在第二次世界大戰期間，在廣島投下原子彈的那群機組人員就是在溫多弗受訓，不過美國空軍早就離開了這裡，這年頭的訪客大多前往賭場，不然就是附近的鹽灘。

也不知道為什麼，我真的很喜歡賭場。我知道這種地方利用人性的脆弱面，引發成癮症，而且環境吵雜、煙霧迷漫、骯髒惡劣，但我就是沒辦法控制自己。我喜歡坐在賭桌前跟陌生人打牌。那天晚上，跟我打牌的對手是一位名叫瑪裘瑞的女士，來自德州的潘漢德爾市。她告訴我，她已經結婚六十一年了。我問她維持婚姻長久的訣竅是什麼，她說：「各有各的銀行帳戶。」

我問她來溫多弗市的原因是什麼，她說想來看看鹽灘，當然也為了來賭場。她和她丈夫一年只花一個週末的時間賭博。我問她手氣如何，她說：「你很愛問問題。」

我在賭博的時候確實很愛問問題。但換作其他場合，我非常討厭跟陌生人互動。我搭機時很少跟旁邊的乘客說話，搭計程車時很少跟司機說話，而且我平時在談話方面既尷尬又勉強。但我和瑪裘瑞一起坐在二十一點賭桌前的時候，我突然成了《新梅森探案》裡的偵探。

同桌還有八十七歲的安妮，來自奧勒岡州，不太喜歡說話，所以我跟莊家攀談，而陪我抬槓就是他的工作之一。他蓄著翹八字鬍，胸前的名牌寫著「詹姆斯」。我看不出他是二十一歲還是四十一歲。我問他是不是來自溫多弗。

「土生土長。」他答覆。

我問他對這座城鎮作何感想，他說這裡是個好地方，很多地方適合健行。你如果喜歡打獵、釣魚，這裡就更適合你。鹽灘當然也很酷，尤其如果你喜歡開快車，而他就是這種人。

他沉默片刻後說道：「但這裡不太適合孩子。」

「你有孩子嗎？」我問。

「沒有，」他說：「可是我曾經是個孩子。」

我會用某種方式來討論我不想討論的話題，也許大多數的人都是這樣，我們就是有辦法中斷談話，以免被問到我們不願答覆的話題。詹姆斯這句「曾經是個孩子」之後的沉默，讓我想起我自己也曾經是個孩子。當然，詹姆斯指的可能只是溫多弗缺乏兒童遊樂場，但我總覺得應該不是。我開始渾身冒汗。賭場的喧囂，像是吃角子老虎的叮噹聲，還有花旗骰桌的吶喊聲，突然讓我感到不知所措。我想起福克納說過的那句話：「『過去』並沒有死，它甚至還沒過去。」長大成人後的怪事之一，是你雖然是你目前的自己，但也是你曾是的每一個自己，你雖然脫離了那些自己的年齡，卻沒辦法徹底擺脫它們。

我結束了手上的牌局，給了莊家小費，謝謝同桌賭客陪我談話，然後把剩下的籌碼換成現金。

隔天早上，我開車載莎菈和她幾個同事一起去博納維爾鹽灘。直到一萬四千五百年前，今日的溫多弗原本深埋於邦納維爾湖的水面下，這座龐大的鹹水湖面積有一萬九千平方哩，堪比今日的密西根湖。這五億年間，邦納維爾湖消失並重組了大約二十次，如今的殘留物就是我們所知的大鹽湖，雖然面積不到邦納維爾湖原本的十分之一。這座湖最近一次的乾涸留下了這片三萬畝大的鹽灘，這裡空無一物，而且比薄餅還扁。

雪白地面如乾燥嘴唇般布滿裂痕，在我腳下吱嘎作響。我能聞到鹽味。我一直試著想像該如何描述這裡的模樣，但我的大腦只找得到很抽象的比喻。這裡給人的感覺，就像夜間獨自開車。這裡給人的感覺，就像你不敢說出口的每個恐懼。這裡給人的感覺，就像大浪襲來前的潮水退去。

赫爾曼・梅爾維爾說白色是「沒有顏色的所有色彩」，還說白色「襯托出無心的空洞，以及宇宙的浩瀚」。而且博納維爾鹽灘真的、真的很白。

當然，地球上的一切都跟地質有關，但你在這片鹽灘能感覺到地質。你並不會很難相信這片土地原本位於水下五百呎。你覺得墨綠鹹水隨時可能湧回此處，淹沒你和你的創傷，淹沒這座小鎮，連同艾諾拉蓋號轟炸機曾經在裡頭等著裝上原子彈的那座機棚。

我抬頭望向遠方山脈，想到大自然總是告訴我：人類不是這顆星球的故事主角。如果這個故事有主角，就是「生命」本身，它讓地球和星光不只是地球和星光。但在人類史這個時代，儘管人類面對諸多反證，卻還是傾向於相信這個世界是為了我們而存在。所以博納維爾鹽灘一定有人類用得到的用途，否則怎麼可能存在？這片乾鹹土壤寸草不生，我們卻還是找到了用途。這一百年來，這片土地用來開採碳酸鉀，肥料的成分之一，而且有一塊很長的鹽地因為用來進行直線競速而聲名大噪。一九六五年，由克雷格・布雷德洛夫駕駛的渦輪噴射車，在這裡以超過時速六百哩的速度奔馳，創下了陸上速度紀錄。

每年的賽車季還是會吸引數千名遊客來這片鹽灘，但大多數的時候，這片大地只是背景，出現在《ID4 星際終結者》和《星際大戰：最後的絕地武士》之類的電影中，或用於時裝攝影和 Instagram 相片。我在這片鹽灘的時候，和另外幾個人一樣試著調整自拍角度，讓自己看起來就像獨自置身於這片虛空之地。

但我離開步道，進入鹽灘，行走一陣子後，開始真的感覺非常孤單。在某一刻，我彷彿看見遠方有閃亮水灘，但走近時，發現那其實是海市蜃樓。我真的看見了海市蜃樓，我原以為世上其實沒有海市蜃樓。我繼續行走時，想到那位二十一點莊家，還有「身為孩童，知道自己的命運任由成年人決定」是多麼深入骨髓的恐怖感受。

聽見莎菈呼喚我，我轉身。她離我很遠，所以我一開始聽不清楚她說什麼，但她揮手要我過去，所以我往回走，直到我能聽見：我擋住了他們想用空拍機為節目拍攝的畫面，她問我能不能走去她所在的位置。我照做。我站在她身邊，看著空拍機飛越鹽灘。我跟她四目交會，覺得平靜許多。我想著以前的每個我，他們如何為了類似現在這一刻的時光而彼此爭奪求生。在我和莎菈的一同注視下，這片鹽灘似乎有所改變，不再像剛剛那樣冷漠無情。

我給博納維爾鹽灘三點五顆星。

土井宏之的圓圈繪畫

我有個怪異成就：我曾經把自己的名字簽了超過五十萬次。我是在二〇一一年開始認真地投入這項努力，我當時做了一個決定：在我寫的第四個小說作品《生命中的美好缺憾》的每一本第一版書上親筆簽名。為了做到這點，我在無數張紙上簽名，這些紙之後會在印製過程中成為書本的一部分。我花了幾個月的時間在十五萬張紙上簽字，有時候會同時聆聽播客節目或有聲書，但通常只是獨自坐在家中地下室裡寫名字。我其實並不覺得這個過程枯燥乏味，因為我每次都試著讓腦海中的完美簽名在紙上成真，可惜成果總是差強人意。31

注意「重複行為」當中的微妙差異，這以一種我很難描述的方式促使我全神貫注。我的大腦裡有一種很特殊的癢處，只有「重複行為」搔得到。我知道這可能跟我的強迫症有關，不過話說回來，很多人都喜歡在紙上塗鴉，而我的簽名其實就是塗鴉。塗鴉有益大

31　久久一次，大概每兩萬到三萬次左右吧，我會寫下確實令我滿意的簽名，然後我會拿上樓給莎菈看，指出線條如何在正確位置收勁，而且我如何把「約翰」（John）這個名字裡的「o」寫得就像一個幾乎不存在的小圓圈。莎菈會禮貌地點頭，仔細觀察這道近乎完美的簽名，過了一會兒以不帶惡意的態度表示：「看起來跟其他的一模一樣。」

腦，所達成的舒壓效果跟來回踱步和抖腳類似，還能提高專注力。二〇〇九年，一篇發表於《應用認知心理學》的研究指出，獲准塗鴉的受試者記住的資訊多過不准塗鴉的受試者，這可能是因為塗鴉需要少許腦力，而這避免了大腦胡思亂想。

我不是說我喜歡重複的工作，但我確實從中獲益。有時候，當我覺得精疲力盡，不知道該如何面對自己，不知道自己的工作是否重要，不知道自己能否給任何人帶來幫助，我會請出版商寄來一、兩萬張紙，然後在上頭簽字，就為了能在一份可測量的明確工作上忙碌一星期。我甚至不知道這些紙會不會成為書本的一部分。我希望會，也希望這些簽名會讓讀者開心，但說真的，我簽名是為了自己，因為這讓我……不算是感到開心，但確實能全然投入。我認為我平時真正想要的感受，就是全然投入。「全然投入」（engrossed）是無比美妙的體驗，但這個字乍看之下卻像「進入噁心狀態」（en-grossed）。

※ ※ ※

二〇〇六年，在美國民間藝術博物館一場關於「畫圖強迫症」的畫展上，我第一次看到土井宏之的墨水畫。土井的畫作是史詩規模的圓圈聚集物，成千上萬個小圈緊密排列，形成極其精巧的龐大抽象畫。有人說它們看起來像團團細胞，有人說像宇宙星雲。

最令我印象深刻的，是二〇〇三年一幅未命名作品，上頭的圓圈看起來像撇向一邊的人類眼睛，這幅畫有五十六吋高，二十七吋寬。有些圓圈像血管分叉一樣分道揚鑣，但有些似乎繞著某種重心旋轉。我越是凝視這些圓圈，就越覺得這幅畫變得立體，我彷彿能走進其中，好像圓圈不只是在我面前，而是位於四面八方。

土井不是從小就立志成為藝術家，而原本其實是個成功的廚師；在一九八〇年，他的弟弟死於腦腫瘤，大受打擊的土井開始畫圓圈，而且發現自己無法停筆，因為這些圓圈幫助他「在哀傷和悲痛中找到慰藉」。

土井的畫作令我著迷的原因之一，是畫上充滿強烈執念。他的畫看起來就像被賦予輪廓、不斷重複的圓形想法。你會在土井的畫作中迷失自己，而這也許就是重點。但這些畫也傳達了「想在失去親人的強烈痛苦中找到慰藉」這種欲望。土井在受訪時常常用到「慰藉」（relief）這個字。而我每次被悲痛擊倒時，也是迫切尋求慰藉。「失去所愛」這種痛苦讓人感覺就像被團團包圍，而且是每一天的每一刻。我們常說「悲痛」有幾個階段，像是否認、討價還價和接受，但至少對我來說，悲痛就像一連串緊密排列的圓圈，像墨水在陽光多年曝曬下慢慢褪色。

我為什麼把自己的名字簽了五十萬次？土井宏之為什麼這四十年天天都在畫小圈圈？土井曾說「我在畫圖的時候感到平靜」；我雖然不是畫家，但能明白他的意思。「千篇一律」的另一面暗藏著一種「心流狀態」（flow state），因存在而存在，這種「現在式」感覺真的就像「當下」。

人類想「創作」的衝動也是原因之一，例如洞穴壁畫，以及在筆記簿的邊緣塗鴉。土井曾說：「我必須繼續工作，否則沒有任何東西能成形。」但我有時候覺得，紙在還是木材的時候，好過成為我們手上的紙。而有些時候，我很喜愛我們留下的痕跡，它們就像禮物和簽名，就像荒野中的步道標記。

我知道我們在每個地方都留下了疤痕，我們的執念——製造、擁有、做、說、前往、取得——這是英文七大常用動詞中的六個，最終可能使得我們失去「存在」的能力，也就是英文中最常用的動詞。我們雖然知道自己留下的痕跡都只是暫時的，歲月不僅會奪走我們的生命，也會奪走我們製作出來的一切，但我們不能停止塗鴉，不能停止努力尋求慰藉。我很慶幸土井一直在工作，一直讓許多東西成形。在強烈渴望所形成的擁擠圓圈中，我很慶幸自己並不孤單。

我給土井宏之的圓圈繪畫四顆星。

呢喃

我有個朋友名叫艾力克斯，他超級親切又淡定，在碰到變化時能立刻適應。但艾力克斯在忙碌時偶爾會明顯焦慮，會說些「我們得動作快」之類的話。艾力克斯的太太琳達說這是「趕飛機的艾力克斯」。

令我懊惱的是，我時時刻刻都是趕飛機的艾力克斯。我總是在擔心我的孩子們會上學遲到，餐廳可能會取消我們的預約，我的精神科醫師會因為我晚到而不再治療我……之類之類。我認為「守時」是一種美德，但我這種守時觀念跟美德實在沾不上邊，而是源自恐懼，因為重複不斷的大聲說話而越演越烈。

有天早上，莎菈出差去了，所以我跟三歲女兒一起坐在桌前吃早餐，我女兒從來不是趕飛機的艾力克斯。對小孩子來說，時間並不是用時鐘來追蹤，所以我總是覺得自己需要擔任「行程維護者」兼「守時部門大臣」。

現在是八點三十七分。而我女兒應該在九點整之前抵達托兒所。我們已經送了亨利去學校，現在回家吃早餐，準備去托兒所，但是早餐進行得無比漫長。我女兒每嚼一口吐司就會停頓下來，看著她今早從樓上拿下來的圖畫書。我一直催她快吃，我對她說「這是妳的八分鐘前警告」，好像八分鐘有什麼特殊意義。

我試著準備好出門需要的所有東西，像是鞋子、外套，以及只裝了她的午餐的背包。車鑰匙準備好了嗎？有。皮夾？有。手機？有。現在只剩六分鐘，擔憂的情緒就像水位上漲的拍岸激流。我女兒對這種時間急迫性做出的反應，是小心翼翼地啃食吐司角落，宛如害怕食物中毒的老鼠。我不知道我還能怎樣讓這塊吐司更加美味，我已經切掉了硬邊，抹了奶油，還撒了肉桂砂糖。看在上帝的份上，快把吐司吃完。現在只剩四分鐘。沒辦法了沒時間了妳得趕緊穿鞋。就在我焦躁不堪的時候，艾利絲對我說：「爹地，我能不能告訴你一個祕密？」

我俯身靠向她，她把雙手搭在嘴巴兩邊，然後對我呢喃，就算家裡只有我們倆。我當然不能讓你知道她說了什麼，畢竟那是祕密，但其實不是什麼重要事情。然而，我之所以當場愣住，是因為她竟然對我呢喃。我不知道原來她會呢喃，我甚至不知道她懂「祕密」這種觀念。她說的內容其實不是重點，而是提醒了我：別著急，而且我不需要當個趕飛機的艾力克斯。忙碌其實等於大聲，而我女兒需要的是安靜的空間，好讓她的小嗓門能被聽見。

人在呢喃的時候，聲帶不會震動，但空氣穿過喉頭所引發的氣流還是能產生少許聲音，至少在近距離聽得見，也因此，呢喃是徹頭徹尾的親密舉動。說話聲都來自呼吸，但某人對你呢喃的時候，你聽見的是呼吸聲。我們有時候會因為喉嚨發炎或其他症狀而呢喃，但這麼做一般來說是為了避免被第三人聽見。沒錯，我們透過呢喃吐露祕密，但也藉此說出謠言、惡意和恐懼。

我們這個物種大概從開始說話的時候就會呢喃；事實上，不是只有人類這種動物會呢喃。有些地鼠會這麼做，還有某些種類的猴子，包括瀕臨絕種的棉頂狨猴（cotton-top tamarin）。

但我最近很少呢喃。二〇二〇年三月初，我和我弟在俄亥俄州哥倫布市舉行了一場現場播客。就在我要上臺前，我們的同事莫妮卡・加斯帕對我呢喃幾字，好像要提醒我該拿哪一支麥克風。總之，我記住那一刻，是因為下一次要聽見家人以外的人對我呢喃，恐怕要等……好幾年？我很想念呢喃聲。我早在疫情爆發前就有嚴重潔癖，我知道如果某人的鼻息拂過我的皮膚，我就一定沾到了對方的呼吸道飛沫。話雖如此，我還是想念呢喃聲。

這些日子，我的孩子們如果對我呢喃，通常是為了表達讓他們感到羞愧或害怕的擔憂。就算是透過呢喃說出恐懼，這麼做也需要勇氣，我也很感激他們如此信賴我，就算我不太知道該如何答覆。我想對他們說「你們完全沒理由擔心」，但他們確實有理由擔心。我想對他們說「沒什麼好怕的」，但他們有大把理由害怕。我小時候以為「身為家長」就是一定要知道用什麼方式說什麼話，但如今的我根本不知道該用什麼方式說什麼話。我唯一能做的就是閉上嘴巴，靜靜聆聽，否則就會錯過一切美好的話語。

我給呢喃四顆星。

病毒性腦膜炎

我很難理解病毒究竟有多小。單獨一顆病毒真的很小：一顆紅血球大約比一顆SARS-CoV-2病毒大一千倍。但病毒成群結隊的時候，其數量大得令人難以想像。一滴海水裡大約有一千萬顆病毒。地球上的病毒總數量，是地球上所有沙粒總數的數兆倍。菲利普・戴特默在所著的《免疫》一書中指出，地球上的病毒多得「如果並排陳列，長度可高達一億光年，大約等於五百個地球銀河系並排」。32

病毒本身只是單鏈RNA（核糖核酸）或DNA（去氧核糖核酸），無法自我複製，直到／除非能駭進細胞。所以病毒不算是活物，卻也不算是死物。病毒侵入細胞後，就會做出生命會做的舉動：利用能量來自我複製。病毒提醒了我，生命比較像是「連續體」（continuum）而非「二元體」（duality）。沒錯，病毒不算是生物，因為它們需要宿主細胞才能自我複製。但話說回來，許多種類的細菌也必須靠宿主才能生存，而且更奇怪

32　噬菌體（Bacteriophages）是寄生於細菌的病毒，是地球上數量最大也最成功的寄生體之一。尼古拉・特威利表示：「病毒和細菌之間的戰爭非常殘酷：科學家估計，噬菌體每秒鐘能造成一兆兆件感染，每四十八小時就能消滅世上一半的細菌。」

的是，許多宿主也必須靠細菌才能生存。例如，牛隻如果體內缺乏能幫忙消化食物的腸道菌群，就會死亡。所有生物都是依賴其他生物，我們越是認真思索何謂「活著」，就會越難定義「生命」。

※　※　※

二〇一四年，一種稱作「腸病毒」的RNA病毒株侵入了我的腦膜——包裹大腦和脊髓的保護薄膜。這種病毒利用我的細胞來自我複製，所產生的新病毒侵入了更多細胞。我很快就陷入重病狀態。病毒性腦膜炎的症狀雖然因人而異，但通常包括頸部僵硬、發燒、暈眩，而且讓你深信「病毒絕對有生命」。

還有頭痛。

維吉尼亞・吳爾芙在所著的《論生病》中寫道：「說來也怪，在最受歡迎的文學題材中，生病竟然比不上愛情、戰爭和妒火。竟然沒有以流感為主題的小說，沒有以傷寒為主題的史詩，沒有以牙痛為主題的歌詞，真的沒有。」她還表示：「若以疾病為主題寫下文學，會遇到的困難之一就是語言方面的貧乏。英文這個語言能表達哈姆雷特的想法和李爾王的悲劇，卻缺乏文字來描述畏寒和頭痛。」

吳爾芙深受偏頭痛所苦，所以對這種語言貧乏有第一手經驗，但每個承受過病痛的人都知道痛楚能讓我們感到多麼孤單，因為只有你在承受痛苦，也因為你沒辦法表達這種痛苦，而這令你氣惱又害怕。正如伊萊恩・斯凱瑞在所著的《受苦之身》中所說的，生理痛苦不只是讓我們無法用語言來形容，而是直接摧毀了語言。畢竟我們真的難受時根本沒辦法說話，而是只能呻吟哭泣。

「痛苦造成的效果，」斯凱瑞寫道：「一方面是其『不可分享性』，而且它透過『對語言的抗性』來確保這種『不可分享性』。」我可以告訴你「得了腦膜炎會頭痛」，但這幾個字沒辦法傳達那種頭痛如何時時刻刻地輾壓意識。我只能告訴你，我得了病毒性腦膜炎的時候，出現的頭痛壓過了其他所有疼痛。最可怕的不是頭痛，而是腦袋裡的痛楚害我整個人動彈不得。

但我認為，這種痛楚的本質和強度根本沒辦法用語言形容。就像斯凱瑞說的：「置身於強烈痛苦，就是得到了某種確定性。但你如果只是聽聞某人置身於痛苦，那你心裡只有懷疑。」聽人描述一種我們沒切身感受過的痛楚，這會把我們帶到同理心的極限而完全無法理解。我只能清楚明白我感受到的痛楚，正如你只能清楚明白你自己感受到的痛楚。我們試過各式各樣的方式來繞過這種「意識規則」，例如我們請病患在疼痛量表上用一到十的數字來描述痛楚，或請他們指出哪個表情圖畫最符合他們的痛楚。我們請他們描述痛楚是劇痛、悶痛、灼痛還是刺痛，但這些詞彙都只是比喻，而不是痛楚本身。我們採用效果不佳的比喻，例如某種疼痛就像鑿岩機敲打腦袋深處，或是像滾燙的針刺進眼睛。我們能滔滔不絕地說某種痛楚「像」什麼，卻永遠沒辦法清楚表達它「是」什麼。

※　※　※

不同於細菌引發的腦膜炎，病毒性腦膜炎鮮少致命，而且通常在七到十天內就會自行痊癒。這種生病天數聽起來好像還算合理，直到你親身體驗。生病日子的流動方式可不像健康日子那樣，而是像水流過彎成勺狀的雙手。生病日子過得特別慢。我每次犯頭痛的時候，總覺得這種痛楚永遠不會消失。每一刻的痛楚都很可怕，但令我絕望的是我知道疼痛在下一秒和下下一秒會繼續存在。疼痛是如此鋪天蓋地，你開始相信它永遠不會結束也不可能結束。心理學家把這稱作「災難化」，但這種詞彙等於拒絕承認疼痛就是災難，而疼痛其實是最大的災難。

對包括我在內的很多人而言，病毒性腦膜炎的初期結束後，之後幾個月偶爾會犯頭疼，就像地震後的餘震。大約一年的時間，我的頭痛次數越來越少，現在幾乎徹底平息。我幾乎不記得頭痛是什麼感覺。我記得頭痛很糟糕，記得它們限制了我的生活，但我沒辦法透過任何第二手或第一手方式重溫那種痛楚。我雖然親身經歷過那種痛楚，如今卻無法完全理解我當時的感受，因為現在的我是不一樣的我，有著不一樣的病痛和不適。我很慶幸我的頭不痛了，但這種慶幸不同於「頭痛到一半突然不痛了」的那種慶幸。也許我們忘掉以前那些疼痛，是為了能繼續過日子。

※　※　※

我得了腦膜炎的時間點，是剛從一趟造訪衣索比亞和佛羅里達奧蘭多之旅後回到印第安納波利斯。幫我治療的神經學家說我應該是在奧蘭多感染了病毒，原因是——他是這麼說的：「你也知道的，佛羅里達就是那樣。」

我住院了一星期，雖然他們能為我做的也只有幫我補充水分和減輕疼痛。我很多時候都在睡覺，醒來後置身於痛苦。我必須強調，我當時是置身於痛苦，被疼痛包圍。

當然，除了「病毒性腦膜炎通常不會要命」這個事實之外，這種疾病不值得推薦。就像蘇珊・桑塔格曾寫道：「給一場疾病賦予意義，這麼做其實是最大的懲罰。」當時在我的脊髓液裡擴散的病毒並沒有意義，它自我複製不是為了教導我什麼，我就算在那場無法分享的痛楚中得到了什麼領悟，也能透過比較不痛的方式從其他地方獲得。那場腦膜炎，連同造成腦膜炎的病毒，並不是什麼隱喻或敘事手法，而就只是一場疾病。

但我們天生就是想找到脈絡，想在繁星之間看出星座。一個故事一定要有某種道理，一場苦難一定要有某種理由。我生病的時候，人們會對我說「至少你能暫時放下繁忙工作」，說得好像我很想休息。他們也可能說「至少你會完全康復」，說得好像病痛以後還會再讓我體驗這種時光。我知道他們這麼說是試著對我（也對他們自己）說出一個劇情緊湊、主題一致的故事，但你清楚知道這種故事是虛構的，所以你沒辦法從中獲得多少慰藉。

我們如果對忍受長年病痛或得了絕症的人說出這種故事，常常等於把他們的體驗說得輕描淡寫，結果等於對他們感受到的強烈痛苦表達懷疑，而這只是讓經歷痛苦的人跟外界的距離變得更遠。在我看來，「人格性」（personhood）的挑戰和責任，在於看見其他人心裡的人格性——聆聽他人的痛苦，認真看待，就算你自己感受不到那種疼痛。我認為，就是因為這種「聆聽的能力」，人類的生命才遠遠不同於腸病毒所擁有的偽生命。

我給病毒性腦膜炎一顆星。

瘟疫

不久前，疫情正在傳遍全球的期間，我打電話去我平時光顧的藥局，想補充我的「莫憂平」（Mirtazapine）處方藥。莫憂平是一種四環化合物抗抑鬱藥，也能治療強迫症。對我來說，這種藥就是救生圈。總之，我打去那間藥局，得知它沒在營業。

然後我打去另一間藥局，一位極富同情心的女士接聽了電話。我說明了原委，她叫我別擔心，但他們確實需要先致電我那位醫師的辦公室，才能幫我補藥。她問我什麼時候需要藥，我回答：「如果這是個完美世界，我會希望今天下午就能拿到。」

線路另一端沉默片刻，然後我聽見她強忍笑意地說：「這個嘛，親愛的，這個世界並不完美。」然後她叫我稍等一下、她要跟藥劑師談話，不過她並沒有按下「保留鍵」，而是只把話筒放下，然後我聽見她對同事說：「你一定不相信，但他竟然說如果這個世界很完美，他今天下午就能拿到東西。」

到頭來，我在隔天下午順利拿到藥。我去領藥的時候，櫃臺後面的女子指著我說：「完美世界哥來了。」的確。我就是這種人，所謂的完美世界哥。我現在要跟你說個關於瘟疫的故事——我覺得我在這種時候只說得出這種故事。

※ ※ ※

整個二〇二〇年，我幾乎只讀關於大流行病的書。我們常常聽見「我們活在前所未見的時代」這種話，但令我擔心的是，這些時代確實讓人覺得「前所未見」。對人類而言，置身於「新大陸」通常是好消息，因為「舊大陸」充滿疾病、不公不義，以及暴力。

例如，你如果閱讀關於十九世紀霍亂的書籍，就會找到許多前例。在那場疾病造成的恐懼中，流言滿天飛舞：利物浦爆發了霍亂暴動，因為有謠言說醫生為了獲得解剖用的屍體而殺害了住院的病人。

二〇二〇年也一樣，很多人同樣抗拒公共衛生措施。十九世紀有一位美國觀察家認為：「隔離措施造成了不必要的限制，阻礙了國家的商業和工業。」

和二〇二〇年一樣，當年的有錢人也大批逃離城市：富裕階層在一八三二年霍亂期間逃離紐約時，有一篇新聞報導寫道：「通往四面八方的路上到處都是坐滿人的馬車……人們在驚慌下逃出城市。」

也和二〇二〇年一樣，疾病的起因被怪在外國人和邊緣族群頭上。某個英國人寫道：「霍亂兩次降臨在我們頭上，都是因為來自桑德蘭的那些愛爾蘭流浪漢。」也和二〇二〇年一樣，當年的窮人更有可能性命不保。在十九世紀的德國漢堡，窮人死於霍亂的機率比富人高十九倍。這種統計數字只有持續惡化：在二十一世紀，窮人死於霍亂的機率比富人高數千倍。霍亂每年至少奪走九萬人的生命，就算世上已經有安全有效的疫苗，而且只要補充水分就幾乎不會致命。霍亂持續蔓延奪命，並不是因為我們還跟兩百年前一樣缺乏瞭解與治療它的相關工具，而是因為人類社群每天都決定「不把窮人的健康視為優先事項」。與結核病[33]、瘧疾以及其他傳染病相同，霍亂在二十一世紀之所以尚未消失，純粹是因為富裕世界並不覺得自己遭到這個疾病威脅。正如蒂娜・羅森堡所寫道：「窮國在瘧疾方面遇到的最大問題，大概就是富國已經沒有瘧疾。」

我們的社會秩序對人類一視同仁的時候，疾病才會對人類一視同仁。這方面也有前例。由「鼠疫桿菌」這種細菌引發的瘟疫在十四世紀席捲英國後，某個編年史家寫道：「幾乎沒有任何一位貴族或大人物死於這場瘟疫。」

※　※　※

從一三四七年到一三五一年，全歐洲大約有一半人口在那場瘟疫中喪命。當年稱作

33　在二〇二〇年，結核病是第二致命的傳染病，只輸給Covid-19。二〇二〇年有超過一百三十萬人死於結核病。結核病和Covid之間的差異，是二〇一九年、二〇一八年、二〇一七年……最近這幾百年的每一年都有一百多萬人死於結核病。和霍亂一樣，結核病只要有強韌的醫療系統支援就幾乎一定能醫好。

「大瘟疫」或「大死亡」的那場疾病，如今被稱作「黑死病」，而且這波瘟疫洪流也重創了亞洲、北非和中東。正如埃及歷史學家馬克里齊所觀察：「這場瘟疫對所有地區都一視同仁。」

在一三四〇年，馬克里齊的家鄉開羅是世上在中國境外最大的城市，人口大約六十萬。但從一三四八年的夏初算起的八個月，開羅至少有三分之一的居民死亡。著名的環遊世界旅人伊本・巴圖塔曾寫道，在大馬士革疫情最嚴重的時候，城裡每天死大約兩千四百人。

對許多人來說，那時候的氣氛彷彿人類末日到來。歷史學家伊本・赫勒敦寫道，當時的感覺就像「世上的存在之聲呼喚末日降臨」。基督教社群認為，這場重創是甚至比舊約聖經中的「大洪水」更慘烈的末日事件。義大利帕多瓦的編年史家們寫道：「至少在諾亞的時代，上帝其實沒有把生物殺得一個不剩，所以人類種族得以復甦。」

我們更難想像當時的死亡規模有多大。巴黎、倫敦、漢堡……許多城市的居民因瘟疫而死傷慘重，社會制度為之崩潰。在克羅埃西亞的杜布羅夫尼克市中，因為死亡人數實在太高，政府因此命令每一個公民都必須寫下遺囑。佛羅倫斯當時的人口超過十萬人，而最近一項估計指出，該城的人口在疫情期間的四個月中死了百分之八十。愛爾蘭一位名叫約翰・克林的方濟會修士曾說：「人生就像在死亡當中等候死亡到來。」

克林在所著的瘟疫日誌裡的尾聲中寫道：「為了避免文章跟著作者一同死去，為了避免工作成果因工人死亡而中斷，我留下了額外的羊皮紙，因為也許有人能活下來，延續我這份工作。」這個段落底下是字跡不同的簡短結尾：「看來作者寫到這裡的時候死了。」

佛羅倫斯的喬萬尼・維拉尼如此描述瘟疫：「許多土地和城市一蹶不振。這場瘟疫一直持續到……」他在後面留下空白，因為他在瘟疫結束前就染疫身亡。

閱讀關於黑死病的歷史，等於窺見我們這個物種也許能撲滅這種疾病；出於渴望、絕望、驚慌，也出於根深柢固的希望，這種希望會促使你留下未完成的句子，在日誌裡多留幾張羊皮紙，因為說不定有人能活下去。正如威廉・福克納所寫道：「我們很容易說人類能永垂不朽，就因為人類能克服萬難：當厄運的最後一道鐘聲響起，飄過懸於最後一抹紅色暮光中的無用岩石，但就算到了這種時候，另一個聲響也會出現：人類用之不竭的微弱嗓音還在發聲。」福克納接著強調「人類不只能克服萬難，還能繁榮興盛」；考慮到當前的疫情，我覺得這種說法好像野心太大了點。就我個人而言，我們如果能克服這一關，我就很高興了。

※　※　※

歷史學家羅斯瑪麗・霍羅克斯曾寫道：「黑死病所帶來的重大災難，促使編年史家躲進陳腐之詞……同樣的評論出現在一篇篇編年史當中。」的確，在瘟疫期間的世界各地，故事的類型變得千篇一律。例如，有些編年史描述佛羅倫斯大街小巷躺滿屍體，法國墓地被屍體淹沒，埃及的尼羅河被屍體堵塞。編年史家們也聚焦於這一切是如何突然發生：某一天，有個修女生病，然後在一星期內，她整個社群的人全都死了。喪葬儀式也必須改變，社群不再因為有人死而敲鐘，因為如此一來鐘聲就會從早敲到晚。某個作者如此描述：「病人討厭聽見鐘聲，鐘聲也會讓健康者感到洩氣。」

但對我來說，這類文字紀錄中最令人難過的重複片段，是描述病人被拋棄而孤獨死去，因為人們擔心他們會把疾病傳染給別人，這種事在歐洲尤其常見。詩人喬依・戴維德曼在一九六〇年逝世後，她的丈夫C・S・路易斯寫道：「沒人告訴過我，原來悲痛的感覺這麼像恐懼。」大流行病期間的哀悼必定伴隨恐懼。有位作家寫道：「因為擔心被傳染，所以醫生不願意探望病人，父親不願意探望兒子，母親不願意探望女兒，哥哥不願意探望弟弟……也因此，有太多人死時得不到任何情感、孝行或慈悲。」拜占庭首府君士坦丁堡的德米特里奧斯・凱多內斯曾寫道：「父親不敢埋葬自己的兒子。」

出於對死亡的恐懼以及對求生的希望，許多人任憑病患獨自嚥氣，因為如果不這麼做，就可能危及自己的生命，也可能危及其他倖存親友的生命。黑死病跟我們目前這場大流行病的差異龐大得無法估算，前者的致死率高好幾倍，而且人們對它幾乎一無所知。但是傳染病持續在我們最脆弱的時刻迫使我們分開；有太多人，無論生病還是健康，被迫隔離。太多人是在跟親友分開的狀況下透過視訊或電話道別，之後撒手人寰。

一位醫師在《新英格蘭醫學雜誌》中寫道，有個妻子是在FaceTime視訊上看著丈夫斷氣。

我認為，這也許就是為什麼我沒辦法放下關於大流行病的書籍，這種隔離令我心神不寧。我十六歲那年，有個朋友死了，他在嚥氣時是獨自一人，而這讓我很難接受，我一直想著他孤獨又無助的最後幾分鐘。我至今常常因為這件事而做惡夢，我會在夢中看見他，看見他眼裡的恐懼，但我來不及在他死前趕到他身邊。

我知道就算有人陪伴，也無法減輕當事人在臨終時的痛苦，有時甚至可能加重痛苦，但我的思緒就像禿鷹一樣持續盤旋，我想著歷史上的無數前例，想著「沒辦法握著親友的手，對他們說再見」這種悲劇。

※　※　※

我在兒童醫院工作的時候，我自己也只是個孩子，當時瘦如竹竿，身上的粉藍色牧師袍讓我看起來就像小男孩穿著爸爸的西裝外套。我擔任牧師的那幾個月就像一條軸心，我的人生圍著這條軸心旋轉。我熱愛那份工作，但也覺得它無比艱難；我目睹了太多苦難，我卻完全沒辦法幫人們減輕痛苦。

但如今回想起來，我會試著別批評那個二十二歲青年是多麼不稱職的牧師，而且我意識到我有時候確實有幫忙，就算我只是握著一個孤單之人的手。因為那份工作，我永遠感激那些工作人員盡力確保臨終者盡可能獲得陪伴，走完我們唯一能確定的最後一段旅程。

黑死病期間，有很多這種人留下，像是修士、修女、醫師和護士，他們和病人一起禱告，提供安撫，就算他們知道這麼做對自己多麼危險。十九世紀的霍亂大流行期間也一樣：查爾斯・羅森堡在所著的《霍亂之年》一書中指出：「一八三二年，在紐約的格林威治醫院，十六名護士當中有十四人因為照顧病患而感染霍亂身亡。」當時跟現在一樣，人們雖然頌讚醫護人員是英雄，卻期待他們在不充足的支援下工作，像是缺乏乾淨的袍衣和手套。

曾陪伴病患的這些人，他們的名字已經失落於歷史洪流，但其中一人是肖利亞克醫師，他在瘟疫肆虐時待在法國亞維農市，繼續治療患者，就算他後來寫說自己當時「時刻處於恐懼」。沒錯，我們目前的驚恐是有前例的，但我們的「關懷」這個能力也有前例。

※　※　※

十八世紀歷史學家巴特霍爾德・格奧爾格・尼布爾曾寫道：「在瘟疫時期，人性中的獸性和魔性總是占上風。」黑死病橫行於歐洲期間，很多人把這場瘟疫怪在猶太人頭上。當時出現了許多瘋狂的陰謀論，認定是猶太人在井裡或河裡下了毒，而一些猶太人在屈打成招下認罪，結果數以千計的猶太人慘遭殺害。許多社群的猶太人被活活燒死，而對這些謀殺行為的不帶情緒、就事論事的描述令人頭皮發麻。亨利・杜克斯寫道：「第一批猶太人是在十一月在索爾登被殺死或燒死。第二批是在祖芬根被捕，有些被處以『死亡輪』酷刑。第三批則是司徒加特那些，全都處以火刑。十一月在蘭斯伯格也發生了同樣的事……」

這類描述持續了好幾個段落。

許多人（包括肖利亞克）明白瘟疫根本不可能是猶太人在井裡下毒而造成，但是「事實」沒能減緩陰謀論的傳播速度，歐洲歷史悠久的反猶太主義促使人們相信這種「在井裡下毒」的荒謬說詞。教宗克萊孟六世指出：「猶太人不可能是瘟疫的直接或間接起因，因為同一場瘟疫蔓延至世上許多地區，也同樣影響了猶太人，以及未曾跟猶太人一同生活的其他種族。」儘管如此，許多社群依然對猶太人進行折磨和謀殺，關於某種「祕密國際陰謀」的反猶太主義思想持續擴散。

這是一個關於人類的故事。人類在大難臨頭時不但責怪邊緣族群，還殺了他們。

但如果說「瘟疫時期只會引導出人性中的獸性和魔性」，這種說法也過於簡化。在我看來，我們是在前進的同時編造所謂的「人性」。詩人瑪格麗特・愛特伍曾寫道：「歷史上只有很少的東西乃避無可避。」如果我們接受「對邊緣族群的妖魔化乃避無可避」，就等於放棄人類的集體努力。司徒加特、蘭斯伯格和其他地方的猶太居民的遭遇，並不是避無可避，而是出於選擇。

※　※　※

在黑死病造成的恐怖中，伊本・巴圖塔留下一個故事，描述大馬士革的人們如何團結起來。他說：「人們連續禁食了三日，然後聚集於大清真寺，直到這裡人滿為患，然後他們整晚祈禱。隔天早上的黎明禱告結束後，他們一同走出寺外，手持《古蘭經》，貴族們是赤腳而行。整座城鎮的人都加入這場遊行，男女老幼都有；猶太人帶著猶太律法之書，基督徒帶著福音之書，全都攜家帶眷。隊伍每個人都痛哭流涕，想透過上帝的諸多聖書和先知來祈求神恩，這支隊伍來到『足印清真寺』，在這裡祈禱祈願，直到接近中午。然後他們回到城中，舉行了週五的禮拜，上帝也減輕了他們的痛苦。」

※ ※ ※

在伊本・巴圖塔這個故事裡，就連掌權者們也打赤腳，這象徵著平等，而且人們聚在一起祈禱，無論來自什麼宗教背景。當然，我們無法確認這場大規模集會究竟有沒有減緩大馬士的瘟疫擴散，但能在這個故事中看到，災難未必一定會引發出我們心中的殘酷面。災難也可能鼓勵我們分享自己的痛苦、希望和祈禱，而且把彼此都當人看。我們以這種方式做出反應時，也許痛苦就會減輕。在悲慘時期責怪他人、將他們妖魔化，雖然這是人性，但是並肩而行，領導者和追隨者都打赤腳，這也是人性。

大馬士革的居民為我們樹立了榜樣：如何在我們現在這個有前例的時期活下去。就像詩人羅伯特・佛洛斯特說過的：「唯一的出路就是繼續前進。」而唯一一條良好的前進之路，就是並肩而行。就算我們因局勢而分開——應該說，尤其在這種時候——團結才是出路。

有些人試圖把人類苦難說得光明燦爛，我對這類嘗試抱持高度懷疑，尤其是那些分配得不公平的苦難，幾乎所有傳染病都是如此。我不是想批評其他人的希望，但就我個人來說，我每次聽見有人說出「每朵雲都有一條銀邊」這種帶有詩意的句子時，我會想到克林特・史密斯寫下的一首好詩，標題是《每當我聽見人們說「我們以前經歷過更艱辛的日子」》，這首詩的開頭是：「我只會聽見陰風襲打那些沒能活下來的人的墓碑。」就像伊本・巴圖塔描述的大馬士革，唯一的前進之路就是真正的團結，不只透過希望，也透過哀悼。

※ ※ ※

我女兒最近有個發現：冬天的時候，你會覺得日子永遠不會放暖；夏天的時候，你會覺得日子永遠不會變冷。但是季節還是會繼續改變，我們所知的任何事物都不是永久的，包括目前的疫情。

瘟疫當然只值一顆星，但我們對瘟疫做出的反應並不需要只值一顆星。

雨夾雪

詩人凱弗赫・阿克巴曾寫道：「雙向的一月份已經持續了好幾個月。」確實是這樣沒錯。我依稀記得穿T恤、在院子裡拔草時汗水流過鼻梁的感覺，但現在，我拔起枯萎的紅椒和番茄藤，盡量背對刺骨寒風的時候，就是想不起陽光灑上皮膚的感受。我真該提早幾個月整理院子，當時的天氣比較溫暖，而且這些藤蔓早就死透，我卻一再拖延，就算「據說」園藝活動令人放鬆。

有滿長一段時間，「天空為什麼是藍色的？」這句疑問在印第安納波利斯的答案是「天空不是藍色」。我一直想到山羊樂團某首歌的歌詞：「浩瀚灰天是我頭上的一大謎團。」

「同感謬誤」（pathetic fallacy）是文學分析中的一個詞彙，是指我們習慣於把「人類情緒」加諸於「非人類物體」，透過現實世界中的一些現象來反映我們的內心，例如詩人濟慈在《頌憂鬱》中寫下「哭泣之雲」，莎士比亞在《凱撒大帝》中寫下「不祥之雲」。華茲渥斯說「流浪就如孤雲般寂寞」。埃米莉・狄更生在詩中描述，雲朵有時令人好奇，有時凶殘。雲層遮陽的時候，我們可能正巧需要陰影，但也可能需要陽光。和我們人類一樣，雲朵是否被需要，這也是「看情況」。

※　※　※

我是在治療師的建議下開始搞園藝。她說這也許對我有幫助，事實也是如此。我雖然不算是優秀的園丁（我成功種出的番茄，每顆的平均成本是十七塊美金），但我喜歡把手插進泥土，喜歡看著種籽發芽。但對我來說，園藝帶給我的最大好處，是我在開始種菜前一直夢想能有個像樣的宿敵，如今也如願以償。我的宿敵是一隻土撥鼠，而且是隻超級矮胖的土撥鼠，牠大搖大擺地走進我的菜園，吃掉我種的各種作物，像是大豆和甜椒。維基百科說土撥鼠在野外頂多只能活六年，但我這位宿敵享用了我為牠開墾的菜園至少八年，如今依然健在。

牠的巢窩離菜園邊緣有二十五呎，就在我用來存放園藝工具的木製小棚屋底下。我有時候會從書房後面的露臺上，看著牠從我和我爸為了阻擋土撥鼠而設置的圍籬底下挖洞鑽過。我坐在萊姆綠色的阿迪朗達克椅上寫作的時候，會朝那隻土撥鼠咆哮，接著從椅子上起身，走向牠，牠會一臉鄙視地抬頭望向我，然後漫步離去，鑽過圍籬底下回家。

五到十分鐘後，我再次抬頭，發現牠正在享用大豆。牠知道我不願意殺牠，也知道我不懂得如何把菜園設置得讓土撥鼠無法入侵，所以牠能活很久，能享用各式各樣的有機蔬果。

人要有使命才能活下去，這隻土撥鼠給了我一個使命。但現在是二〇二〇年初的冬季，牠正在冬眠。這幾個月就像要放暖又不像要放暖的一月份，我當然不知道接下來會發生什麼事。

我姍姍來遲地把番茄籠和豆竿從菜園拖去棚屋的時候，故意重重踱步，希望能吵到那隻土撥鼠睡覺。我用半凍僵的手指花了很多時間才堆好番茄籠，而且低聲罵自己：我如果十一月就收拾好這些東西，現在就不需要站在這兒。

那我何不繼續拖延下去，我自問。何不現在就進屋裡，沖些咖啡，在電視上看些美味但沒營養的東西，任憑孩子們在屋裡跑來跑去？答案是：因為我想要屬於自己的時間，而在我這種年紀，就只能透過這種辦法。

※ ※ ※

我堆好番茄籠，走回菜園，這時天空下起凍雨——或者不算是凍雨。這種天氣現象在印第安納波利斯很常見，稱作「雨夾雪」（wintry mix）。這種從天而降之物會從凍雨變成雪，再變成雨，然後再變回凍雨。有時候我們會看到一種稱作「雪丸」（graupel）的怪異小顆粒。34

34 「Graupel」這個字來自德文，原本的意思是「凍雨」。英語系的氣象播報員以前把這種天氣現象稱作「軟雹」（soft hail），但後來不再使用這個詞彙，因為雪丸既不軟也不是雹。

雪很美，緩緩飄下、覆蓋大地的模樣美不勝收，而且自帶一種優美的靜謐感。相較之下，雨夾雪一點也不浪漫，就像「graupel」這個字本身。雨夾雪是美國中西部特有的降水現象：實而不華，樸素低調。

※　※　※

我把枯萎的豆藤堆進手推車的時候，感覺天空正在朝我吐口水。我想起威爾遜・班特利，這位業餘攝影師來自佛蒙特州，是史上第一個在一八八五年拍下雪花的特寫。班特利後來拍攝了超過五千片雪花，他把雪花稱作「冰花」和「美麗的小小奇蹟」。

從沒人說雪丸是美麗的小小奇蹟，我也當然不喜歡被小顆凍雨轟炸，也不喜歡凍雨以不可思議的角度掃過印第安納州的扁平陰鬱田地時波及我。話雖如此……我還滿喜歡雨夾雪，這是讓我知道我在家鄉的方式之一。

※　※　※

我之所以喜愛印第安納波利斯，就是因為想愛上這裡並不容易。你必須在這裡住一陣子，才會明白這裡的美。你必須學會把雲解讀成「不祥」或「令人不安」之外的景象。

「同感謬誤」一詞聽起來帶有貶義，這也確實是文學評論者約翰•拉斯金發明這個詞彙時的用意。拉斯金如此批評司各特和華茲渥斯之類的浪漫派詩人：「他們對大自然的喜愛，或多或少都跟他們內心的軟弱有關。」他後來宣稱，給大自然套上人類的情緒，這麼做「絕對是心理病態，而且相對來說是個軟弱的心理」。35

也許因為我心理病態又軟弱吧，總之同感謬誤確實合我的胃口。我喜歡華茲渥斯如雲般孤獨流浪，也喜歡司各特描述大自然擁有「宜人光輝」。很多人其實都會受到天氣所影響，尤其在陰暗的冬日。天氣也許沒有人類的情緒，但確實會激發人類的情緒。此外，我們就是會忍不住以自己為脈絡來看待周遭世界，尤其是我們的情緒自我。這並不是人類意識的缺陷，而是特色。

所以，我們也當然同樣看待降水現象。就像詩人卡明斯說過：「雪根本不在乎自己的潔白軟身碰過什麼東西。」所以，我們確實感謝現代主義者拆下門扉、讓我們知道雲不會帶來威脅，不會哭泣，唯一適合雲的動詞就是「存在」。但我們在乎雪接觸過什麼東西。

---

35 拉斯金執著於一首詩傳達什麼樣的力量和軟弱，而且他認定力量一定好過軟弱，但我認為這是在根本上誤解了人類的情況。他這種執念也嚴肅地提醒了我們，英國文學中的殖民主義思想影響了所有領域，害得我們沒辦法把「藝術」跟「意識形態」分開，無論是詩學還是其他藝術。

※　※　※

我推著裝滿植物屍體的手推車，走向肥料堆的時候，想起安妮‧卡森某首詩的片段：「冬季的初雪落在他的睫毛上，覆蓋了他周圍的樹枝，消寂了世上所有痕跡。」但這片雨夾雪之地沒有消寂，只有雪丸轟炸地面的喀啦作響。

這完全沒吵醒土撥鼠。牠在三月下旬醒來時感覺會跟以前一樣，但我會覺得不一樣。土撥鼠醒來的那個月，莎菈的新書發表會將被取消，孩子們的學校將被關閉。我們將與親友分離，我們這時以為只會分開四到八星期。

我會突然比以前更在乎菜園，我將在這年春天找到辦法打贏這場土撥鼠大戰，辦法就是上 YouTube 看教學影片。事實證明，不是只有我跟土撥鼠結下樑子，而且有個園丁提出了非常理想的極端手段。我翻掘了棚屋旁邊的一片土壤，接著在菜園裡種下大豆籽，然後在土撥鼠的菜園裡也種下一些。我也同樣地種下甜椒和四季豆。

※　※　※

從那年的三月開始，我要每天大部分的時間都待在戶外，我渴求只有在戶外才能感受到的常態感，因為戶外的大自然會迅速變化。但我也將第一次明白，我不只是為地球而造，而是我整個人的成分就來自地球。

但那一天還沒來，險惡的春天還沒到。我把植物屍體倒進肥料堆，然後把手推車放回棚屋。那天晚上，我和莎菈要去聆聽詩人佩姬．劉易斯朗讀。我出於很多理由而喜愛劉易斯的著作《太空衝擊》，最大的理由是她的詩作讓控制我一生的焦慮，以及不祥之雲和高傲土撥鼠給我造成的驚慌，擁有了聲音和形象。劉易斯在某首詩中描述敘事者的感受：

我就像在月球上，聽著自己的太空衣漏氣，但我找不到洞口。我就是驚慌之國的副總統，而總統失蹤了。

※　※　※

一九六五年三月，太空人阿列克謝．列昂諾夫走出和平號太空艙，成了史上第一個曾在外太空自由飄浮的人類36。列昂諾夫在結束第一趟太空漫步時，發現身上的太空衣在真空宇宙中膨脹，自己因此擠不進太空艙裡。他唯一的選擇，就是打開太空衣上的某個閥門，讓衣服裡的空氣洩漏出來，這讓太空衣逐漸縮小，讓他能在氧氣耗盡前回到太空

36　人人都愛自由，直到你飄浮於外太空的全然自由，太空衣裡的氧氣還剩四十五分鐘。

船裡頭。雖然大自然對我們不抱善意也不抱惡意，但是阿列克謝・列昂諾夫感覺空氣外洩、真空宇宙壓迫而來的時候，並不是這種感想。

我們在賦予這個世界意義的時候，我不認為我們有得選。我們每個人都是小精靈，去到哪就把「意義之粉」撒到哪。那座山將象徵天神，這場雨將象徵禍害。真空宇宙將象徵「虛空」，土撥鼠將象徵「大自然對人類荒誕行為的藐視」。我們無論去哪、碰到什麼，都會建立意義。但對我而言，雖然「建立意義」並不是選擇，但我們可以選擇建立「哪種」意義。

※　※　※

我從菜園回到屋裡，洗了澡，凍僵的肌膚被熱水刺痛。我穿上衣服，用梳子把頭髮分邊，然後開車跟莎菈穿過雨夾雪的危機四伏之夜，前往詩句朗讀會。我們討論了她的書，也討論了我們的孩子。過了一會兒，她打開收音機。換作其他夜晚，這種天氣會被視為不祥、險惡或毫無喜悅，但今晚不一樣。「尋找什麼」這點雖然重要，但更重要的是你用什麼方式去尋找、跟誰一起尋找。那天晚上，我跟最適合的人一起處於最適合的地方，而且我覺得雪丸絕美無比。

我給雨夾雪四顆星。

BBP熱狗

二〇〇八年夏季，我、莎菈，以及蘿拉和萊恩這對情侶檔，一同前往歐洲。我很喜歡蘿拉和萊恩這兩個朋友，但有件事是你必須知道的：他們會努力試著找出人生的意義，探索自己在某一刻的意識，他們就是這種人。這跟我旅行的方式很不一樣：我在一天裡大多數的時間是為某個行程做好心理準備，例如參觀博物館之類的，然後剩下的時間是從那個行程造成的影響中恢復過來。

這趟旅行中，我們從丹麥前往瑞典，然後去了冰島。冰島是北大西洋一座小型岩島，吸引遊客的方式是只要你搭乘冰島的國家航空公司「冰島航空」，就能免費在冰島中途停留。我有興趣造訪冰島，是因為一、這裡的人口不到四十萬人，而我向來對小國及其生活方式感到好奇，而且二、茱莉・史特勞斯加貝爾是跟我長期合作的出版人，她經常造訪冰島，還拚命向我推薦冰島首府雷克雅維克一家熱狗攤。37

37　茱莉當了我的編輯將近二十年，是我每一本作品的責編，包括你正在讀的這一本。她也是我最親密的朋友之一。她常去冰島是因為電視節目《懶人小鎮》，這是在冰島拍攝，而且茱莉的丈夫，操偶師大衛・費爾德曼，是該節目的演員之一。

這趟瑞典和丹麥之旅非常愉快。我們吃了很多北歐式自助餐，看了很多博物館，但最精彩的是跟萊恩的瑞典親戚們共度的一個晚上，這些人是住在荒野某座大湖的岸上。他們歡迎我們進屋，接著開始用瑞典的國酒「Brännvin」把我們灌得爛醉如泥。我平時因為非常害怕宿醉而很少喝太多，但那晚破例。萊恩的親戚們教我們瑞典的喝酒歌，還教我們怎麼吃醃鯡魚，我的酒杯裡一直被倒滿 Brännvin，直到這個家族的八十歲族長站起身，第一次在今晚說出英文：「我們現在去洗桑拿！」

所以我們進了桑拿室，我醉得為了降溫而用冰啤酒澆灌頭頂。過了一會兒，我和莎菈走出桑拿室，涉進湖中深及膝部的位置。八十歲的族長（名字好像叫萊希）也加入我們，他一絲不掛地站著，旁邊是身穿泳衣、含蓄得可笑的美國人。然後萊希用力拍拍我的背，似乎想傳達袍澤之情，但我沒準備好承受他的強大手勁，結果被他打得臉朝下栽進湖裡。我雖然沒受傷，但眼鏡被湖底的石頭嚴重刮壞。我隔天早上醒來，想起自己對宿醉的強烈恐懼確實有道理，而且我因為眼鏡被刮壞而幾乎什麼也看不清。

※　※　※

我們在兩天後抵達冰島雷克雅維克時，我依然宿醉，特有症狀是腹部左側有種痠痛的翻攪感，而且我很想融進地底。這就是宿醉給我的最大影響，我如果攝取酒精就更容易感到絕望。我知道我說這種話只是因為宿醉，但是宿醉說的話通常很大聲。

宿醉也害我對光線變得敏感，但這幸好沒造成問題，因為我們在雷克雅維克降落時，當時是個非常灰暗的早晨，烏雲密布又起霧。你在這種時候會意識到「天空」也只是個人造構想，其實一離開地面就是天空的開頭。天空不是只是個「在上面」的東西，也是你的腦袋時刻在裡頭游泳的東西。

我們搭計程車從機場進入雷克雅維克，這是冰島最大的城市，其實也是唯一的城市。司機聽著收音機上的冰島脫口秀節目，音量震耳，而且我是坐在後座，擠在莎菈和蘿拉中間。我們進城的時候，最令我印象深刻的是這裡寂靜得詭異。街上一個人也沒有，就算天氣其實沒那麼壞。這時候是夏天的某個星期五，我原本想像這座小城裡到處都是人們走去肉舖、麵包店或蠟燭店之類的，現在卻發現這座城鎮全然靜止。

離我們的旅館還有四條街的時候，司機說：「我就在這兒停車。」他停了車，叫我們付錢。我們表示請他把車停在旅館門口，但他說：「不，這樣太累。這樣會……你們是怎麼說的？『壓力太大』。」

從我的觀點來看，在這些空曠馬路上開車應該不會壓力太大，但他說了算，畢竟我不是冰島交通的專家。我們下了車，拖著行李箱，走過雷克雅維克中心處一條寬廣無人的人行道。最令我印象深刻的，是行李箱的輪子滾過人行道的石質瓷磚的聲響，在沉寂中聽來格外響亮。

突然間，一聲咆哮和一聲呻吟不知從哪同時傳來，迴響四處。整座城市原本隱藏在周圍的建築裡，似乎在同一時間發出同一個聲響。

「真怪。」萊恩說。我們開始猜測這座城市為什麼處於封鎖狀態。也許這裡出現了某種遊客不知道的天氣威脅，又或許今天是某種「全國宅在家」的節日。

「也許，」蘿拉說：「他們都在電視上看同一個節目？」

就在這一刻，這座城市的寂靜被打破，我們周圍爆發強勁呼聲。人們從每一道門扉湧出，跑出房屋、商店和酒館，來到街上，都開心尖叫「YYYAAAAAAAAA！」，許多人臉上繪著冰島國旗的色彩，而且許多人嚎啕大哭。有個跟我年齡相仿的高個兒把我抱起來，舉向天空，彷彿我是《獅子王》裡的辛巴，他抱著我的時候哭了出來。有個人在萊恩的脖子上纏了一條圍巾。

「這究竟在搞什麼啊？」莎菈一如往常地犀利提問。

周圍的人們傳遞啤酒，我們拿了一些。一開始的混亂呼喊很快出現秩序，形成歌曲，而且這些曲子顯然催人熱淚，因為街上每個人都邊唱邊哭，只有我們這四人在一旁看得霧煞煞。有些人甚至為了好好哭一場而在路邊坐下。這個人群持續擴張；雷克雅維克有十二萬人口，每一個都來到街上，而且似乎就是這條街。如此一來，我們根本沒辦法去旅館，而是被卡在人群之中，置身於某種波濤般的人類體驗，唯一能做的就是緊緊抓住行李箱。民眾唱完一首歌，再次歡呼的時候，我也決定一試，我高舉還沒打開的罐裝啤酒，喊聲「YAAAAAAA！」。我雖然根本不知道我們在慶祝什麼，但還是覺得興高采烈。我超愛冰島，超愛雷克雅維克，超愛這些人，他們臉上的紅白藍彩繪被汗水和淚水暈開。

我們終於明白這是怎麼回事：冰島剛剛在奧運的男子手球項目上拿到了第一面獎牌。我不禁好奇，什麼樣的運動盛會能在我的老家引發這種集體慶祝。每個城市都會因為所屬團隊贏得職棒或橄欖球冠軍賽而大肆慶祝，但我唯一一次見過民眾為體育大賽慶祝，是在一九九九年，美國國家女子足球隊贏得了世界盃。那年夏天，我住在阿拉斯加的「摩斯山口」這座小鎮，在一家餐館打工。我和同事們在店裡角落的小電視機上看轉播，布蘭蒂・查斯丹踢進致勝的罰球後，我聽見汽車喇叭聲，兩分鐘後摩斯山口的某處傳來一聲：「操他媽的讚啦美國！」

我當時對男子手球所知不多[38]，但願意為絕大多數的體育賽事感到興奮。我們在兩小時後抵達旅館時，我已經把自己當成冰島男子手球隊的死忠球迷。我想在旅館裡休息，也許看些關於那場比賽的精彩回顧，我深愛的球隊贏得奧運獎牌，這股興奮感令我疲憊不堪，但我的同胞們認為我們應該出門沉浸於冰島文化。

38　這是美國很少參加的少數幾個奧運項目之一（我們在一九九六年後就沒組隊），所以很少出現在美國電視上。

街上的人群已經散去不少，現在時間也還很早，所以我們參觀了一間博物館，得知冰島的經典著作讀起來就像當代文學，因為冰島語這幾百年來沒什麼變化。我們看到西洋棋王鮑比・菲舍爾在一九七二年擊敗鮑里斯・斯帕斯基時所用的棋桌。然後我們搭乘觀光巴士，來到島上的內陸區域，這裡一望無盡的火山岩讓人覺得彷彿置身於外星球。嚮導頌揚了冰島的諸多優點，例如：「格陵蘭（Greenland，字面意義是「綠意之島」）總是冰天雪地，但冰島的天氣相當溫和，所以冰島應該叫格陵蘭，格陵蘭應該叫冰島才對。」然後每個人都下了車，欣賞一座瀑布。現在是八月，這裡的氣溫卻只有攝氏十度；一陣寒雨橫向襲來，雨傘因此完全派不上用場。

嚮導在風聲干擾下扯開嗓門：「**冰島擁有許多自然奇景，正如各位也看得出來，這座瀑布深具歷史性。**」就算到了現在，我每次看到瀑布就會忍不住心想：「深具歷史性。」

※ ※ ※

我們在六點左右回到旅館，渾身濕冷，我哀求朋友們今晚就待在旅館裡休息，不再外出，我們已經做了太多事。我們就不能叫些客房服務，看些手球比賽的精彩片段，然後睡覺？不行，人生就是要把握每分每秒，所以我不甘願地跟著我太太和朋友們再次外出。我們原以為外頭應該是黑夜，但是雷克雅維克在夏季要過十點才會天黑。

我們步行來到茱莉推薦的ＢＢＰ（Bajarins Beztu Pylsur，意思是「鎮上最好的熱狗」）熱狗攤，排隊的人意外地不多，這間小型建築的看板上是一支戴著廚師帽的擬人化法蘭克福腸。茱莉曾叮嚀我一定要跟店員說「全都放」，我也照做，而成果是一支放了雷莫拉醬、甜芥末和油煎洋蔥的熱狗。ＢＢＰ的熱狗很有名，經常出現在旅遊指南和電視節目上。數以千計的Google用戶給了ＢＢＰ五顆星，而正如其他人氣超高的商家，這家店也引來抨擊。許多評論指出這家店其實就只是熱狗攤。某人寫道：「不算很特別。」一個名叫道格的訪客寫道：「沒那麼好吃。我在加油站吃過更好吃的。」

和道格一樣，我也常常對一些很熱門的餐廳感到失望，也許是因為期待過高，也可能只是因為我沒那麼愛吃東西。然而，我覺得ＢＢＰ熱狗不僅符合其名聲，甚至應該更出名才對。我其實不是特別喜歡熱狗，但是ＢＢＰ熱狗是我這輩子最令我開心的用餐體驗之一。

※　※　※

幾個月後，二〇〇八年的秋季，一場經濟蕭條橫掃全球，冰島是受創最重的國家之一，幣值在短短幾個月內就下跌百分之三十五。經濟衰退揮之不去，信貸市場停滯不前，專家們說我們正在經歷畢生難得一見的經濟收縮，不過事實證明，所謂的「畢生難得一見的經濟收縮」其實只相隔十二年就再次上演。我們實在不應該再隨便喊說某件事是「畢生難得一見」，不應該再表現得好像知道「畢生」是多久、知道在「畢生」裡會發生什麼事。

話雖如此，我認為我們在冰島度過的那段時光，恐怕真的算是畢生難得一見。在那個寒冷的夏日，冰島拿到了第一面夏季奧運獎牌，我和朋友們窩在一起取暖、吃熱狗。那是我吃過最棒的熱狗。它治好了我持續好幾天的宿醉，清除了我視線中的朦朧，讓我走進雷克雅維克暮光下的時候感到一股緊貼於胸、無法長久——但也不需要長久——的喜悅。

我給BBP五顆星。

「備忘錄」應用程式

蘋果 iOS 系統的「備忘錄」（Notes）應用程式，是在二〇〇七年跟著第一代 iPhone 問世。在當時，這個應用程式的預設字體看起來有點像手寫字，而且黃色背景上畫了一條條橫線，這是為了讓人們聯想到古早的黃色筆記簿。就算在現在，備忘錄的背景質感還是有點像紙張，這是所謂的「仿製設計」，一個衍生性的物體（例如手機應用程式）保留了原始物體的設計中如今被淘汰的要素。例如，賭場的吃角子老虎已經不需要拉桿，但大多還是有裝。許多行動裝置的應用程式都採用仿製設計，例如計算機應用程式看起來就像計算機，數位手錶上也有分針和時針。這些設計的用意，也許是希望我們不會注意到事物改變的速度有多快。

以前，我大多是在我正在讀的書籍上的空白邊緣寫下筆記。我向來不是隨身攜帶筆記簿的那種人。我想成為天天寫日記的那種人，坐在公園的長椅上，把必須立刻捕捉下來的美好想法寫在紙上。但我發現我的想法大多可以等，而我如果出於某種原因必須趕緊寫下什麼，反正我總是會帶著書，我的口袋裡有筆。

我在《舊約聖經：雅歌》的空白處寫下購物清單，在《卡瓦利與克萊的驚人歷險記》的空白處寫下去我姨婆家的路線。我在《國王的人馬》第兩百四十一頁的底端寫下「連續下雨兩天」，這是我為我的第一本小說《尋找阿拉斯加》想到的劇情。我也在我閱讀的書籍上寫下我的故事構想，有時候只是短短幾字，例如我在《我們的南部高地人》的空白處寫下「獵野豬」，而這成了我的作品《再見凱薩琳》中的高潮戲。

但一般來說，我在空白處寫下的東西連我自己也看不懂。例如，我到底為什麼在《簡愛》的第八十四頁寫下「你未曾如此寂寞」？這句話裡的「你」就是我嗎？我早就不記得我是在什麼處境下寫下這條筆記。我回想我在大學時第一次讀《簡愛》的時候，我不記得我當時有感到寂寞，也不記得我的日常生活發生了什麼事。我主要記得簡愛這個人，羅徹斯特稱她為「我的同情心」，還有簡愛說如果不想下地獄就要「維持身體健康而且別死」。

※　※　※

我是在二〇〇八年得到第一支 iPhone，但我沒立刻拋下「在書本空白處寫筆記」這個習慣。我是從二〇一〇年開始才在 iPhone 的備忘錄上寫東西，但不久後，我發現自己出門時常常沒帶筆，而且我後來出門時常常不再拿著書。「身上沒有紙筆」這個問題的起因和解方，都是 iPhone。39

39 我突然意識到，科技經常吹噓自己能解決「科技製造出來的問題」。

我雖然隨身攜帶數位圖書館和筆記裝置，但我寫給自己看的筆記並沒有因此更一目了然。例如，我為什麼在二〇一一年寫下「他們正在給荷蘭國家博物館的屋頂上漆」？他們當時真的有給荷蘭國家博物館的屋頂上漆嗎？還是我覺得這句話是不錯的劇情哏？我毫無頭緒。但我還是看得懂一部分的筆記，它們湊在一起確實能組成某種怪異的自傳，讓我能透過「我當時在乎什麼」來瞭解自己。在二〇二〇年初，我改用另一個筆記程式，不再使用蘋果備忘錄。如今，蘋果備忘錄就像我在那本老舊的《簡愛》的空白處寫下的筆記，成了一系列的紀念物。以下是我每年用備忘錄寫下的筆記：

※　※　※

二〇一九年：「把曼古索的名言寄給莎菈。」我有十幾條筆記都是提醒自己寄資料給莎菈，像是唐納德・霍爾的文章、當代藝術館的凱瑞・詹姆斯・馬歇爾展的目錄，以及亨利・詹姆斯關於副詞的笑話（「這是我真的很尊重的資格」）。我不知道我究竟有把筆記裡多少資料傳給她，因為備忘錄裡的代辦事項就是有辦法成為漏網之魚。我也不知道我當時指的究竟是莎拉・曼古索說過的哪句名言，但很可能是曼古索在《兩種腐敗》一書中描述精神病院生活的段落：「病房其實是我唯一住過真正人人平等的社群。我們的人生已經結束，我們唯一擁有的是最後的墮落之旅，在這條路上，我們唯一能做的就是散發慈悲。」

※　※　※

二〇一八年：「緊繃的中斷，以及你的時間的觀點標誌。」我根本看不懂這句話在說什麼，但它確實存在，由我在二〇一八年三月輸入，嚴重欠缺上下文。

※　※　※

二〇一七年：「晚上獨自開車，感覺就像沒有痛楚的心碎。」我是某天晚上獨自駕車時產生這個想法，所以我把車停到路邊，記下這個想法，結果破壞了這種感受。

※　※　※

二〇一六年：「想像力和記憶力之間沒有明亮的界線。」根據我的 Google 日曆，我寫下這句話的時候，是在我的好友克里斯和瑪麗娜・華特斯家裡。我猜可能是莎莅在談話時說出了類似的話，被我剽竊記下。總之，這句話進了我寫的《尋找無限的盡頭》裡，這本書描述一個女孩子一直想起自己想像出來的東西，並想像自己記得什麼東西。

※　※　※

二〇一五年：「這家酒吧到處都有燈光，你卻看不見任何人的臉龐。」我有時候覺得我沒辦法好好地參與一場談話，因為我說出和聽見的一切必須先穿過我的焦慮篩網，所以我在明白某人對我說了什麼、我該如何回應的時候，我該發出的笑聲或其他反應會顯得延遲。我知道這種事會發生，而這使得我的焦慮症惡化，也因此使得這個問題惡化。有時候，我處理這個問題的方式，是想像自己並不是參與一場盛大談話，而是一旁的記錄員，所以我拿出手機記筆記。「這家酒吧到處都有燈光，你卻看不見任何人的臉龐」這句話，是某個電影明星的公關對我的同事愛麗絲・馬歇爾說的，我們當時在俄亥俄州克里夫蘭市一家酒店的酒吧。我很喜歡這句話，所以應該會用在以後的小說作品裡。

※ ※ ※

二〇一四年：「草莓山莊不再是我印象中那個豪華酒精體驗。」我寫下這句話，是因為我打開了一瓶「草莓山莊」，一瓶四塊錢的亮粉紅色類葡萄酒飲料，出自「布恩農場」。我在高中時常喝草莓山莊，當時很愛，但後來不是它變了就是我變了。40

40 我最喜歡的一句英文句子，是在布恩農場的粉絲專頁「boonesfarm.net」上看到的一篇草莓山莊評論：「草莓山莊擁有濃郁又鮮明的草莓芬芳，其中暗藏山莊氣息。」

※　※　※

二〇一三年：「以火攻火。」這句話想必當時對我很重要，因為我在二〇一三年把它在備忘錄裡記了三次，但我現在完全不知道當時為何寫下。這提醒了我，記憶力不太像攝影機，而是比較像篩網，能保留下來的東西遠少過從中流逝的東西。

※　※　※

二〇一二年：「只有這句經文是字面上的意思。」我有天參加教會的讀經會，討論到《馬太福音》第十九章二十四節：「我又告訴你們，駱駝穿過針的眼，比財主進上帝的國還容易呢。」牧師說人們喜歡把聖經裡每一句話都照字面解讀，卻唯獨不這麼解讀這一句，但聖經裡只有這一句必須按照字面上的意思解讀。

※　※　※

二〇一一年：「它還算是美好的一天——只有這句值得保留。」我倒是清楚記得這一句。我當時花了將近一年的時間寫小說，內容關於六名高中生被困在一座無人島上。我不知道該如何繼續發展劇情，所以決定暫時放下，過兩星期再看。我帶著清晰的眼光重新閱讀的時候，在裡頭什麼也沒找到，沒有熱忱，沒有機智，沒有喜悅。我必須徹底放棄這本書，只有「它還算是美好的一天」這一句值得保留，但我確實很喜歡這個句子，它後來進了《生命中的美好缺憾》。

※　※　※

二〇一〇年：「她的眼睛在他的眼睛上。」根據手機裡的日期順序，這句話是我在備忘錄裡記下的第一條筆記。我猜我寫下這句話的時候，是我第一次注意到我最喜歡的山羊樂團某首歌裡的雙關語。他們的歌曲《珍妮》描述一名女孩剛獲得一輛黃黑相間的川崎摩托車，而且敘事者深愛她。歌詞裡的對句是這麼唱的：「妳把車燈對準地平線／在這個銀河系裡，上帝的目光唯獨漏過我們倆。」這句歌詞總是讓我想起十一年級的時光，我躺在寬廣的原野上，身邊是我深愛的三個朋友，我們一起喝著溫熱的麥芽酒，凝視夜空。

我給「在這個銀河系裡，上帝的目光唯獨漏過我們倆」這句歌詞滿滿的五顆星。至於備忘錄應用程式，我只給三點五顆星。

山羊樂團

我不知道該如何描述我對山羊樂團的喜愛，我只能說我對他們的愛是真正的無條件之愛。我沒有最喜愛的山羊樂團歌曲或專輯，因為他們所有的作品都是我的最愛。打從我朋友琳賽・羅伯遜在二十年前唱了《來自登頓的史上最強死亡金屬樂團》給我聽，他們的作品就一直是我最常聽的歌。琳賽是我見過的人當中品味最好的，她建議我先從山羊樂團當時最新的專輯《塔拉赫西》聽起。（和我一樣，琳賽也是在佛羅里達長大。）

短短幾星期，我就記住了《塔拉赫西》裡每一首歌。正如音樂評論家薩沙・弗里爾瓊斯所說的，該團的團長約翰・丹尼爾是「美國最棒的非嘻哈樂作詞家」。丹尼爾透過《塔拉赫西》來傳達我當時體驗到的愛，他在《國際小型軍火走私藍調》中唱道：「我們的愛就像希臘和阿爾巴尼亞之間的交界。」他在另一首歌中如此描述一段感情：「就像路易斯安那州的墓地／沒有什麼是長埋地底。」

山羊樂團陪著我一同變老。他們的歌陪伴了我孩子出生的時候（「他的眼睛接觸光線時，我看到他的小臉收縮」），陪伴了我痛不欲生的時候（「我就像滾轉的飛機／試著聆聽儀器之聲／它們不發一語」）。有時候，我需要藝術來給我打氣，而丹尼爾在《這一年》的副歌裡喊道：「我要撐過這一年，不成功便成仁。」有時候，我只是需要藝術陪伴我。

山羊樂團深遠地影響了我思考和聆聽的方式，所以如果沒有他們，我不知道我會成為什麼樣的人，我只知道我不會是現在的我。我不是想過度誇大，但山羊樂團有些歌曲段落對我來說幾乎就像聖經，指引出我想要的那種人生、我在長大後想成為的那種人。例如這段對句：「你在這個地球上是燦爛奪目的存在體／我是見證了你的人生及其價值的證人。」這句歌詞對我來說成了呼召，我要散發更多光芒，也要更好地見證其他人散發的光輝。

我給山羊樂團五顆星。

QWERTY鍵盤

一般的英語鍵盤有三排字母鍵，不是按照字母順序排列，而是按照使用頻率。而你在打字時，手指一開始置於其上的「起始鍵」，並沒有包括英文裡最常用到的「E」和「T」這兩個字母：你必須把手指移向上面那排，而這排的字母從左至右就是QWERTY。這種排列方式是跟以下這三個因素有關：打字機的機械構造、某位素食主義鼓吹者，以及威斯康辛州一位在八年間待過三個政黨的政治人物。

我超愛「發明家和發明物」這種簡單明瞭的故事。我在五年級寫下生平第一篇非虛構文章，描述湯瑪斯・愛迪生的人生。

那篇文章是這樣開頭的：「湯瑪斯・阿爾瓦・愛迪生是個有意思的人，創造出很多有意思的發明，例如燈泡，還有很有意思的攝影機。」我喜歡「有意思」（interesting）這個字，因為老師規定那篇傳記必須用手寫草寫，而且必須長達五頁，而在我顫抖的書法下，「有意思」這個字能占據一整行的長度。

當然，愛迪生讓人感到有意思的地方，其實是他沒發明燈泡也沒發明攝影機。在這兩個案例上，愛迪生是跟其他人合作，改良現有的發明，而這就是人類的超能力之一。人類讓我覺得最有意思的，不是個別的人類有什麼本領，而是我們一起建立並維持的系統。燈泡是很酷沒錯，但真正酷的是讓燈泡能發亮的輸電網路。

但誰會對這種關於「耗費幾十年慢慢演進出來的成果」的故事感興趣？這個嘛，希望你會感興趣。

最早的打字機出現於十八世紀，但當時用起來緩慢，而且成本高得無法量產。隨著時日經過，工業革命的擴張意味著更精細的金屬零件能以更低的成本製造。在一八六〇年代，克里斯多福・萊瑟姆・肖爾斯這位報刊出版商兼威斯康辛州政治家，試著做出能在書頁上印頁數的機器，突然想到類似的機器應該也能印下字母。

肖爾斯是威斯康辛州政界的老手，原本是該州的民主黨成員，後來加入「自由土地黨」，這個黨派想終結針對非裔美國人的歧視性法律，並阻止奴隸制度在美國擴張。肖爾斯後來加入了共和黨，令後人印象深刻的是他當年大力反對死刑。在他的努力下，威斯康辛州在一八五三年廢除了死刑。

肖爾斯跟塞繆爾・索爾和卡洛斯・格利登這兩個朋友合作，開始設計一種跟他在《科學人》雜誌上讀到、被稱作「文學鋼琴」相似的機器。他們一開始把打字機設計成有兩排按鍵，鍵盤跟鋼琴一樣有黑有白，而且主要是按字母順序排列。

在當時，有很多打字機使用不同的按鍵排列和設計方式，而這引發了人類這個種族在「合作」方面遇到的最大挑戰之一：標準化。

你如果每換一臺打字機，就必須適應新的鍵盤排列方式，這會嚴重影響工作效率。41 肖爾斯打字機被稱作「盲眼寫手」，意思是你在打字時根本看不見自己按了哪個字母，而這意味著你沒辦法判斷打字機的撞針是否卡住，偏偏按字母順序排列的鍵盤經常卡住。至於這種「撞針卡住」的問題是否促成了鍵盤排列的改變，我們則無法確定。安岡孝一和安岡素子在所著的《論QWERTY的由來》論文中提出了強力論點：這種排列方式不是為了避免撞針卡住而改善，而是因為電報員需要翻譯摩斯電碼。

無論如何，除了電報員和速記員之外，許多合作夥伴也幫忙塑造了日後的鍵盤排列，其中包括湯瑪斯・愛迪生，他針對打字機的設計提出了一些建議。肖爾斯、索爾和格利登也倚賴了外界投資人，其中最重要的是肖爾斯的老友詹姆斯・登斯摩爾。登斯摩爾力行素食主義，平時主要吃生蘋果維生，而且據說他每次在餐廳聽見陌生人點了肉食就會跟對方起口角。他為了舒適而把褲管剪至腳踝上方幾吋處，而且他弟弟阿莫斯專門研究英語中的字母頻率和組合。某些報告指出，阿莫斯曾針對鍵盤排列，給了打字機製造商一些建議。

41　如果欠缺標準化，生產力就常常會受到影響，鐵軌軌距就是這種現象的知名案例之一，但我最常遇到的標準化問題，是行動裝置的充電線。我的一些裝置使用USB-C充電線，但有些使用USB-A、mini-USB或micro-USB。蘋果當然也有自己的充電標準。蘋果這十年來揚棄了一大堆標準，所以他們的電腦鍵盤竟然還是採用QWERTY排列，這實在堪稱奇蹟。

速記員和電報員在試用試作型打字機的時候，登斯摩爾叫他們「狠狠操，找出機器的弱點」。這些測試人員狠操打字機的同時，肖爾斯和夥伴們持續改良機器，在一八六八年十一月推出的打字機裝有四排按鍵，最頂端從左開始的五個按鍵是「A」、「E」、「I」、「．」以及「？」。到了一八七三年，這種四排按鍵從左開始是「Q」、「W」、「E」、「．」、「T」和「Y」。在那一年，槍械製造商雷明頓公司買下了肖爾斯和格利登的打字機專利，因為雷明頓想在美國內戰結束後把生意拓展至槍支以外的市場。雷明頓的工程師們把「R」移至打字機的上排，成果跟今日的排列方式非常類似。

QWERTY排列並不是哪個人發明出來的，而是許多人的合作成果。有趣的是，肖爾斯覺得這種鍵盤排列不夠令他滿意，所以他把餘生都拿來繼續改進相關設計。他在離世的幾個月前為一種新鍵盤申請了專利，上排的字母是XPMCH。

但勝出的是QWERTY，一個原因是雷明頓2打字機變得大受歡迎，另一個原因是這確實是很好的鍵盤排列。QWERTY問世後，有很多人試著再予以改善，但成果都不大，不足以改變這個標準。最知名的「自稱更好用」的鍵盤排列，是「德沃夏克簡化鍵盤」，由奧古斯特．德沃夏克在一九三二年提出，左側的起始鍵是AOEU。有些研究指出，德沃夏克的排列方式改善了打字速度，降低了錯誤率，但這些研究很多都是由德沃夏克出資，而近期研究認為德沃夏克排列方式，或其他自稱更好的鍵盤配置，基本上沒帶來多少好處。

QWERTY在無意間帶來的一個好處，是讓使用者在打字時能輪流使用雙手，意思就是一隻手伸向某個按鍵時，另一隻手正在按下另一個按鍵。這種鍵盤的效率不算完美，因為最常用的按鍵都在左手邊，而大多數的人右手打字的速度稍微快過左手，但大部分的時候，對一般人來說，QWERTY夠很好用了。

我絕對是這些人其中一個。我上小學的時候寫字很難看（所以我寫「有意思」的草寫會用掉一整行空間），不管我多麼努力試著拿穩鉛筆，就是沒辦法把字寫好。然而，我從小就是打字高手。在QWERTY鍵盤上打字，是我最先精通的本領之一，一開始是因為我在一九八〇年代想玩「純文本」電腦遊戲，但後來是因為我喜歡「優秀」的感覺。到了六年級，我能每分鐘打八十字，而現在，我打字就跟我思考的速度一樣快，或者該說，因為我這輩子很多時候是透過打字來進行思考，所以我大腦思考的速度必須能追上我打字的速度，就像我的大腦已經學會把英文二十六個字母的順序想成以「Q-W-E-R-T-Y」開頭。

這種鍵盤是我進行思考的途徑，也是我分享想法的途徑。我什麼樂器也不會，但我能把這架文學鋼琴敲得有聲有色，行雲流水時會出現某種敲擊樂的節奏。有時候——當然不是每一天，而是有時候——我因為知道每個「字母」的位置，所以我覺得自己彷彿知道每個「單字」在哪裡。我很喜歡在優良的鍵盤上觸壓按鍵（這個動作的專有名詞叫作「鍵盤事件」）所發出的聲響，但打字最令我感到痛快的，是我在電腦螢幕或打字紙上留下的字體，看起來跟其他人的幾乎如出一轍。

我小時候開始上網時很喜歡打字，因為這樣就不會有人知道我的手多麼細瘦，不會知道我時時刻刻都感到提心吊膽，不會知道我多麼不敢大聲說話。在一九九一年，我在網路上的時候，我這個人不是由焦慮的皮肉和脆弱的骨頭組成，而是由鍵盤輸入組成。我再也沒辦法當我自己的時候，能暫時變成一連串迅速擊發的按鍵組合。在某些程度上，這就是為什麼我到現在還在打字。

雖然QWERTY鍵盤不是完美的鍵盤排列，但我還是給它四顆星。

世上最大的油漆球

我並不抱持「美國是模範國家或特別優秀的國家」這種幻想，但世上最大顆的一些球體確實都在美國。世上最大顆的鐵絲球在美國，世上最大顆的爆米花球在美國，世上最大顆的貼紙球在美國，世上最大顆的橡皮筋球在美國……族繁不及備載。世上最大顆的郵票球在內布拉斯加州奧馬哈市，收集郵票的是「男孩之城」這所孤兒院的居民。

我是在二十年前見識過那顆郵票球，我和當時的女友進行了一場自駕之旅，周遊全國，造訪各地的路邊景點。我和她當時感情出現問題，所以想尋求「地理藥方」。我們造訪了內布拉斯加州的卡亨格石陣，用報廢車輛排列而成，完全模仿英國巨石陣。我們看了南達科他州的「玉米皇宮」，這座巨大建築的牆面主要是由玉米粒製成。我們也參觀了另外幾顆世上最大的球體，像是明尼蘇達州達爾文鎮由某人獨立搓製而成的「世上最大的麻線球」，以及堪薩斯州考克鎮的社群合力搓製而成的「世上最大的麻線球」[42]。那趟

42 你如果知道不是只有這些人在競爭「世上最令人深刻的麻線球」這項頭銜，你大概就能徹底瞭解美國是怎麼一回事。美國還有「世上最大的尼龍線球」（目前收藏於密蘇里州布蘭森鎮），還有「世上最沉重的麻線球」（在威斯康辛州）。

旅行結束不久後，我和女友分手了，但我和她會永遠擁有考克鎮的回憶。

※　※　※

埃米莉・狄更生有首詩是這樣開頭的：「我覺得腦子裡有一場葬禮。」這是我能勉強記住的少數幾首詩之一。這首詩的結尾是：

然後，理性的木板突然斷裂，
我下墜再下墜——
每掉一層就撞上一個世界，
接著，我就不再知曉。

幾年前，我心中一塊理性的木板斷裂，我下墜再下墜，每掉一層就撞上一個世界。這種事不是第一次發生，但你覺得腦子裡有一場葬禮的時候，「先例」帶給你的只有冰冷的慰藉。我努力試著恢復，或至少減緩下墜速度的時候，會想到那趟自駕之旅，然後我決定嘗試某個地理藥方。我開車去參觀了「世上最大的油漆球」，結果算是挽救了自己的生命，就算只是暫時。

※　※　※

路邊景點之所以令我著迷不已，是因為它們揭露了龐大系統和小小個體的努力互動的成果。美國有一大堆路邊景點，這是因為美國有一大堆路——我們的州際公路系統就是為了能讓大量民眾橫越大片土地[43]。你一旦開上州際公路，就能輕鬆方便地持續前進，直到你需要汽油或食物。只有非常不可思議的東西，只有史無前例的東西，只有世上最大的——，才能誘使你離開「打開定速器就能免踩油門、直線前進的美式公路」。

雖然這套公路系統讓路邊景點變得有其必要，但是是「個體」選擇出於什麼原因來做什麼東西。其中一個案例是喬爾・沃爾，他做出了世上最大的橡皮筋球，名叫「百萬噸」。沃爾在他的 Myspace 網頁上表示，他剛開始建造這顆球的時候，「首先，要有個明確、清楚又務實的想法和目標。再來，準備好達成目標的必要手段。然後，為了該目標而調整所有手段。——亞里斯多德」[44]。對沃爾來說，明確、清楚又務實的想法就是做

43　在美國，世上最大的球兒們是在公路系統於一九五〇年代開始建造時才紛紛出現，這透露了端倪。

44　亞里斯多德其實沒寫下這句話，不過這些想法確實來自亞里斯多德所著的《倫理學》。

出世上最大的橡皮筋球，而成果的重量超過九千磅（約四公噸）。我不太確定我為什麼覺得「執著地致力於創造出一個不重要的東西」是一件很美的事，但我確實這麼覺得。

世上最大的油漆球，坐落於印第安納州的亞歷山德里亞這座小鎮。在一九七七年，麥克・卡邁克爾為三歲的兒子在一顆棒球上塗抹油漆，之後他們繼續上漆。卡邁克爾告訴《路邊美國》雜誌：「我原本打算上一千層漆左右，然後切成兩半，看看裡頭是什麼模樣。但它後來的體積變得滿有意思的，我的家人都叫我繼續上漆。」卡邁克爾也邀請了眾多親友去他家給球體上漆，後來陌生人也紛紛上門，麥克也讓他們動手。

如今過了四十多年，那顆棒球上有超過兩萬六千層漆，重量是二點五噸。這顆球有自己的小房子，每年有一千多個陌生人上門給它繼續上漆。參觀完全免費，麥克甚至會提供油漆給你。他和他兒子至今還會繼續上漆，但大多是由訪客代勞。

※　※　※

我小時候把科技進展想像成「來自英雄人物獨自努力所獲得的傑出見解」，把藝術視為「個人天分」的故事。

莎士比亞、李奧納多・達文西和其他人使用了自身天賦來拓展人類的領域，而我研究這些人的人生和工作成果，就能清楚明白偉大的藝術品是如何誕生。我在學校學歷史、數學或文學的時候，老師們幾乎總是教我，故事的主角是個很偉大或很糟糕的個體，像是米開朗基羅和他的天花板、牛頓和掉下來的蘋果，還有凱撒橫渡盧比孔河。

不過也有些老師教我：很多時候是「時勢造英雄」。我們在高中討論《頑童歷險記》的時候，有個老師指出，馬克・吐溫為了成為馬克・吐溫，而必須在那條河邊長大，那條河在內戰期間分隔了二十世紀美國，那場內戰分隔了十九世紀美國。但老師強調——我當時也相信——重要的工作不是出自「時代」或「集體合作」，而是出自「英勇又傑出的個人」。

我至今依然相信天才的存在，例如約翰・米爾頓、珍・奧斯汀和托妮・莫里森，有些藝術家就是……特別厲害。但現在，我是把天才視為「連續體」而非「簡單的特質」。更確切來說，我認為「對藝術和其他領域的個人天分的崇拜」，其實源自誤導。艾薩克・牛頓並沒有發現萬有引力，而是和許多人一起拓展了我們對萬有引力的認識，而在當時的時空背景，知識的建立和分享方式變得更有效率。尤利烏斯・凱撒之所以成為獨裁者，不是因為他選擇率軍橫渡盧比孔河，而是因為在那幾百年間，羅馬共和國變得愈加倚賴強大將軍們為國家提供資金，也因為該帝國的士兵們隨著時日經過而更傾向於效忠武官而非文官。令米開朗基羅受惠的，不只是當時的人們更瞭解人體解剖學，不只因為他這個佛羅倫斯人所在的佛羅倫斯在當時很富裕，也因為有幾個助手幫他在西斯汀小教堂給幾個區塊進行繪製。

我們為一些較為近期的革命所致敬的一些個體，他們所屬的時空環境也促使他們能做出速度更快的晶片、更好的操作系統，或效率更高的鍵盤排列。就連最傑出的天才，也很難單靠自己闖出一片天。

※　※　※

我常常希望——尤其在我比較年輕的時候——我的工作能更好，能提昇到「天才」的境界，我的文筆能好到讓某個文章值得被記住。但我認為，這種「想像藝術」的方式，會讓「個體」顯得太過重要。也許到頭來，藝術和人生其實比較像世上最大的油漆球：你謹慎選擇顏色，然後盡可能層層上漆；隨著時日經過，球體會被層層油漆覆蓋。球體被不斷上漆，直到球面上幾乎看不見油漆的痕跡。到最後，也許不會有人知道這顆球其實是油漆，只有你自己知道。

但這並不表示你賦予的層層油漆並不重要，或甚至是個失敗。你已經永久地改變了這顆更大的球體，哪怕只是稍微。你把它變得更美，也更有意思。世上最大的油漆球看起來完全不像一開始的那顆棒球，而你就是原因之一。

到頭來，這就是我對藝術的定義。你給球體上漆，這改變了其他人對「給球上漆」的看法，直到某個心中充滿悲痛與驚懼的傢伙開車來到印第安納州的亞歷山德里亞，看到無數人一同做出來的美麗傻事，感受到一股只能透過上漆來解釋或分享的希望。這傢伙也給球體上了一層漆，這層漆遲早會被覆蓋，但依然重要。就像詹姆斯・喬伊斯那句「在我靈魂的冶煉場打造出我的民族尚未開發出來的良知」，藝術不只是一位勇往直前的天才。藝術也是你給世上最大的油漆球上漆時選擇淡藍色，就算你知道這層漆很快就會被蓋掉，但你還是動手去做。

我給世上最大的油漆球四顆星。

我的孩子們喜歡跟我玩一個歷史悠久的遊戲，這個遊戲叫做「為什麼？」。例如，我會說我需要他們吃完早餐，他們會問「為什麼？」，我會說這是因為他們需要攝取充分的營養和水分，然後他們會問「為什麼？」，我會說身為你們的家長，我覺得有必要保護你們的健康，然後他們會問「為什麼？」，我會說第一個原因是我愛你們，第二個原因是進化而來的指令就烙在我的大腦裡，然後他們會問「為什麼？」，我會說因為我們這個物種想活下去，然後他們會問「為什麼？」。

然後我會停頓許久，接著說：「我不知道，大概因為我相信人類有價值吧，就算缺點一大堆。」然後現場一片沉默。一陣幸福美好的寂靜會在早餐上蔓延開來，我甚至可能會看到其中一個孩子拿起叉子。然後，就在「寂靜先生」似乎打算脫下外套、在此逗留片刻的時候，其中一個孩子會問：「為什麼？」

※　※　※

我在青春期的時候，透過「為什麼？」這個遊戲確認了一個道理：只要挖得夠深，就會發現根本沒有所謂的為什麼。當時的我沉醉於虛無主義，更重要的是，我喜歡做確認，我要確認每一個相信「人生有與生俱來的意義」的這種人都是白痴。我要確認「意義」只是我們對自己說的謊話，因為我們想熬過「無意義」帶來的痛苦。

※　※　※

在一段時間前，我的大腦開始玩起一個跟「為什麼」類似的遊戲，叫做「這究竟有什麼意義」。

我曾在我寫的兩本小說中引用埃德娜・聖文森特・米萊的詩，我在這裡再次寫下，因為那首詩最能完美描述我心中的憂鬱暴雪。詩詞如下：「那陣寒意就在空中，是智者熟悉並學會承受的寒意。／我知道，這種喜悅／很快就會被埋於雪下。」

二〇一八年年末的某一天，我在機場，突然感覺到空中那陣寒意。這究竟有什麼意義？那是某個星期二的午後，我正要搭機飛往密爾瓦基，正準備和其他智力一般的猿猴擠進一條鐵管，這條鐵管將在空中吐出大量二氧化碳，就為了把我們從某個人口中心送去另一個。每個人要去密爾瓦基做什麼，這其實並不重要，因為一切都不重要。

每當我的腦子開始玩「這究竟有什麼意義」，我就找不到「創作藝術」的意義，藝術也只不過是拿這顆星球的有限資源來搞裝飾。我找不到種菜的意義，因為種菜只是以低效率的方式製造食物，讓我們這副沒用的軀殼能稍微活久一點。我也找不到「陷入愛河」的意義，這種舉動只是絕望地試著排除你永遠沒辦法解決的寂寞感，因為就像勞勃・潘・華倫說的，你在「你這團黑暗的深處」永遠是孤單的。

只不過，寂寞不是黑暗，而是比黑暗更糟。每當我的大腦玩起「這究竟有什麼意義」，我會看到一團暴雪般的冰冷奪目白光降臨在我身上。置身於黑暗不會痛，但被強光照射會痛，就像瞪著太陽。米萊那首詩把這稱作「刺眼的麻煩」。在我看來，「刺眼的麻煩」就是你在出生後睜眼看到的第一道光，這道光嚇得你落下第一滴淚，這道光讓你第一次感到恐懼。

這究竟有什麼意義？這一切的跌跌撞撞、勞苦愁煩，就為了一個很快將化為虛無的人生。我坐在機場，瞧不起自己的奢華生活、自己的失敗，還有我徒勞地試著用這個無意義世界的材料來打造出一些意義或希望。我一直在騙自己，我以為這一切的背後有其意義；我以為「意識」是奇蹟，但它其實是重擔；我以為「活著」很美好，但它其實是惡夢。我的大腦玩起這場遊戲時告訴我：直白的事實就是，這個宇宙根本不在乎我的存在。

「夜幕迅速降臨，」米萊寫道：「今日已成過往。」

※　※　※

這種遊戲的一大特點，是我的大腦一旦開始玩起，我就找不到辦法結束這場遊戲。我試著部署的所有防禦都被奪目白光瞬間摧毀，我覺得想活下去的唯一辦法，就是發展出一種遠離人生的諷刺距離感。既然我快樂不起來，那我至少想耍酷。每當我的大腦玩起「這究竟有什麼意義」，我會覺得「希望」變得無比薄弱又天真，尤其當我面對著人生的無盡惡行和恐怖。我們這種用嘴巴呼吸的混球，在看著人類體驗和反應的時候，除了感到全然絕望之外還能怎麼辦？

我不再相信未來。賈桂琳・伍德森所著的小說《你如果輕輕地來》中有個角色說，自己在看著未來的時候，只看見「一片我應該置身其中的巨大空白」。每當我想到未來，我開始只看見那片巨大空白，看見沒有「為什麼」的奪目惡夢。至於當下這一刻，它給我帶來痛苦。一切都在痛。這陣痛處在我的皮肉底下波動，撼及骨髓。這一切痛苦和渴望究竟有什麼意義？為什麼？

※　※　※

「絕望」缺乏生產力，這就是它的問題。絕望就像自我複製的病毒，唯一能做的就是製造出更多絕望。如果玩「這究竟有什麼意義」能讓我更努力地為正義或環保發聲，那我非常樂意玩，但是絕望的白光只是讓我變得麻木呆滯。我做什麼事都提不起勁。我很難入睡，卻也很難保持清醒。

我不想屈服於絕望，不想把「在一旁對情緒冷嘲熱諷」當成擋箭牌。如果「酷」的定義是表現得冰冷，或跟現實生活保持距離，那我並不想耍酷。

憂鬱症真的很累人。聽著大腦滔滔不絕地對你說「你這個蠢蛋連試都不該試」，你很快就會聽膩。這場遊戲開始進行的時候，我確信它不會結束。但這是謊話，就跟大多數令人確信的事物一樣。當下這一刻總是讓人覺得無窮無限，但這絕非事實。我在青春期的時候覺得人生毫無意義，但這種想法是錯的，我現在這麼想也是錯的。真相遠比「人生毫無意義」這種想法複雜許多。

※　※　※

相信。我的朋友艾米・克勞斯・羅森塔爾曾叫我仔細觀察「相信」（believe）這個字，要我對它感到驚奇。這個字含有「存在」（be）和「活著」（live）這兩個字。我和她當時共進午餐，她說她多麼喜歡「believe」這個字，然後話題轉移到家庭和工作上，接著她突如其來地說一聲：「相信！Be live！多麼神奇的字啊！」

字源辭典告訴我，「believe」這個字來自原始日耳曼語，原本的意思是「珍惜」或「在乎」。我很喜歡這種解釋，但我更喜歡艾米的解釋。我必須選擇去相信，去在乎，去珍惜。我繼續前進。我接受心理治療。我嘗試另一種藥物。我靜坐冥想，就算我瞧不起冥想。我運動。我等候。我努力地相信，珍惜，繼續前進。

※　※　※

某一天，空氣稍微變得比較溫暖，天空不會亮得刺眼，我和孩子們一同走過一座森林茂密的公園。我兒子指出有兩隻松鼠飛快爬上一棵巨大的美桐樹，白色樹皮斑駁脫落，樹葉比餐盤還大。我心想：老天，這棵樹真美。它至少有一百歲，也許更老。

回到家後，我查了關於桐樹的資料，得知現存的一些桐樹有三百歲之久，比所在的國家還老。我得知喬治・華盛頓測量過的某一棵桐樹，其周長將近四十呎（約十二公尺）；十八世紀的約翰和撒母耳・普林格兄弟在叛逃英國軍隊後，在今日西維吉尼亞州的一棵桐樹樹洞裡生活了兩年多。

我得知希羅多德在兩千四百年前寫道，波斯王薛西斯有次領軍走過一片桐樹林，發現其中一棵「無比美麗，他感動得用黃金裝飾它，並留下一名士兵看守它」。

但在公園時，我只是抬頭看著那棵樹，想著它如何把空氣、水和陽光轉變成樹木、樹皮和樹葉，然後我意識到自己就站在這棵大樹的寬廣樹蔭底下。我在這片樹蔭下感到安祥，感到它提供的慰藉。而這就是意義。

我兒子抓住我的手腕，我的視線因此從大樹上移向他的小手。我對他說：「我愛你。」

我差點說不出這三個字。

我給桐樹五顆星。

《新伴侶》

「心碎」的感覺其實跟「陷入愛河」有些類似，都是讓我不知所措的強烈體驗，都充滿渴望之情，都會吞噬一個人的自我。我認為「皇宮樂團」（Palace Music）的歌曲《新伴侶》就是關於這種心情，但我不確定。

這二十多年來，《新伴侶》是我最喜歡的「非」山羊樂團的作品，但我一直沒辦法理解歌詞。其中一段對句是：「沼澤上的潛鳥，流水裡的魚兒／我的朋友們，我的朋友們依然輕聲打招呼。」我知道這段文字一定有含意，我只是不知道究竟是什麼含意。這段文字後面是一句既優美又令人困惑的歌詞：「你如果用隱士的方式去思考，就會忘了自己知道什麼。」

皇宮樂團是威爾‧奧德漢姆的諸多化身之一，他有時候會用本名，有時候會用「小兔子王子比利」這個時髦稱號。他有很多歌曲我都喜歡，他關於宗教、思念和希望的歌曲就是令我產生共鳴，而且我很喜歡他的歌聲常常聽起來快要破音。

但對我來說，《新伴侶》不只是歌曲，而是某種魔法，因為它就是有辦法把我帶去我以前聽過這首歌的每個時間點。這首長度三分五十四秒的歌，讓我變回以前那些我。透過這首歌，我同時回到「心碎」和「墜入情網」的時刻，但我隔著夠遠的距離，能看見這兩者其實不是彼此的相反。凱弗赫·阿克巴在《宮殿》一詩中寫道：「我們熬過的苦難，就是透過藝術來保存下來。」我認為這不只適用於我們做出來的藝術，也適用於我們深愛的藝術。

就和任何魔法一樣，你也必須小心對待魔法般的歌曲——你如果太常聽它，它就會變成例行公事。你會提前聽見和弦的改變，這首歌將不再能讓你感到驚喜，不再能把你傳送去其他時空。然而，如果我審慎地對待一首神奇之歌，它就能比其他形式的回憶更栩栩如生地把我送回過去。

※ ※ ※

我二十一歲。我戀愛了，正在進行一場自駕之旅，拜訪遠親們住的地方，連同我外婆從小居住的小鎮周圍。我和女友把車開進田納西州米蘭市一家麥當勞的停車場，然後我們在車上多坐了兩分鐘，聆聽《新伴侶》的結尾。

這時候是春天，我們開車南下。歌曲結束後，我們下車，發現身上的長袖T恤已經不再必要。我挽起袖子，前臂這幾個月來第一次感受到陽光。我用麥當勞裡的公共電話撥打了我媽給我的號碼，一個顫抖的嗓音接聽：「喂？」

我向她解釋，她的堂姐比莉·葛蕾絲是我的外婆。女子問：「洛伊的女兒？」我說：

「是的。」然後她說：「你的意思是，你是比莉・葛蕾絲・沃克的親屬。」我說沒錯，然後她說：「所以你的意思是，你是我的親戚。」我說沒錯，然後名叫柏妮絲的這位遠親說：「那麼，歡迎你來我家！」

※　※　※

我二十二歲，在一家兒童醫院當學生牧師，最近成了心情沮喪的單身漢。我剛結束了連續四十八小時的待命。這兩天很辛苦。我走出醫院的時候，不敢相信外頭這麼明亮，空氣這麼充滿生命力。我坐進我的車裡，凝視從外頭走過的家長和孩子們，聽著錄音帶的《新伴侶》。

昨晚有個孩子突然死了——嬰兒猝死症，這個疾病的名稱表示我們對它多麼不瞭解，多麼充滿無力感。他是個很可愛的嬰孩，結果他死了。他的母親請我幫他施洗。依據我的信仰傳統，我們其實不應該為死者施洗，但話說回來，嬰兒不應該死。他是我這輩子第一個施洗的對象，名叫撒加利，這個字在希伯來文的意思是「上帝記得」。

※※※

我二十八歲，剛結婚，住在芝加哥一間幾乎沒有家具的地下室。我因為一場自行車意外而正在接受一連串的口腔手術，而且我時時刻刻都感到疼痛。這種疼痛令我抓狂，我這時候正在試著寫一本新小說，但我唯一能寫的是一系列故事，故事中的年輕男子為了拔光自己的牙齒而嘗試越來越荒唐的策略。

我記得我躺在那間公寓裡一張借來的床上，聽著《新伴侶》，好讓自己平靜下來。我凝視老舊的天花板瓷磚，上頭的茶色水漬看起來就像另一個世界的地圖上的大陸。有時候，這首曲子會鮮明地讓我回到這個時空，我甚至能聞到我用來漱口的抗菌漱口水，嘴裡的傷口這時尚未癒合。我甚至能感覺到下顎的疼痛，但我覺得我能熬過這種疼痛，這是因為日後的我已經熬過了。

※※※

我三十二歲，有了我自己的嬰兒。我當然知道「成為人父」並不會突然讓一個人有資格當父親，但我還是不敢相信這個孩子成了我的責任。亨利這時候才兩個月大，「我成了某人的爸爸」這個想法還是令我驚恐，而且他完全倚賴我，就算我知道自己其實一點也不可靠。

我每分每秒都在腦子裡想著「父親」這個字。父親。這個字聽起來無比沉重，宛如上了膛的手槍。我想當個慈祥、有耐心、不慌不忙、心無擔憂的人，我希望他在我懷裡會感到安全，但我根本不知道自己在做什麼。說真的，我看過的關於《哈姆雷特》的書多過關於育兒的書。他就是哭個不停，就算我已經幫他換了尿布，給了他奶瓶。我試過用毛毯緊緊裹住他、搖擺他、唱歌給他聽，但都沒用。

他為什麼哭？也許沒有所謂的為什麼，但我的大腦需要一個為什麼。我這麼沒用，這麼容易沮喪，我根本沒有為育兒的所有層面做好準備。嬰兒的哭聲很刺耳，感覺就像會刺進你身體裡。我一直沒辦法讓他停止哭泣，最後決定把他放進兒童安全座椅裡，輕輕地搖擺椅子。我戴上耳機，盡量提高《新伴侶》的音量，我不再聽見兒子的哀求哭號，而是聽見威爾・奧德漢姆的哀求哭號。

※　※　※

我四十一歲。對我和莎菈來說，這首歌現在聽起來就像我們多年前相愛，我們當時是彼此的新伴侶，這首歌聽起來也像我們現在的愛。這首歌成了那段人生和現在這個人生之間的橋梁。我們正在第一次播放《新伴侶》給如今九歲的兒子聽，我和莎菈忍不住對彼此輕笑。我們開始在廚房慢慢跳舞，兒子在一旁發出嘔吐聲，我們跟著唱，莎菈音調很準，我嚴重走音。歌曲結束後，我問兒子喜不喜歡這首歌，他說「一點點」。

沒關係，他會喜歡別的歌，正如你大概也喜歡不一樣的歌。我喜歡你喜歡的歌能帶你去你需要拜訪的地方，但不會要求你留在那些地方。

我給《新伴侶》五顆星。

奧古斯特・桑德於一九一四年拍攝的《年輕的農夫們》。
相片中從左到右：奧托・克里格、奧古斯特・克萊因，以及埃瓦爾德・克萊因。

《前往舞會的三個農夫》

我幾乎每天都會從四張垂直排列的相片旁邊走過，相片上是我和莎菈，於二〇〇五年在芝加哥一個照相亭拍攝，我們訂婚的兩星期後。這是很普通的照相亭相片，傻里傻氣、面帶微笑的那種，但是燈光很好，而且我們當時很年輕。

隨著我年紀漸長，相片也隨之改變。二〇〇五年的時候，我心想：這是我們。在這些年，我心想：我們當時只是孩子。每年看著這張相片，我會記得再過十五年，我將看著我們在二〇二〇年拍攝的相片，然後心想：看看這兩人當時多麼天真。

還有一幅相片是我幾乎每天都看的：攝影師奧古斯特・桑德在一九一四年拍攝的相片，原本的標題是《年輕的農夫們》，但後來被稱作《前往舞會的三個農夫》。

桑德為了稱作《二十世紀眾生相》這個沒能完成的龐大計畫拍下許多相片，他想用鏡頭捕捉德國各式各樣的人物，像是貴族、馬戲團演員和士兵，但其中最出名的大概就是農夫這幅。我是在大學時讀到理查德・鮑爾斯的小說《前往舞會的三個農夫》，才第一次得知這幅相片的存在。鮑爾斯後來寫了一本自傳式小說，描述一個年輕的電腦程式設計師愛上這幅相片，結果拋棄了原本的職業生涯，就為了寫出關於這幅相片的書。我也愛上這幅相片；我花了好幾年的時間，追蹤相片上三名青年的生平和其他相關故事。45

這幅相片有許多地方令人喜愛。我很喜歡這三個年輕人是回頭看著鏡頭，彷彿忙著前往舞會，忙著奔向未來，沒時間為相機停留太久。他們的腳踩在泥濘上，但頭部在背景的天際線上，這對二十歲青年來說是個不錯的隱喻。而且你如果和你的摯友們穿著最好的衣服，大概也會出現跟這三人一樣的表情。

他們的衣服本身也非常令人著迷。藝術評論家約翰．伯格曾寫道：「這三個年輕人，頂多可能是當時在歐洲鄉下穿過這種衣服的人的第二代。在那之前的二十、三十年前，這種衣服的價格絕對不是農民負擔得起。」工業化加上電影和雜誌之類的大眾媒體，使得歐洲鄉下的年輕人也能獲得吸引他們的都市時尚。

但這幅相片中也有緊繃氣氛。這三個農夫擺出的花花公子姿勢、手裡的菸，還有時髦的拐杖，跟背景的田園地形格格不入。此外，他們的頸部剛好落在地平線上，這其實暗指著某種悲劇，因為拍下這幅相片的時候，這三名農夫不可能知道他們也正在走向第一次世界大戰。該相片拍攝不久後，法蘭茲．斐迪南大公遭到暗殺。不久後，德國投入戰

45　和這世上許多努力一樣，我在這項任務上也沒辦法只靠自己，而是跟其他人合作才獲得了成功。一群天賦異稟、自稱「喙頭蜥」的好心網路偵探，合力找到了萊恩哈德．帕布斯特，這名德國記者暨學者的研究確認了這三名青年的身分和背景。

爭，而讓這些西裝變得負擔得起的那一套工業化制度，將量產出前所未見的的致命武器。

所以對我來說，這幅相片是關於「知道」和「不知道」。你知道你正在前往舞會，但你不知道你正在前往一場戰爭。這幅相片提醒著你：你永遠不會知道你自己、你的朋友們和你的國家將發生什麼事。菲利普・羅斯把歷史稱作「殘酷無情的出乎意料」。他說歷史就是「在所屬時代令人始料未及之事，成了編年史中的避無可避之事」。在這三名年輕農夫的臉上，我們瞥見了他們對「接下來會發生什麼駭人之事」多麼一無所知。這提醒了我們：我們的視野也是有限的。

※ ※ ※

二〇二〇年一月的某一天，我在家裡拍了一幅相片。我和四名朋友並肩站在一起，我們的八個孩子在周圍扭成一團，他們的集體擁抱在這幅相片拍下的瞬間瓦解成嘻笑打鬧。沒人戴口罩。在二〇二〇年一月，這幅相片令我發出歡笑，但到了七月，我已經笑不太出來了。「歷史其實就是一長串令人驚訝之事，」寇特・馮內果寫道：「只能讓我們做好『我們遲早會再次感到驚訝』這個心理準備。」

所以我向來是以「這三名農夫象徵著一個很不穩定的歷史時刻」這種心態來解讀這幅相片。它也讓我記得我遲早會對歷史感到驚訝，靜止的相片其實會持續改變，因為觀看

者本身改變了。就像阿內絲．尼恩說的：「我們看見的不是事情本身，而是我們本身。」

※　※　※

《年輕的農夫們》不只是藝術之作，也是歷史紀錄，描述了真實的人。最左邊的青年是奧托．克里格，出生於一八九四年。他在留影前就認識奧古斯特．桑德，因為桑德曾在三年前幫奧托一家拍攝全家福。中間那名青年是奧古斯特．克萊因，也曾接受桑德的攝影服務，可惜桑德幫他們倆拍的那些相片，連同其他大約三萬張底片，都在第二次世界大戰期間被銷毀。

然而，在《年輕的農夫們》拍攝前，奧托．克里格和奧古斯特．克萊因有過另一次合照。

在這幅攝於一九一三年的相片上，奧托（第一排，從左算起第三人）手持呈交叉狀的兩支鼓棒，奧古斯特（第一排，從左算起第一人）則是手持拐杖，似乎跟他在《年輕的農夫們》裡拿的是同一支。深愛《年輕的農夫們》的記者萊恩哈德・帕布斯特發現了一九一三年這幅相片，將它保存了下來；他指出，一九一三年這幅可能是在該年春季的「花朵節」（Flower Day）拍攝，比桑德著名的《年輕的農夫們》早了一年左右。

桑德大概也知道奧托・克里格和奧古斯特・克萊因其實不是農夫，這兩人是在一座鐵礦場工作。《年輕的農夫們》中最右邊的青年，是奧古斯特的堂親埃瓦爾德・克萊因，在鐵礦場的辦公室工作。埃瓦爾德的乾兒子後來表示，埃瓦爾德因為不喜歡弄髒手而偏好辦公室的差事。

意思就是，這三名「年輕的農夫」其實是兩名年輕的礦工和一名年輕的文員，意思就是他們參與了工業經濟。從他們那座礦場開採出來的鐵礦，後來被做成大戰所需的武器。

桑德自己曾在十三歲時在某一座鐵礦場工作，所以想必對這三名青年抱持著某種親切感。攝影師瑪姬・史蒂柏曾說：「你該放進相機裡最重要的東西，就是『尊重』。」桑德這幅相片顯然看得出他對拍攝對象的尊重。埃瓦爾德後來說：「我們當時都認識他，因為他在那個地區四處拍照，而且他天天都會進酒館。」

事實上，桑德對拍攝對象的尊重，終究引來了納粹政權的怒火。桑德拍攝了猶太人和羅馬人（《二十世紀眾生相》其中一章的主題是「遭迫害者」），而在一九三四年，納粹銷毀了桑德許多的相片印刷板，燒毀了所有已經印好的相片集。隔年，桑德的兒子艾瑞克被控是共產黨員而入監，十年後死在牢裡，就在第二次世界大戰結束的幾個月前。

但我們其實還沒談到第一次世界大戰。當時是一九一四年的夏天，艾瑞克・桑德十五歲。

這三名不是農夫的年輕農夫住在敦布希村，人口大約一百五十人，坐落於德國西側的韋斯特林山脈。在當時，汽車到不了這座村子。為了造訪此地，桑德開車來到聯外道路的盡頭，然後扛著攝影器材走了好幾哩的上坡路。

那天，奧托、奧古斯特和埃瓦爾德確實要去參加舞會，地點是徒步四十五分鐘才到得了的一座小鎮。桑德大概事先知道他們的路線，因此在他們抵達時已經提前做好準備。三名青年在相機前佇足片刻，轉頭望向鏡頭，然後保持靜止不動。

奧托歪斜地戴著帽子，嘴裡叼著菸，看起來就像女孩子不介意招惹的那種風流男士。奧古斯特顯得英俊又自信，眼神略帶睡意。第三人則是埃瓦爾德，他緊抿嘴唇，手裡的枴杖跟推彈桿一樣筆直，整個人看在我眼裡顯得緊張。

單憑一幅相片來對一個人做出廣義的推論，這麼做很愚昧。桑德對這三位攝影對象做出的觀察是：「我把他的動作暫停了瞬間，把這個人的人生暫停了五百分之一秒。這點份量跟他的一生相比，顯得微不足道。」

話雖如此，我還是忍不住想像這個人在拍照前與拍照後的時刻。我很好奇，他們在走路時談了什麼。我很好奇，他們有沒有度過美好的時光，他們待到多晚才回家，他們跟誰跳了舞。我們知道那天是星期六，是夏天。我們知道他們不在礦坑裡，而是在陽光下。我們也知道那一定是他們共赴的最後幾場舞會之一，因為幾星期後就爆發了大戰。

不久後，這三名青年被德軍徵召入伍。奧托和奧古斯特進了同一個軍團，被送去比利時打仗。一九一五年一月，就在《年輕的農夫們》拍攝的短短幾個月後，奧古斯特・克萊因從冰天雪地的比利時寄了這張相片回家：克萊因是站著那排的從右邊數來第五人，跪在他身前的那人就是克里格。

這兩個男孩現在看起來不一樣了。原本還在遠方的那個未來，如今已經進入視野。但就算在當時，奧古斯特和奧托也不可能知道後來會發生什麼事，不可能知道奧古斯特・

克萊因將在那年的三月陣亡，享年二十二歲。奧托受了三次傷，包括在一九一八年五月受的重傷，但終究活著走出了戰場。埃瓦爾德也曾負傷，但終究成功回到敦布希村，活到高齡。

愛麗絲・華克曾寫道：「所有歷史都是當下。」我認為這句話在許多層面上都是事實。歷史朝我們壓迫而來，塑造了我們的當代體驗。我們從不同的當下回顧以往，歷史也會隨之改變。而且歷史就像電流，充滿能量，而且川流不息。它從某些源頭汲取力量，輸向其他地方。桑德曾說他相信相片能幫忙「抓住世界的歷史」，但是歷史是沒辦法被抓住的。歷史隨時都在遠去消失，不僅消失於無從得知的過去，也消失於無法固定的未來。

※ ※ ※

全球疫情使得那幅「孩子們扭成一團」的相片充滿怪異的電流能量，但我不記得那幅相片在疫情發生前是給我什麼樣的感受。我也沒辦法想像，未來的我看到那幅相片的時候，將作何感想。在未來那個我的眼裡，那幅相片就只是相片，隨著歲月匆促流逝而為之改變。

奧古斯特・克萊因死時二十二歲。他在為那幅著名相片擺姿勢後，活了大約一年。在那一年裡，任何事都可能發生，但只有其中一件成真。

我給《前往舞會的三個農夫》四點五顆星。

後記

這本書在德國出版的書名是《Wie hat Ihnen das Anthropozän bis jetzt gefallen?》。我雖然看不懂德文，但覺得這個書名光是看起來就很酷炫。我聽說這個書名的意思是「目前為止，你在人類史當中玩得愉不愉快？」。

愉不愉快，這的確是重點。

※　※　※

我小時候常叫我弟漢克告訴我「人生的意義是什麼」，這是我和他常開的玩笑。我們會談到自己的人生、該如何把握人生、我們的家人，以及工作；談話稍微停頓的時候，我會說：「說真的，人生的意義究竟是什麼？」

漢克提供的答覆總是符合話題的方向，不然就是說出他認為我應該需要聽的話語。有時候，他會說「照顧他人」就是人生的意義。有時候，他會說我們來到世上是為了見證，為了關注。他在幾年前寫了一首歌，歌名叫《宇宙有夠怪》，歌詞寫道：最奇怪的是「宇宙在我們體內製造了一種工具，能讓我們藉此認識自己」。

他喜歡提醒我：我是用宇宙的原料製造出來的，我整個人從裡到外只有這些原料。他對我說過：「你其實只是一小塊地球，正在試著維持脫離化學平衡的狀態。」

※ ※ ※

約翰・阿什貝利在《凸鏡中的自畫像》中寫道：

這祕密太過顯然。它的憐憫刺人，
使得熱淚湧出：靈魂不是靈魂，
沒有祕密，它很小，而且它完美地適合它的空洞：它的房間，我們關注的那一刻。

它完美地適合它的空洞。它的房間，我們關注的那一刻。我有時候會對自己呢喃這幾個字，試著呼喚自己去關注，去注意周圍的諸多完美貼合的空洞。

我注意到我這本書裡有一大堆引文，可能多到泛濫。我這個人本身也是引文多到泛濫。對我來說，「閱讀」和「重複閱讀」就是永久持續下去的見習工作。我想知道阿什貝利似乎知道的事：如何打開容納著靈魂的那個「關注之室」。我想知道我弟知道的事：如何創造出意義，而且該創造出什麼意義。我想知道我在「世上最大的油漆球」上該如何運用我這薄薄一層漆。

※　※　※

春天終於到來，我埋下了一長排胡蘿蔔的種籽。它們實在太小，所以我忍不住過度播種：每一吋土壤裡埋下十到十二顆種籽。我覺得我是「把胡蘿蔔之籽播進地球」的人類，但事實是，正如我弟會對我說的，我是「把地球之籽播進地球」的地球。

上帝在《創世紀》的第一章裡對我們說：「使你們的後代遍滿世界，控制大地。」但我們也是正在遍滿並控制地球的地球。

※　※　※

目前為止，我在人類史當中玩得愉不愉快？人類史棒透了！我在高中的時候，每週三都會跟麻吉托德一起去廉價電影院。那間冰冷戲院只有一面銀幕，上頭播放什麼我們就看什麼。當時有一部由傑克・尼克遜和蜜雪兒・菲佛主演的狼人電影在那家電影院連續放映了八星期，所以我們看了八次。那片很難看，但我們看越多次就越覺得它好看。看第八次的時候，戲院裡只有我們倆，我們跟著傑克・尼克遜一起嚎叫，暢飲摻了波旁威士忌的激浪汽水（Mountain Dew）。

目前為止，我在人類史當中玩得愉不愉快？人類史爛透了！我覺得自己的進化成果並不適合人類史。我雖然在這個世界上待得時間不算長，卻已經見識到我的物種如何將許多物種趕盡殺絕，例如奧亞吸蜜鳥在我十歲那年最後一次出現，最後一棵聖赫倫那橄欖樹在我二十六歲那年死亡。

泰瑞・坦佩斯特・威廉斯在《侵蝕》一書中寫道：「我嗅聞了傷口的味道，它聞起來像我。」我活在一個受傷的世界上，我知道我就是傷口：地球正在用地球來消滅地球。

活在這個世界上，你有能力大規模滅絕物種，但一株病毒RNA就能讓你癱瘓甚至死亡，這究竟意味著什麼？我曾試著判斷，我這個小小生命曾在什麼地方接觸到塑造了當代人類體驗的龐大力量，但只能得出一個很簡單的結論：我們實在很渺小，實在很脆弱，我們短暫得既燦爛又令人驚恐。

我思索我目前為止在人類史當中玩得是否愉快時，會想到羅伯特・佛洛斯特寫過的一句話：「詩句就像熱爐上的冰塊，必須騎在融化的自身上頭。」這個道理適用於詩句，也適用於我們。我們就像熱爐上的冰塊，必須騎在融化的地球上，而且我們從頭到尾都知道是誰害地球融化。凶手是某個物種，這個物種從古至今一直努力走向「更多」，現在必須想辦法走向「更少」。

有時候，我實在不知道我要怎麼在這個世界上生存下去，因為就像瑪麗・奧利弗寫道的：「萬物，或早或晚，將成為其他萬物的一部分。」當然，有些時候，我會想起我不會永遠生存下去。我，或早或晚，將成為萬物的一部分。但在那之前，能在這顆正在呼吸的星球上呼吸，這是多麼令人驚奇。能當個愛地球的地球，這是多大的祝福。

鳴謝

感謝漢克・格林、莎菈・尤斯特・格林、羅西安娜・荷斯・羅哈斯、愛麗絲・馬歇爾，以及斯坦・穆勒，謝謝你們打從一開始鼓勵我寫下這本書。馬克・歐森和梅芮迪絲・丹可也從一開始提供了重要的反饋意見。在WNYC工作室錄製《評論人類史》播客節目，是令我全然喜悅的體驗，這都要感謝製作人珍妮佛・羅頓、作曲家漢尼斯・布朗、技術總監喬・普羅德，以及納丁・希佛曼。我也要感謝托尼・菲利普斯、艾希莉・拉斯科和其他人。華妮琪為這本書中的許多文章提供了重要註解，還教了我《你永遠不會獨行》的節奏。茱莉・史特勞斯加貝爾當了我的編輯將近二十年，我真的很感謝她為這本書提供指引，而且在我找不到故事的時候找到故事。感謝達頓和企鵝出版社的每一位，包括安娜・布斯、梅麗莎・佛納、羅伯・法倫、娜塔莉・威爾肯、珍・羅加、克莉絲汀・波爾、艾蜜莉・坎德斯、史黛芬妮・庫柏、朵菈・馬克、約翰・帕斯利、琳達・羅森柏格、阿曼達・沃克、海倫・布姆爾、雷・巴特勒、金・萊恩，以及格蕾絲・韓。我也感激喬迪・里默和凱希・伊瓦希夫斯基提供的睿智建言。

我的爸媽麥克和辛妮・葛林，以及我的岳父岳母，以很多方式豐富了這本書的內容。我也非常感謝克里斯和瑪麗娜・華特斯。莎菈・尤斯特・格林是我在工作和人生上最棒的夥伴。

這本書之所以能夠成真，真的要感謝聆聽《評論人類史》播客節目的聽眾。感謝你們建議的議題，還有你們寄來的詩句。我尤其感謝「喙頭蜥」這個線上社群研究了這本書最後一個故事中那些年輕農夫，也感謝「人生的圖書俱樂部」以及幫忙讓這本書變得更加精彩的每個人。

最後，我要對亨利和愛麗絲說謝謝。你們倆帶給我的喜悅和驚奇都令我驚喜。謝謝你們在這本書上幫助我，而且教了我很多東西，像是伶盜龍和呢喃。

附註

這本書中有些文章最早是以不同形態出現於《評論人類史》，WNYC工作室和Complexly工作室合力製作的播客節目。其他一些文章最早是出現於PBS數位工作室的系列節目《藝術任務》，由莎菈・尤斯特・格林出資製作，或是出現於YouTube頻道「vlogbrothers」。以下附註內容並不是為了詳細交代什麼（也不是為了讓讀者看得更累），而是如果你有興趣閱讀更多跟文章有關的資料，可以透過附註來獲得更多引導。

雖然這本書是非虛構作品，但我相信我在回想一些往事時有記錯什麼。我有時候也修改了細節或事件特徵，以便保護一些人的真實身分。

這些附註和資料來源，是在華妮琪和蘿西安娜・荷斯・羅哈斯的幫助下完成，這本書多虧這兩位的協助才能夠成真。若有任何錯誤之處，全是我一個人的問題。

《你永遠不會獨行》

身為利物浦足球俱樂部鐵粉的諸多好處之一，是隨著時日經過，跟《你永遠不會獨行》這首歌相關的知識會透過滲透作用深入你體內。關於莫納爾不想讓《利力姆》成為普契尼歌劇的那句引文，是來自弗雷德里克・諾蘭所著的《他們的音樂之聲》，該書也描述了莫納爾跟音樂劇之間的關係。我是透過華妮琪而得知「加里和領跑者」對那首歌做了什麼修改。加里・馬斯登（於二○二一年初過世）常常描述當時如何見到辛奇利，也曾在二○一三年接受《獨立報》的西蒙・哈特訪問時提及此事。唯有跟六萬人一起高唱過《你永遠不會獨行》，這種人生才算完整；我希望你會有這種機會，我也希望我自己很快會再有這種機會。

人類的時間範圍

這篇文章的構想是來自我跟斯坦・穆勒的一場對話，他是我多年的朋友兼合作夥伴。市面上有很多「把地球史濃縮成一年的時間」這種比喻，但我主要是倚賴「肯塔基州地質調查局」提出的時間軸。《益普索全球議題調查》進行的調查，是想知道世界各地的人們對「世界末日」有著什麼樣的想法。「二疊紀—三疊紀滅絕事件」的相關資料，主要是取自克莉絲汀・戴爾摩在二○一二年為《國家地理雜誌》寫的一篇故事，標題是《致命酷熱的地球上毫無生命——這種事有沒有可能再次發生？》（我就直接爆雷告訴你：確實可能再次發生，應該說一定會。）奧克塔維婭・巴特勒那句話是擷自聖經的《按才幹受責任的比喻》。我在讀我太太莎菈・尤斯特・格林所著的《你是藝術家》時，看到藝術家大衛・布魯克斯的藝術工作挑戰的作品，而想到「看見你永遠看不見的東西」這個想法。工業革命後的全球平均氣候上升的相關資料，來自美國國家海洋暨大氣總署的國家氣候資料中心。

哈雷彗星

如我在評論欄中所註明的，我對愛德蒙・哈雷及其彗星計算的瞭解，主要是來自兩本非常引人入勝的作品：茱莉・韋克菲爾德的《哈雷的遠征》（描述哈雷身為船長與探險家的歲月），以及約翰與瑪麗・格里賓合著的《脫離巨人之影》。我是在史密松天體物理天文臺得知弗雷德・惠普爾的「髒雪球」彗星理論。克里斯・瑞戴爾在二〇一二年為《衛報》寫的文章《世界末日被推遲了嗎？》（世界末日只能被推遲，沒辦法被取消），描述了更多關於一九一〇年彗星到來所引發的輿論反應。

我們的好奇心

幫了我大忙的兩本書，是馬修・布魯科利所著的《某種史詩級宏偉》（內容關於法蘭西斯・費茲傑羅），以及南西・米佛所著的《薩爾達》（內容關於薩爾達・費茲傑羅）。關於軍隊版書籍的資料，是取自《心靈牙線雜誌》在二〇一五年刊登的文章《第二次世界大戰如何讓《大亨小傳》免於被世人遺忘》。當初是「福斯 2000 電影公司」大方招待我去住廣場飯店，而這家電影公司如今已經破產。《自白》原本是在一九三六年刊登於《君子雜誌》，如今可上網免費閱讀。普林斯頓大學的線上圖書館提供了《大亨小傳》的各版手稿，揭露了哪些段落有經過修改，哪些維持不變。大衛・丹拜那句話，是擷自《紐約客》於二〇一三年五月十三日刊登的一篇評論。

拉斯科洞穴壁畫

我最早是透過韋納・荷索的紀錄片《荷索之祕境夢遊》而得知這些畫作的存在，以及我們為何沒辦法再接觸它們。茱蒂絲・圖爾曼的文章《第一印象》（刊載於二〇〇八年六月十六日的《紐約客》）提供了更多相關資料。賽門・柯恩卡斯為「美國大屠殺紀念博物館」錄製了口述歷史，你可以上該館的網站聆聽。柯恩卡斯關於「小團體」的那番話，是擷自他在二〇一六年與AFP的一場訪談。芭芭拉・艾倫瑞克的文章《人型汙漬》，最初是在二〇一九年十一月刊登於《The Baffler》。拉斯科的網站（archeologie.culture.fr）非常有幫助，並提供了拉斯科手印畫的參考資料。我是透過艾麗森・喬治刊登於二〇一六年的《新科學人》的文章《隱藏於石器時代畫作的密碼可能就是人類文字的起源》，而得知吉娜維維・馮・佩辛格的工作成果。此外，要不是因為蒂埃里・菲利克斯努力保存了該洞穴和那幾名少年的故事，我就不可能有辦法寫下這篇評論。

刮刮香片

海倫・凱勒關於氣味的那句話，是擷自她的偉大自傳《我生活的世界》。美聯社於一九八七年九月四日刊登的報導，描述了巴爾的摩瓦斯與電力公司那場鬧劇。

我上初中的某一天，在某堂課結束後，老師把我拉到一邊。她知道我在學業和人際關係兩方面都有困難，所以她特地告訴我她喜歡我寫的一些文章。她還對我說：「其實，你會沒事的。雖然短期會不順利……」然後她停頓片刻，接著說：「長期也會不順利吧。但你在中期會沒事的。」她這一刻的仁慈始終跟著我，讓我在難過的日子免於崩潰；如果沒有她那句話，我可能寫不出這本書。我已經忘了那位老師的名字，正如我忘了很多事情，但我永遠感激她。

健怡胡椒博士

位於德州韋科的「胡椒博士博物館暨自由企業機構」簡單扼要地（也有些自誇地）描述了胡椒博士的歷史（福茲•克萊門茨痛恨共產黨，因此堅持該博物館不僅要向胡椒博士致敬，也必須向自由市場致敬）。查爾斯•阿德頓是共濟會的成員，而就我所知，他最完整的傳記是由「韋科共濟會集會所」整理出來的，而且有刊登在該機構的網站上。有兩篇胡椒博士的歷史著作也令我獲益匪淺：傑佛瑞•羅登根所著的《胡椒博士與七喜的傳奇》，以及凱倫•萊特所著的《邁向德州胡椒博士之路》，這本書探討都柏林的胡椒博士裝瓶廠的神奇故事，該廠在二〇一二年之前一直都在生產一種獨特的蔗糖版胡椒博士。

伶盜龍

麥可・克萊頓在撰寫《侏羅紀公園》時，曾請教古生物學家約翰・奧斯特倫姆，這位學者的研究大大地改變了我們對恐龍的瞭解。奧斯特倫姆在一九九七年六月二十九日接受《紐約時報》的佛瑞德・穆桑特專訪時，談到自己跟克萊頓的關係，並說明克萊頓選用「伶盜龍」這個名字是因為聽起來「更具戲劇性」。二〇一五年的一篇《耶魯每日新聞》文章指出，《侏羅紀公園》的劇組人員在設定戲中的伶盜龍時，要求取得奧斯特倫姆所有關於恐爪龍的研究成果。我從我兒子亨利身上學到很多關於伶盜龍的真相，並在美國自然史博物館得知一頭伶盜龍跟一頭原角龍決鬥時死亡。我最喜歡的一篇關於長頸雷龍捲土重來的文章，是查爾斯・崔所著的《長頸雷龍回來了》，在二〇一五年四月七日刊登於《科學人》。

加拿大雁

我雖然很討厭加拿大雁，但相關文章讀起來很有趣。這裡大多數的資料是取自康乃爾鳥類學實驗室（allaboutbirds.org），該網站的資料豐富又易懂，實在值得其他網站學習。哈羅德・漢森的著作《巨型加拿大雁》是非常專業的那種書籍，但讀起來還是引人入勝。喬・沃爾默的著作《加拿大雁的世界》（出版於一九六八年）也同樣有意思。飛利浦・哈柏曼那句話，是擷自羅伯特・威爾金所著的《遠離家鄉的歷史》。你如果想更瞭解草坪的歷史，我推薦克莉絲朵・迪克斯塔為《科學人》寫的文章《美國人對草坪的執著》。

泰迪熊

我最早是在喬恩・莫阿勒姆的一場TED演講上，聽聞泰迪・羅斯福放過那頭熊的故事（雖然那頭熊還是被宰了）。莫阿勒姆所著的《野生動物：這個有時候讓您感到不悅卻又莫名安慰的故事，帶您觀察那些在美國觀察動物的人》非常有趣，看書名就知道。關於古代人如何把「熊」這個字視為禁忌，線上字源辭典（etymonline.com）在這方面提供了很大的幫助。史密松學院關於泰迪熊的歷史資料也幫了我大忙，我就是因此得知一九〇二年的《華盛頓郵報》那篇文章描述羅斯福（算是？）饒了那頭熊一命。地球的生物質分配數字，是來自伊儂・巴爾昂與其他學者在二〇一八年五月二十一日刊登於《美國國家科學院院刊》的文章《地球上的生物質分配》。我是讀了尤瓦爾・諾亞・哈拉瑞所著的《人類大歷史》，而得知「物種生物質」這個概念。莎拉・迪森那句引文，是出自她的傑出小說《再見，舊的麥克琳》。

總統大廳

我要特別感謝我的孩子亨利和愛麗絲，他們願意在那趟迪士尼之旅中撥出半小時，好讓我能為了寫這篇評論而造訪總統大廳。走出總統大廳後，我問兒子喜不喜歡這個景點，他沉默片刻，然後說：「我很想說喜歡，但我其實不喜歡。」

空調

這篇文章的構想是來自我的朋友萊恩‧桑達爾，就是他跟我說了威利斯‧開利的故事。我有許多資料是參考了瑪格麗特‧英格爾斯所著的《威利斯‧哈維蘭‧開利：空調之父》。關於空調和冷卻扇在氣候變遷中扮演的角色，相關資料是取自國際能源署的二〇一八年報告《冷卻的未來》。關於二〇〇三年的熱浪災難的資料，是來自一篇在二〇〇八年首次刊登於法國的《生物學報告》期刊的文章。約翰‧赫克薩姆關於一七五七年歐洲熱浪的紀錄，原本是刊登於《自然科學會報》，而我是在維基百科上讀到。「99% 隱形」播客頻道的其中一集，讓我瞭解了空調系統如何改變了建築學。

金黃色葡萄球菌

自從我的醫師跟我說了我遭到金黃色葡萄球菌的凶猛移生，我就一直很想寫關於這種細菌的文章。在當時，醫師為了控制我的感染狀況而開了很多種抗生素給我，甚至有次需要確認我以前沒吃過他現在想開給我的藥物。「這個藥丸是黃色的，」醫師說：「你以前有沒有吃過黃色藥丸？」我跟他說可能有。「這個藥丸是圓形的。你以前有沒有吃過圓形藥丸？」我再次說可能有。然後他說：「這種藥每顆要七百美金。你以前有沒有吃過——」

「沒有。」我說。我雖然有買醫療保險，但那種藥物還是花了我兩千美金，不過我沒打算在這裡評論美國的一點五顆星醫療系統。這篇文章中關於亞歷山大・奧格斯頓的引文，是來自《亞歷山大・奧格斯頓，皇家維多利亞騎士：來自同事和學生的回憶與稱頌，包括一些自傳文章》，其內容是由奧格斯頓的兒子沃特所整理。最令我感興趣的，是奧格斯頓的女兒海倫和康詩坦絲，以及奧格斯頓的同僚們，所寫下的回憶錄。關於波士頓市立醫院在一九四一年的那筆統計數字，是取自二〇一〇年發表於《波斯尼亞基礎醫學科學雜誌》的文章《耐甲氧西林金　色葡萄球菌（MRSA）引發院內傷口感染》，該文的作者是麥達・希希拉克、阿姆拉・茲維迪克，以及米爾薩達・胡奇克，該文也幫助我瞭解金黃色葡萄球菌感染症引發的現代疾病。我之所以知道阿爾伯特・亞歷山大及其女兒席菈（後來改名為席菈・勒布朗）的故事，是因為讀了佩妮・史瓦茲在二〇一二年為《Press-Enterprise》報紙寫的文章《地方藝術家分享兒時羈絆》，我也是因此而看到勒布朗的一些畫作。盤尼西林的相關資料，大多來自羅伯特・蓋尼斯在二〇一二年為《新發傳染病》期刊寫的文章《盤尼西林的發現——臨床使用七十五年後的新見解》。紐森刊登於《醫院感染》期刊的文章《奧格斯頓的球菌》，讓我更瞭解金黃色葡萄球菌以及奧格斯頓在這方面的發現。

網際網路

因為我的朋友們，尤其是狄恩、瑪麗和凱文，那年夏天的 CompuServe 活動變得格外神奇。

學術十項全能競賽

泰瑞・坦佩斯特・威廉斯那句話，是來自她寫的書《紅色：沙漠中的熱情與耐性》。瑪雅・加薩諾夫那句關於河流的文字，是來自她寫的約瑟夫・康拉德傳記《黎明守望》。學術十項全能競賽至今依然存在，你可以上 usad.org 獲得更多相關資訊。托德，我愛你，謝謝你。

夕陽

我是透過莎菈而得知克洛德玻璃，也是她讓我知道托馬斯・格雷那句名言，來自他在一七六九年造訪英國溫德米爾湖時寫下的日記。博拉紐那句話來自塔莎・威默翻譯的《2666》。安娜・阿赫瑪托娃那句話來自珍・肯楊翻譯的《不屬於我的土地》。艾略特關於「不可見光」的那句，是來自《磐石的合唱集》。塔西塔・迪恩那句來自《神奇時光小時》。

我第一次從羅尤·羅德斯教授口中聽聞「神之子VS太陽」的隱喻後，就一直思索不止。我只寫過一篇關於我的牧師實習的短篇故事，在二十三歲那年就寫完了，故事的最後一幕非常平凡無奇：牧師完成了在醫院的漫長四十八小時值勤，然後開車回家，「升起的太陽在他茫然的眼睛裡太過明亮」。我很想說我有學到教訓、我更能抗拒衝動、不再在我試著表達的抽象含意上放個按鈕，但是《生命中的美好缺憾》的結局是一場婚禮，所以我應該沒有學到教訓。

回到這篇評論上！我得知卡明斯這首詩，是透過珍妮·羅頓，這個傑出的製作人負責在WNYC監督《評論人類史》播客節目的錄製。莫里森那句關於世界之美的文字，是取自她在一九八一年出版的小說《焦糖寶貝》。我一開始讀這本書，是因為在凱尼恩學院修了艾倫·曼克福教授的文學概論課。埃里克·索斯那句，是來自麥克·布朗於二〇一五年在《電訊報雜誌》上對索斯的描寫。

耶日·杜迪克在二〇〇五年五月二十五日的表現

這篇評論中大部分的資料是取自耶日·杜迪克的著作《我們球門前的一個波蘭大塊頭》，包括杜迪克和米雷拉說過的話、杜迪克的職涯，以及若望保祿二世之死對他造成的打擊。我是利物浦隊的球迷，當然偏袒我喜愛的球隊，但他這本書很吸引人，讓你看到他是在多麼不利的情況下獲得成功（杜迪克現在的職涯也令人意想不到：他成了賽車手）。傑米・卡拉格那句關於他的夢想化為塵埃、他描述當初如何要求杜迪克故作腿軟，都是取自他的《卡拉：我的傳記》，也非常值得一讀。杜迪克的母親造訪煤礦坑的這個故事，是描述於《耶日・杜迪克：我的祕密》，這篇文章是在二〇〇九年七月二十八日刊登於《442》足球雜誌，是對尼克・摩爾說的。然後還有一個問題，就是若望保祿二世究竟有沒有說過「在所有不重要的事物中，足球是最重要的」。若望保祿二世生前確實深愛足球（他在青少年時期甚至當過守門員！），但我找不到任何可靠資料能確認這句話的真偽。

《馬達加斯加爆走企鵝》

我第一次看《馬達加斯加爆走企鵝》是為了讓我的孩子們開心，後來看了很多次是為了讓我自己開心。我非常喜愛韋納・荷索的嚴肅風格，而且他知道自己多麼嚴肅，卻願意在《馬達加斯加爆走企鵝》客串搞笑。正如我在該評論中寫道，我最早是因為我爸而聽聞《白色荒野》，後來我自己看了這部在哪都找得到的影片。我從《大英百科全書》的線上文章《旅鼠真的會集體自殺嗎？》（我再強調一次：不，牠們不會這麼做）學到很多關於旅鼠的事，包括「旅鼠會從天而降」這種誤解。）

小豬連鎖超級市場

我最早是透過莎菈得知克雷倫斯・桑德斯和小豬市場這個驚人故事；莎菈拿出威廉・

西特韋爾寫的《一百道食譜中的食物歷史》，給我看了關於小豬連鎖超市的文字段落。這篇評論中關於桑德斯和恩尼・派爾的引文，是取自邁克・弗里曼於二〇一一年出版的《克雷倫斯・桑德斯與小豬市場的創辦：曼非斯獨行俠的興衰》。關於我曾祖父的資料，則是由我的母親和已故的外婆比莉・葛蕾絲・古德里奇提供；說來也妙的是，我外婆是小豬市場的忠實顧客。

內森吃熱狗大賽

這裡提到的喬治・希亞說過的每一句話，都是來自年度的內森吃熱狗大賽的電視轉播的開場白。莫蒂梅爾・馬茨那句話，來自他在二〇一〇年接受《紐約時報》的山姆・羅伯茲的專訪。這裡提到的紀錄片，是由妮可・盧卡斯・海梅斯執導的《好人、惡人、餓人》。兩本關於內森快餐店的歷史書也提供了很有幫助的資料：洛依德・漢德華克和吉爾・雷維爾合著的《內森快餐店》，以及威廉・漢德華克和珍恩・珀爾合著的《內森快餐店：第一個一百年頭》。我原本無法想像我能讀完兩本關於熱狗攤的書，但是二〇二〇年就是令人意外，而且這兩本書都很有意思。

CNN有線電視新聞網

你如果想看CNN第一天開臺的報導，那你該上的網站不是CNN.com，而是

YouTube。你如果想更瞭解兒童死亡率趨勢，我強烈推薦「我們的數據化世界」網站（ourworldindata.org）。該網站提供各種議題的數據，包括新冠疫情、貧窮與碳排放，資料清晰又詳細，能幫助你記得每個人都有生日。「百分之七十四的美國人認為兒童死亡率正在惡化」，這筆統計數字是來自二〇一七年的益普索報告《感知的危險》，我則是透過「我們的數據化世界」得知。致夏農、凱蒂、哈桑：我愛你們每一位，謝謝你們，克萊蒙特邪教萬歲。

《迷離世界》

桑塔格關於憂鬱症的那句話是取自《作為隱喻的疾病》。威廉・斯蒂隆那句是取自《可見的黑暗》。這兩本書對我來說都至關重要，因為我本身就是和精神疾病共存。埃米莉・狄更生所有的詩作（又稱《詩314》），在大多數的狄更生作品集都有收錄。這二十年來，比爾・奧特和伊琳・庫珀帶領我認識了《迷離世界》，也教了我很多東西，我想藉由這篇文章向比爾道謝。

易普症

瑞克・安基爾的棒球回憶錄是由提姆・布朗執筆，書名叫做《這種現象：壓力、易普症，以及改變了我的人生的投球》。路易莎・托馬斯在二〇一一年刊登於《Grantland》

雜誌的文章《可愛的怪咖》，讓我得知了安娜・伊凡諾維琪的易普症，該文提到伊凡諾維琪說過的「過度分析」。凱蒂・貝克為《Grantland》雜誌寫的文章《易普症瘟疫，以及心靈對抗肉體之戰》，以及湯姆・佩羅塔為二〇一〇年九月份的《大西洋》雜誌寫的《高度緊張：網球天才的一夕崩潰》，都給了我很多幫助。有許多學者發表了針對易普症的學術報告；我最常參考的是安斯利・史密斯和其他學者合著的《高爾夫易普症：局部肌張力障礙和表現失常之間的頻譜關係》（頻譜分析遠遠好過二分法）。該文章提到的高爾夫教練是漢克・卡哈尼；大衛・歐文的二〇一四年《紐約客》文章《易普症》中有提到卡哈尼的故事。

《友誼地久天長》

你如果想更瞭解羅伯特・伯恩斯、《友誼地久天長》，以及他跟弗朗西絲・丹露帕之間的美好友誼，可以參考伯恩斯的線上百科全書（robertburns.org）。我提到的伯恩斯信件，大多是取自那個百科全書網站。摩根圖書館與博物館（themorgan.org）收藏了跟這首歌有關的大量資料，包括伯恩斯寫信給喬治・湯姆森，描述這首歌原本的旋律「很一般」。亨利・威廉森寫信給他母親描述一九一四年的聖誕節休戰，該信件的掃描檔也收錄於亨利・威廉森相關檔案；我第一次得知其他關於聖誕節休戰的引文（還有該文章中的另外一些細節），是來自史蒂芬・布羅克赫斯特在二〇一三年為BBC寫的文章《《友誼地久天長》如何征服了全世界》。羅伯特・休斯那句話取自他的著作《新的衝擊》。艾米死後，麥克斯韋尼出版社將她原本刊登於《力量雜誌》的專欄文章全部建檔、發表在線上。這裡提到的艾米著作，是《一個普通人生的百科全書》，以及《艾米・克勞斯・羅森塔爾的教科書》。艾米・克勞斯・羅森塔爾基金會提供資金給卵巢癌研究以及兒童識字計畫。你如果想獲得更多資訊，可以造訪這個網站：amykrouserosenthalfoundation.org。

在Google上搜尋陌生人

我在寫下這篇評論的幾年後，有個機會跟我提到的那個孩子談話，他已經長大成人，年齡其實比我當年擔任醫院牧師時還大。那場談話因播客頻道「重量級」而得以成真，也為我帶來了我無法用言語形容的慰藉和希望。我要感謝「重量級」的每位成員幫忙，尤其是喬納森・戈爾茨坦、卡里拉・霍特、莫娜・瑪德嘉維卡，以及史黛薇・萊恩。特別感謝尼克促成這場愛與善意的光明會面。

印第安納波利斯

印第安納波利斯的面積和人口的相關資料，是擷自二〇一七年的美國人口普查數據。《印第安納波利斯星報》在二〇一九年關於白河及其水質的一系列報導，也幫了我大忙。（印第安納波利斯之類的城市，真的很需要這種高水準的新聞記者。）那些報導的撰寫人，是莎菈・鮑曼和艾蜜莉・霍普金斯。在二〇一六年，WalletHub 把印第安納波利斯選為美國第一名的縮影城市。馮內果那句關於「維護」的引文，是擷自他的著作《戲法》；關於「再也無法回家」那句，則是取自賽門・豪烏在二〇〇五年於《環球郵報》上發表的文章《寇特眼裡的世界》。關於「寂寞這種可怕疾病」的那句話，是擷自《聖棕樹節》，該作收錄了馮內果的回憶錄、短文和演講稿。

肯塔基藍草

我最早是在黛安娜・巴爾摩里和弗里茨・哈格合著的《可以吃的地皮：前院的進擊》中，讀到關於美國的草坪草問題。那本書，加上哈格持續鼓勵大家把前院的草坪改造成菜園，改變了我的草坪和人生。我也推薦維吉尼亞・斯科特・詹金斯的《草坪：這種美式執念的歷史》，以及泰德・斯坦伯格的《美國綠意：對完美草坪的執著追尋》。俄勒岡州立大學的「BeaverTurf」網站，幫助我瞭解哪一種草坪草是肯塔基藍草，而且是在哪大量種植。關於美國多少土地被拿來種植草坪草，這筆資料是取自《環境資源管理期刊》的一篇研究，標題是《美國草坪草的生物地質化學循環》，該研究的主要作者是克莉絲汀娜・米雷希。關於「將近三分之一的美國住宅用水被拿來澆灌草坪」這筆數據，是取自環保局的「美國的戶外用水」資料。

印第安納波利斯五百哩大獎賽

我最喜歡的印第五百相關書籍，是查爾斯·勒爾森的《血與煙：印第五百的謎團、混亂和誕生的真實故事》，該作探討了印第五百的起源，以及在斯皮德韋的第一場賽事。我之所以對印第賽車產生興趣，要感謝我的摯友克里斯·華特斯，連同我們的競速團隊的成員，尤其是瑪麗娜·華特斯、夏恩·索爾斯、凱文·斯科維爾、奈特·米勒，以及湯姆·愛德華茲。我們這個「騎自行車去看賽車」的年度傳統，是由凱文·達利發起。我也要感謝詹姆斯·亨奇利夫和亞歷山大·羅西這兩位印第賽車手，他們讓我明白賽車手如何看待賽車，如何接受伴隨這種運動的風險。

《地產大亨》桌遊

瑪麗·皮隆所著的《壟斷者》詳細說明了《地產大亨》的由來、早期發展，以及伊莉莎白·瑪姬是什麼樣的人。我有幸接觸到《宇宙迴紋針》這個電玩遊戲，要感謝愛麗絲·馬歇爾及其丈夫喬瑟夫·菲佛。我之所以得知孩之寶玩具公司對伊莉莎白·瑪姬做出什麼回應，是因為讀了安東尼婭·努里·法爾贊於二〇一九年在《華盛頓郵報》上發表的文章《雖然新的《地產大亨》「向女性拓荒者們致敬」，但是該遊戲的女性發明家還是得不到功勞》。那篇文章對「喬治主義」（Georgism）做出的總結，也是我看過最扼要又易懂的版本。

《超級瑪利歐賽車》

超級瑪利歐維基百科（mariowiki.com）不僅內容詳盡，而且每筆資料的出處都交代得很清楚，很可能是我看過最好的維基百科。該網站關於超級瑪利歐賽車的文章，提供了我寫這篇評論所需要的背景資料。我引述的那篇關於宮本茂的訪談，是來自一場任天堂訪談，在網路上找得到，其標題是《一切都從一個穿工作服的傢伙開始》。

博納維爾鹽灘

唐納德·霍爾所著的短文《第三物》，最早是在二〇〇五年刊登於《詩歌》雜誌；我是在凱弗赫·阿克巴和艾倫·葛拉夫頓的介紹下讀到這篇文章。關於博納維爾鹽灘的資料大多來自猶他州地質調查局，尤其是克莉斯汀·威爾克森的文章《地質景觀：猶他州的博納維爾鹽灘》。我是透過藝術家威廉·拉姆森，以及溫多弗的美國土地用途研究中心，而得知關於艾諾拉蓋號轟炸機和溫多弗的歷史。關於梅爾維爾的引文是擷自《白鯨記》，我是在佩里·倫茨教授的頑強說服下才讀了這本書。那趟溫多弗之旅中，馬克·歐森和斯圖爾特·海厄特也前去跟我們會合，這兩位大大地加深了我對鹽灘的瞭解。

土井宏之的圓圈繪畫

我是在二〇〇六年的美國民間藝術博物館的「畫圖強迫症」展覽上，第一次見到土井宏之的畫作。他那些未命名的畫作有做成數位版本，你可以上folkartmuseum.org這個網站觀看。土井說過的那些話，以及他的背景資料，是取自以下這些文章：愛德華・葛梅茲在二〇一三年發表於《日本時報》的文章《一個外人被吸引進「生命之圈」》、《華爾街國際》雜誌在二〇一七年針對瑞克瑪瑞斯卡畫廊的土井展所做的評論，以及凱瑞・麥加斯在二〇一六年發表於「蠻力」網站（Brut Force）的評論《逃生路線中的無處可逃：土井宏之的五幅作品》。《塗鴉有何功效？》這篇文章是由賈桂琳・安德拉德在二〇〇九年發表於《應用認知心理學》。

呢喃

這篇評論的構想，是來自我跟三個朋友的一場談話，這三人是恩瑞克・羅・加托、克雷格・李，以及艾力克斯・吉門奈茲。我不記得我是在哪讀到棉頂狨猴會呢喃，但是瑞秋・莫里森和黛安娜・賴斯在二〇一三年發表於《動物園生物學》雜誌的文章，有詳細描述「非人類的靈長類生物做出的似呢喃行為」。這兩位作者指出，一群棉頂狨猴在見到牠們不喜歡的人類時，會發出呢喃聲（嚴格來說，是發出類似呢喃的聲響），而這讓我想起人類其實也只是靈長類生物，正在努力試著適應一個非常怪異的情況。

病毒性腦膜炎

最能幫助我瞭解自身之痛的書籍，莫過於麥克・魯格內塔介紹給我的《受苦之身》，伊萊恩・斯凱瑞的著作。蘇珊・桑塔格那句關於「給疾病意義」的文字，是擷自《作為隱喻的疾病》。我能從腦膜炎恢復過來，並取得相關瞭解，這都要感謝神經學家傑伊・巴特醫師無微不至的照顧。我很懂「災難化」，因為我這輩子天天都這麼做。菲利普・戴特默的傑作《免疫》，讓我明白了病毒的規模。你如果想更瞭解微生物和宿主之間的關係（尤其是人類宿主），我推薦《免疫》以及艾德・楊的《我包羅萬象》。尼古拉・特威利那句引文，是來自她在二〇二〇年發表於《紐約客》的文章《病毒有時也是解藥》。

瘟疫

這篇評論中關於黑死病的紀錄，是來自羅斯瑪麗・霍羅克斯所著的《黑死病》。這本書是我的朋友兼同事斯坦・穆勒推薦給我的，我最近幾年把這本書重複讀了很多次。這部作品與眾不同，而且非常感人。巴巴拉・塔奇曼的《一面遙遠的鏡子：十四世紀的災難》也給了我莫大的幫助。我是在約瑟・柏恩所著的《黑死病百科全書》中，讀到馬克里齊和伊本・赫勒敦對黑死病的紀錄。霍亂的歷史資料，取自查爾斯・羅森堡的《霍亂之年》、阿曼達．湯瑪遜的《霍亂．維多利亞時期的瘟疫》、史提芬．強森的《鬼魂地圖》，以及克里斯多福．哈姆林的《霍亂的傳記》。近期的霍亂和結核病相關資料，包括每年的死亡人數，則是取自世界衛生組織。「獅子山共和國的健康夥伴」的約翰．拉斯奇和貝勒．巴瑞醫師，幫助我瞭解現代霍亂發生的原因。喬伊亞．穆克吉醫師的《提供全球健康服務》，詳細探討了貧窮為何是人類最大的衛生問題。蒂娜．羅森堡那句關於瘧疾的引文，是取自她在二〇〇四年發表於《紐約時報》的文章《世界現在需要的是殺蟲劑》，我是在尤拉．畢斯的《論免疫力》一書中讀到。瑪格麗特．愛特伍那句話是取自她所著的《聖約》。伊本．巴圖塔的大馬士革故事，是取自《伊本．巴圖塔遊記》，譯者是哈里．吉布。

雨夾雪

我是在凱弗赫．阿克巴的詩集《稱狼為狼》中第一次讀到《野梨樹》這首詩。山羊樂團那首歌叫做《心中的混亂》，收錄於專輯《一同向西德州致敬》。我是透過朋友夏農．詹姆斯得知「雨夾雪」這個詞彙。威爾遜．班特利的雪花相片有一部分收藏於史密松學院；我是讀到莎拉．卡普蘭在二〇一七年發表於《華盛頓郵報》的文章《發現了雪花祕密的那個男人》，而知道這些相片的存在。拉斯金那句話取自《現代畫家：第三部》；華特．司各特那句話是取自《群島之主》。卡明斯那句「雪根本不在乎自己的潔白軟身碰過什麼東西」，是取自《i will cultivate within》這首詩。我在這篇評論中對這首詩有點嚴厲，但它其實是我最喜歡的詩之一。說到我喜歡的詩作，佩姬・劉易斯那句引文是取自《太空衝擊》。安妮・卡森那句話是取自她的詩集《紅色自傳》。

阿列克謝・列昂諾夫不只是第一個進行了太空漫步的人類，也大概是第一個在外太空創作藝術的人類；他上太空時攜帶了彩色鉛筆和紙張。他在《日出二號的夢魘》一文中描述了他第一次太空漫步，以及太空船在降落時偏離了目標數百哩，這篇文章是在二〇〇五年刊登於《航空與航天》雜誌。我得知列昂諾夫的故事，是因為莎菈製作了《我們發射進太空的藝術》這支影片。

BBP熱狗

蘿拉、萊恩和莎菈都同意，我在這篇文章中描述的某些事件，其實不是發生在「奧運金牌日」當天，但我至今依然相信他們三人都錯了、我的記憶力絕無差錯。但我們都同意：BBP 熱狗真的有夠讚。

「備忘錄」應用程式

我是和安瑪莉以及斯圖爾特・海厄特談話時，得知「仿製設計」這種概念。在二〇一二年刊登於《連線》雜誌的文章《克萊夫・湯普森論數位時代的類比設計》，讓我見到這種現象的更多範例。山羊樂團的歌曲《珍妮》，是收錄於專輯《一同向西德州致敬》。

莎拉・曼古索的驚人傑作《兩種腐敗》，是在二〇〇八年首次出版。我也超愛曼古索的著作《綿延不絕》（Ongoingness）；說起來，我應該在備忘錄上提醒自己：叫莎菈也讀這本書。

山羊樂團

感謝約翰・丹尼爾、彼得・休斯、喬恩・武斯特、麥特・道格拉斯，以及歷代每個山羊樂團成員。也感謝山羊樂團的超強粉絲團，他們對山羊樂團的作品做出熱情回應，例如粉絲製作的畫作和歷代成員流程圖。薇樂莉・巴爾和阿爾卡・佩恩幫助了我加深對該樂團的愛；我也感謝K・T・歐肯納幫助我正確瞭解《珍妮》這首歌。

QWERTY鍵盤

我寫下這篇評論，是因為我在《史密森尼》雜誌上讀到詹姆斯・史丹普的文章《事實還是虛構？QWERTY鍵盤的傳奇》。斯坦・利博維茨和史蒂芬・馬戈利斯合著的《鍵盤的寓言》在一九九〇年四月發表於《法律與經濟學期刊》，指出QWERTY這種鍵盤配置其實十分理想，而且那些「認為DVORAK配置更優秀」的研究其實有很嚴重的瑕疵。托林・克洛索夫斯基在二〇一三年發表於《生活駭客》部落格的文章《我是不是該使用Dvorak之類的另類鍵盤？》，很好地描述了跟這個問題有關的研究（雖然這類研究確實不多！），並指出QWERTY只比最理想的鍵盤配置遜色一點點。我是透過威斯康辛歷史協會得知肖爾斯對廢除死刑做出的努力。另外兩本作品也給了我許多幫助：布魯斯・布萊文的《神奇的書寫機械》（一九五四年），以及格雷厄姆・勞頓的《新科學家：（差不多算是）萬物的起源》。

世上最大的油漆球

麥克・卡邁克爾至今仍在照料位於印第安納州亞歷山德里亞的「世上最大的油漆球」（而且幫忙上漆）。我很推薦這趟旅程，希望你有天也會去那裡跟他見上一面、親自給那顆球上油漆。麥克的電子信箱是worldslargestbop@yahoo.com。我要感謝艾蜜莉當年跟我一起參觀了諸多路邊景點，也感謝蘭森・里格斯和凱西・西肯納曾經跟我駕車橫越全國，發現了美國許多路邊奇觀。說到這個，《路邊美國》（roadsideamerica.com）這幾十年來一直都針對世上最大和最小的東西提供了很多指引。我們在大學時就是倚賴《路邊美國》，我至今也繼續使用這個指南，會帶我的孩子們去看一些讓他們覺得莫名其妙的景點，例如一棟看起來像野餐籃的辦公大樓。近期的《獵奇地圖》（Atlas Obscura）也成了重要幫手，它的網站是atlasobscura.com，書名叫做《獵奇地圖：帶您探索世界各地的隱密奇觀》。艾瑞克・古德豪瑟為《獵奇地圖》寫的關於油漆球的文章，給了我很大的幫助。最後，我要特別感謝艾拉・艾克索羅德為《ArcGIS StoryMaps》寫的文章《大球》，該文章列出了許多精美圖片，副標題也下得很有意思，像是《大球：概要》以及《各種結構的球體》。

桐樹

我在這篇評論中提到我最喜歡的兩本書：賈桂琳・伍德森令人悲痛卻又感到完美的《你如果輕輕地來》，以及安妮・迪拉德的《汀克溪的朝聖者》。就是《汀克溪的朝聖者》讓我知道希羅多德對「薛西斯和桐樹的描寫」。我造訪西維吉尼亞州的巴克漢農鎮的時候，參觀了當地的「普林格樹公園」，因此得知了普林格樹的故事。我是在埃德娜・聖文森特・米萊的一九三九年著作《獵人，所獵為何？》中，讀到《森林不遠》這首詩。

《新伴侶》

《新伴侶》收錄於「皇宮樂團」的專輯《最後的藍調》。我第一次聽見這首歌，是因為蘭森・里格斯和凱西・西肯納，而他們是因為雅各和納撒尼爾・歐廷而知道這首歌。凱弗赫・阿克巴的《宮殿》最早是在二〇一九年四月發表於《紐約客》。

《前往舞會的三個農夫》

我能寫出這篇評論，完全要感謝「喙頭蜥」這個線上社群，尤其感謝凱提・桑納幫我翻譯了大量德文、追蹤了一大堆線索。多虧了萊恩哈德・帕布斯特在《法蘭克福匯報》上發表的報導，我才知道這三名年輕農夫的故事。帕布斯特在二〇一四年的一篇文章裡列出了其他關於年輕三農夫的研究資料，以及當事人的後代所提供的情報。我也非常慶幸理查德・鮑爾斯寫出了《前往舞會的三個農夫》這部小說。我這二十年常常研究鮑爾斯的作品，我在需要它們的時候，它們似乎就在我身邊。克莉絲汀娜・米蘭達和桑德研究員蓋布瑞拉・康瑞舒爾在二〇一四年的一場談話，也幫助我更瞭解這幅相片。約翰・伯格那句話是取自他的著作《影像的閱讀》。以下文獻也給了我大量幫助：蘇珊・蘭格在《Photofile》系列中對奧古斯特・桑德的描述、《奧古斯特・桑德：我們這個時代的臉孔》，以及二〇一三年版的《奧古斯特・桑德：二十世紀眾生相》（由蘇珊・蘭格和蓋布瑞拉・康瑞舒爾編輯）。

後記

我的第一本作品在二〇〇五年出版後，德國那邊的編輯和譯者就一直沒變過，至今依然分別是薩斯奇亞・海茲和蘇菲・蔡司。我的作品被翻譯成其他語言，這給我帶來的喜悅之一就是書名的變化。《生命中的美好缺憾》的德文書名是《Das Schicksal ist ein mieser Verräter》，意思是「命運是個惡劣的叛徒」。命運確實是個惡劣的叛徒，我非常喜愛這個書名。但是我最喜歡的海外版書名，是挪威的版本：《Faen ta skjebnen》，意思是

「去他媽的命運」。

潮流文學

人類事評論

（原名：The Anthropocene Reviewed）

作者／約翰・葛林　譯者／甘鎮隴
榮譽發行人／黃鎮隆　總經理／陳君平
協理／洪琇菁　國際版權／黃令歡
執行編輯／呂尚燁　美術主編／方品舒
企劃宣傳／楊玉如、洪國瑋
發行／英屬蓋曼群島商家庭傳媒股份有限公司城邦分公司　尖端出版
台北市中山區民生東路二段一四一號十樓
電話：（〇二）二五〇〇－七六〇〇（代表號）
傳真：（〇二）二五〇〇－一九七九
中彰投以北經銷（含宜花東）／楨彥有限公司
電話：（〇二）八九一九－三三六九
傳真：（〇二）八九一四－五五二四
雲嘉經銷／威信圖書有限公司　嘉義公司
電話：（〇五）二三三－三八五二
傳真：（〇五）二三三－三八六三
客服專線：〇八〇〇－〇二八－〇二八
南部經銷／威信圖書有限公司　高雄公司
電話：（〇七）三七三－〇〇七九
傳真：（〇七）三七三－〇〇八七
香港總經銷／城邦（香港）出版集團有限公司
香港灣仔駱克道193號東超商業中心1樓
電話：（八五二）二五〇八－六二三一
傳真：（八五二）二五七八－九三三七
E-mail：hkcite@biznetvigator.com
馬新經銷／城邦（馬新）出版集團　Cite(M)Sdn.Bhd.
E-mail：Cite@cite.com.my
法律顧問／王子文律師　元禾法律事務所
台北市羅斯福路三段三十七號十五樓
二〇二一年十二月一版一刷

郵購注意事項：
1. 填妥劃撥單資料：帳號：50003021戶名：英屬蓋曼群島商家庭傳媒(股)公司城邦分公司。2. 通信欄內註明訂購書名與冊數。3. 劃撥金額低於500元，請加附掛號郵資50元。如劃撥日起 10～14日，仍未收到書時，請洽劃撥組。劃撥專線TEL：(03) 312-4212 ・ FAX：(03) 322-4621。E-mail：marketing@spp.com.tw

國家圖書館出版品預行編目資料

人類事評論：漫談這顆以人類為主的星球 / 約翰. 葛林作 ；甘鎮瓏譯 . --初版. --臺北市：尖端出版, 2021.12
面 ; 公分. --(潮流文學)
譯自:The anthropocene reviewed : essays on a human-centered planet.
ISBN 978-626-316-276-1(平裝)
1. 文化人類學 2. 文集
541.3　　110017372